Birgit Waßmann

Magie, die verborgene Wissenschaft

Okkulte Beeinflussung aus der Ferne

AF211526

Der Magier
verbindet das Untere
mit dem Oberen

Birgit Waßmann

Magie, die verborgene Wissenschaft

Okkulte Beeinflussung aus der Ferne

Bibliografische Information der Deutschen Nationalbibliothek:
Die Deutsche Nationalbibliothek verzeichnet diese Publikation
in der Deutschen Nationalbibliografie, detaillierte bibliografische
Daten sind im Internet über dnb.dnb.de abrufbar.

Illustrationen: Birgit Waßmann

Verlag: BoD · Books on Demand GmbH, Überseering 33,

22297 Hamburg, bod@bod.de

Druck: Libri Plureos GmbH, Friedensallee 273,

22763 Hamburg

ISBN: 978-3-8192-6335-4

Inhalt

Vorwort 8

Das Reich des Magischen

Die klassische Magie 11
Geschichte der Magie 15
Unsichtbare Kräfte 21
Meister der Magie 42

Magische Schulung

Ausbildungssystem in der Magie 48
Konzentration und Ausdauer 60
Selbstbeherrschung und Kontrolle 61
Illusion und Selbsttäuschung 65
Intuition und Imagination 68

Formen der Magie

Verschiedene Zweige der Magie 71
Sympathiemagie 73
Spiegelmagie 74
Edelsteinmagie 80
Sichtmagie 83
Divinationsmagie 84
Portalmagie 89
Element-Magie 90
Kampfmagie 108
Tiefenmagie 113
Todesmagie 114

Weiße und schwarze Magie

Motive und Zielsetzungen 116
Der Missbrauch magischer Kräfte 122
Schüler des ‚linkshändigen' Pfades 126
Schwarzmagischer Einfluss 132
Die helle Seite der Magie 136
Die dunkle Seite der Magie 140

Mentale Beeinflussung aus der Ferne

Fremdeinfluss 143
Suggestiver Zwang 148
Telepathische Übertragung 151
Die Fernwirkung der Gedanken 155
Fälschung von Erinnerungen 163
Manipulation der Vorstellungskraft 167
Bewusstseinskontrolle in Sekten 169
Erzeugung von Elementalen 172
Spaltung des Bewusstseins 176
Magische Bewusstseins-Versetzung 182

Magischer Bann

Lenkung von außen 187
Trancezustände 190
Bannrituale 196
Puppenzauber 200
Geistwesen bannen 201
Bann durch Wächterinstanzen 204
Schutzbanne 206

Magische Angriffe und Unfälle

Magische Unfälle 208
Schwarzmagische Angriffe 210

Rituale der dunklen Magie 213
Übergriffe aus der Astralwelt 217
Okkulte Strafmaßnahmen 221
Abwehr magischer Angriffe 223

Verbindungen zur Geisterwelt

Fremde Eindringlinge 226
Tieftrance bei Medien 230
Magische Verbindungen 233
Erdgebundene Geister 237
Elementarwesen 242
Die Krafttiere der Schamanen 250
Anorganische Wesen 254

Feinstoffliche Bindungen

Das ‚magnetische Band' 261
Stigma, Zeichen oder Hexenmal 266
Elektromagnetische Strahlung 271
Fernsteuerung durch Implantate 273

Inbesitznahmen

Der Pakt mit der Geisterwelt 284
Dämonische Inbesitznahme 288
Besetzungen als Prüfung 294
Walk In 298
Kampf um die Vorherrschaft 305

Exorzistische Maßnahmen

Weg ins Licht 309
Austreibung der Geister 313
Psychiater oder Priester? 316

Literaturverzeichnis 320

Vorwort

Die intuitiven Fähigkeiten der Menschen reichen hinein in andere Welten und ermöglichen es ihnen, mit diesen zu kommunizieren. Indem sie die Wahrnehmung gezielt ausrichten, treten sie in einen Dialog mit feinstofflichen Bereichen und ihren Bewohnern. W.E. Butler definiert Magie als „die Kunst, willentlich Bewusstseinsveränderungen hervorzurufen" (S.19).

Doch die intensive Beschäftigung mit Magie kann auch beunruhigende Phänomene auslösen, die recht unheimlich erscheinen und durch Furcht und Unwissen noch verstärkt werden. Aus diesem Grund ist es wichtig, die eigenen Schwachstellen und Ängste zu kennen und sie zu beherrschen.

Wenn es um die Einschätzung von Magie und Mystik geht, existieren - grob gesehen - zwei Lager, die sich diametral gegenüberstehen und die beide von einseitigen Annahmen ausgehen. Während die eine Seite in überschwänglichem Enthusiasmus und naiv anmutender Gläubigkeit die geistige Welt mit offenen Armen willkommen heißt, verharrt der Gegenpart in einem erstarrten Rationalismus und lehnt alles ‚Übersinnliche' als kritiklosen Irrglauben und Schwärmerei ab.

Der Begriff *Magie* erfährt häufig eine negative Bewertung, doch Autorinnen wie S. Greenwood verstehen Magie „als innerste Natur aller Wesen, die das Universum bevölkern – als spiritueller Teil von Menschen, Tieren, Pflanzen und Dingen. Diese Geisterwelt bildet einen unsichtbaren Kosmos, der die alltägliche Welt, in der wir leben, durchzieht. Meist sind wir uns dieser Tatsache nicht bewusst" (S.14). Magie kann als eigentliche Vorstufe zu allen modernen Forschungen über die Welt der Seelenkräfte betrachtet werden.

Der Magier übt den Umgang mit nichtphysischen Wesen und lernt, sie zu unterscheiden. Er begegnet andersweltlichen Wesenheiten sowie seinen magischen Verbündeten, mit denen er eine tiefe Beziehung aufbaut.

Während der Kirchenglaube sich gegen den Missbrauch magischer Praktiken wendet und dabei die Frage von Täuschung oder Wahn offen lässt, leugnet die akademische Wissenschaft jedes okkulte Phänomen, das nicht mit wissenschaftlichen Mitteln nachprüfbar ist. Da sich magische Einflüsse der rationalen Logik zum Teil entziehen, werden sie nicht anerkannt. Das, was angeblich mit den Naturgesetzen nicht übereinstimmt, wird als ‚Blendwerk' entlarvt bzw. im Sinne der Psychologie des Normalen ‚aufgeklärt'. Auch Hypnose und Suggestion dienen als partielle Rechtfertigungen des wissenschaftlichen Standpunktes, obwohl diese zwar inzwischen anerkannt, aber keineswegs erschöpfend erklärt worden sind.

Bei genauerer Betrachtung zeigt sich allerdings, welch fadenscheinige Argumente dazu herhalten müssen, die Ergebnisse okkulter Forschungen in das enge Korsett der Objektivität zu pressen und wie wissenschaftliches, angeblich ‚objektives', Denken von nebulösen Scheinargumenten untermauert wird, die kaum zu einer Erklärung taugen.

Übertriebener Rationalismus ist bei helfenden Berufen im psychosozialen Bereich von großem Nachteil. Mit einer einseitigen vernunftbetonten Haltung können psychologische Berater und Psychiater denjenigen Hilfesuchenden, die sich im Labyrinth der mystisch-magischen Irrwege verlaufen haben, kaum Unterstützung bieten.

Das Wissen um geistigen Gesetzmäßigkeiten kann verhindern, dass der Anfänger des Weges sich unvorhergesehenen Erfahrungen ausgesetzt sieht, die ihn unvorbereitet treffen und in tiefe Krisen stürzen. Ausreichende Kenntnisse, die als Vorbereitung auf den Pfad erworben werden, können gegen unvorhersehbare Übergriffe wappnen.

Der geradlinige, direkte Weg führt in der mystisch-magischen Schulung oft ohne Umschweife in die Nähe des ersehnten Ziels. Allerdings birgt er die Gefahr, zu rasch vorwärts zu schreiten und dabei dunklen Mächten zu begegnen, die nur schwer einzuschätzen sind. Der Erwerb von Wissen ist ein wertvoller Schutz gegen Fehlannahmen, die ins Abseits führen. Ausreichende Kenntnisse können eine willkürliche Beeinflussung seitens geistiger Mächte verhindern.

Das Reich des Magischen

Die klassische Magie

*Nichts kann im Widerspruch zur Natur existieren, sondern nur im
Widerspruch zu dem, was wir darüber wissen.*

Magie ist immer noch ein großes Mysterium. Seit jeher wurde sie mit
der Suche nach jener Urkraft in Zusammenhang gebracht, welche
‚die Welt im Innersten zusammenhält'. Der klassischen Magie geht
es um das Wissen des Zeitlosen, des Ewigen in der menschlichen
Natur. Sie befasst sich mit dem Wesen des Menschen und eröffnet
ihm die Möglichkeit, den Reichtum seiner inneren Welt, das Schöpferische in ihm, zu entdecken und freizusetzen.

Leider ist der Tempel der Magie seit alters her von abergläubischen
Vorstellungen und Vermutungen überwuchert, die das wahre Wesen
der magischen Fundamente überdecken. Magie hat aber nichts mit
irrationalem Aberglauben zu tun, sondern beruht auf psychologischen Grundsätzen. Magie bedeutet, dass ein intelligentes Individuum geistig-seelische Kräfte entfaltet, die in ihm oder außerhalb von

ihm eine Wirkung hervorrufen. W.E. Butler sieht in der Magie die Kunst, willentlich Bewusstseinsveränderungen hervorzubringen (S.19). Welche Bewusstseinsschichten erreicht werden, ist u.a abhängig von den Ideen, die der magischen Praxis zugrunde liegen und den dabei verwendeten Symbolen.

Die westliche Tradition führt ihre Ursprünge auf die mystischen Lehren der Kabbala zurück. Auch das Tarot spielt eine wichtige Rolle. Die erste Karte des Tarot zeigt den *Magier*, der in der rechten Hand einen Stab hält, welcher gen Himmel weist, während die linke Hand zur Erde zeigt. Damit gibt er zu verstehen, dass er sich zwischen der oberen und unteren Welt befindet und sich als Mittler sieht zwischen der materiellen und der jenseitigen Welt, denn er befindet sich zwischen den Zeiten, dem Anfang (Alpha) und dem Ende (Omega).

Magie setzt die in der Natur enthaltenen geistigen Kräfte in Bewegung, um sie bestimmten Zwecken zuzuführen. In seiner wahren Bedeutung soll die Anwendung magischer Praktiken zu geistiger Selbsterkenntnis führen. Magische Kräfte eröffnen dem Menschen den Weg in eine neue Welt, die ihm viel zu bieten hat, auch wenn die Zeit der Verwandlung sich äußert schwierig gestalten kann. *Magie gibt dem Leben eine größere Bedeutung.* Jeder Mensch findet allein seinen Zugang zur magischen Praxis. Einige Zweige fallen einem Individuum in den Schoß, während andere unerreichbar bleiben. In der Lehre geht es darum, die jeweiligen Talente zu entwickeln und optimal auszubauen. Die wahre Magie ist ein natürlicher Prozess. Sie ist launisch und schenkt nicht jedem ihre Gunst, denn sie will unterhalten werden. Die unberechenbare Magie hat stets einen eigenen Willen

Magie beginnt bei den unteren Stufen zeremonieller Magie mit Beschwörungen niederer Geistwesen und reicht in ihrem höchsten Grad letztlich bis völligen zur Transformation des Menschen (vgl.: Flensburger Hefte, Schwarze u. weiße Magie). Im *Lexikon der Geheimwissenschaft* von H.E. Miers wird Magie als „die Wissenschaft des Verkehrs und der Beherrschung höherer, überweltlicher Mächte, wie auch das Beherrschen jener der niederen Sphären" bezeichnet; ein praktisches Wissen der verborgenen Mysterien der Natur, das nur wenigen bekannt ist, „da es schwierig zu erlangen ist, ohne in Sünde wider die Natur zu verfallen." Durch anhaltende Konzentration soll ein Rapport zu dem inneren Zentrum eines Naturelements oder geistigen Wesens erzeugt werden zu dem Zweck, sich dieses Wesen dienstbar zu machen.

Als ‚Zauberer' wird jemand bezeichnet, der Dinge tun kann, die über die gewöhnliche Vernunft und Weisheit hinausgehen. Dennoch ist Magie eine Lehre, die auf natürlichen Gesetzmäßigkeiten beruht und die ohne Beschwörungen und Zeremonien auskommt. Auch Segnungen, Weihehandlungen und Flüche sind nicht erforderlich. Das Geheimnis, wie man neue Fähigkeiten und magische Kenntnisse erringt, liegt in einer einfachen Regel: Man muss wissen, was man damit anfangen will. Es genügt nicht, neue Fähigkeiten und Wissen zu erwerben, sondern sie müssen auch im praktischen Leben angewendet werden und einen Zweck erfüllen.

Ursprünglich wurde Magie als eine heilige, von der Religion nicht zu trennende Disziplin betrachtet. Jede Art von Wissen, das auf die Priester beschränkt war, galt als magisch. Nach Plato wurden magische Kräfte aufgrund der Verehrung von Göttern erworben. Der mittelalterliche Gelehrte Agrippa von Nettesheim vertrat die Ansicht, die Anwendung magischer Kräfte setze eine überragende persönliche Integrität voraus, denn der Wundertäter war der Gedanke, der als höchste Geisteskraft angesehen wurde (zitiert bei H.E. Miers, S.394).

In den meisten Religionen finden sich auch heute noch Elemente des Magischen. In früheren Traditionen war es fast unmöglich, eindeutige Unterscheidungen zwischen Magie und Religion zu treffen. Das magische Weltbild wurde noch zu Beginn der Neuzeit von gelehrten Frauen und Männern, von Fürsten und Königen anerkannt. Dem einfachen Volk bot Magie ein funktionierendes Erklärungsmuster für diverse Widrigkeiten des Lebens. Schwer zu verstehende

Zusammenhänge und Kümmernisse wurden mit magischen Ursachen erklärt, ohne einen Beweis dafür antreten zu müssen.

Das Vorurteil gegenüber magischen Praktiken entstand aufgrund degenerierter Verfallsformen. Die hohe Magie wandelte sich durch ihre Popularisierung nicht selten in niedere schwarzmagische Formen. A.M. DiNola unterscheidet zwischen Magie und Hexerei, da der ‚Hexendämonismus' sich der Religion entgegensetzte, während die Magie sich parallel zur Religion entwickelte und sich auch innerhalb einer Religion formieren konnte. Im Gegensatz dazu enthielt der Zweig der ‚schwarzen Magie' durchaus Elemente aus dem Hexentum und konnte sogar als Hexerei im eigentlichen Sinne angesehen werden (S.280f.) (In der Gegenwart grenzen sich die so genannten ‚weißen' Hexen allerdings strikt gegen schwarzmagische Praktiken ab.)

Oftmals werden okkulte Phänomene als eine Folge von Leichtgläubigkeit und Aberglauben, die vor allem bei ungebildeten Menschen anzutreffen seien, abgetan, bemängelt T. Pakraduny. Er schreibt: „Goethe nannte das Unfassbare den Dämon, und für ihn war er der gute Genius. Das Dämonische in der Magie wird aber auch als bösartig empfunden, namentlich wenn man sich die magischen Einflussmöglichkeiten in den Händen egoistischer Menschen vorstellt. Niemand will ihnen wehrlos ausgesetzt sein. Daher erscheint es immerhin wichtig, sich mit diesen Erscheinungen zu befassen" (S.723f.).

Angeblich erhalten Regierungen und Monarchen auch in der Gegenwart insgeheim Rat und Unterstützung von erfahrenen Magiekundigen. Ohne diese Zusammenarbeit könnte sich kein Entscheidungsträger lange an der Macht halten, so wird berichtet. In der Gegenwart werde die Menschheit unwissentlich von Magie geleitet, behauptet auch Ulla von Bernus, eine ehemalige ‚Schwarzkünstlerin'. In der modernen Medienwelt sieht sie die ‚schwarze Seite' stark vertreten. Die schöne neue Medienwelt habe eine dunkle Seite. Das, was ausgestrahlt wird, ist oftmals hintergründig von dunklen Mächten gesteuert und fließt direkt in das Unterbewusstsein des Zuschauers ein. Dabei verlernt er auf fast unmerkliche Weise, sich präzise zu konzentrieren, und verliert sein klares Denkvermögen. (Vgl.: Flensburger Hefte, schwarze und weiße Magie, S.25)

Die Wissenschaft verbannte das Reich des Magischen zunehmend in die Welt der Märchen und Legenden. Doch in der gegenwärtigen Zeit, in der die natürlichen Lebensgrundlagen einem zunehmenden Zerstörungsprozess ausgesetzt sind, wird das magische Weltbild wieder belebt, wie bei S. Greenwood nachzulesen ist: „Erneut lauschen wir den Magiern fremder Völker, die uns sagen, dass alles lebendig sei, Baum oder Strauch, Stein und Fluss. Wir hören, dass wir Menschen Teil eines gewaltigen Netzes sind, welches das Leben selbst gewoben hat" (S.130). Die Menschheit ist dabei, die alten Wahrheiten neu zu entdecken. Diese Entdeckungen fördern Erkenntnisse zutage, die überraschende Rückschlüsse auf volkstümliche Überlieferungen und ‚Aberglauben' zulassen. Deutlich wird, dass unsere Vorfahren, bei allen Entgleisungen, über ein reichhaltigeres Wissen verfügten, als wir je für möglich gehalten hätten.

Geschichte der Magie

Wer die Mysterien und deren tieferen Sinn mit den Mitteln der Vernunft ergründen will, zerstört sie.

In der Frühzeit der Geschichte ermöglichten magische Überzeugungen den Erdbewohnern, dem Druck der feindlichen Außenwelt durch dauernde Zwiesprache mit übernatürlichen Mächten standzuhalten. Magie gab dem Denken der Menschen immer neue Impulse, befreite sie von Angst und verlieh ihnen ein Gefühl der Macht.

Die Bezeichnung *Magie* geht F. Hartmann zufolge auf den persischen Begriff *mag* (Priester) bzw. auf das griechische Wort *megas* (groß) zurück. Unter Magie wird die Kunst verstanden, den Willen durch die schöpferische Kraft des Geistes in Bewegung zu setzen. Während äußere Formen auf die Sinne und auf das Gemüt einwirken, kann der Geist direkt auf einen anderen Geist Einfluss nehmen. Deshalb ist der Wille eines selbstbewussten Menschen an der Lage, die Schwächen eines anderen auszunutzen, ihn zu überwältigen und seine Gedanken auf ihn zu übertragen. Die meisten Magier glauben, dass ihre Kenntnisse sie über alle anderen erheben, und in gewisser Weise stimmt das auch. Nichtsdestotrotz sind sie immer noch Menschen.

Diejenigen Magier, die in der Vergangenheit mächtig genug waren, um die Energien der Erde anzuzapfen und für magische Zwecke einzusetzen, nannte man *Erzmagier*. Die Kräfte, die sie verwendeten, hatten gigantische Ausmaße. In ferner Vergangenheit haben Magier ihre Kräfte missbraucht, indem sie eine Reihe von Kataklysmen auslösten, die schließlich ihre Werke vernichteten, berichtet M. Szepes: „Denn die Früchte des Baumes der Erkenntnis enthalten auch das Gift der Schwarzen Magie, weil sie die Möglichkeit der Gewalt, die zu egoistischen Zwecken missbraucht werden kann, in sich bergen" (1993, S.270f.) Die Folge magischer Verirrungen war höchstwahrscheinlich eine unvorstellbare, elementare Katastrophe, über die in den Urmythen verschiedener Völker, bei Plato, in der Bibel und in heiligen Büchern Indiens und des Orients berichtet wird.

Magische Vorstellungen haben zu allen Zeiten unter allen Völkern existiert. Sie haben einen mächtigen Einfluss auf den menschlichen Geist ausgeübt und es fragt sich, ob dieser Einfluss förderlich oder eher schädlich war. „Alle Philosophen des Altertums glaubten an die Wirklichkeit der Magie", erklärt K. Seligmann. Er erwähnt die Pythagoräer, zu denen Empedokles zählte, von dem wahre Wunderwerke berichtet wurden. Thales glaubte an dämonische Erscheinungen und Platon an die Geister von Verstorbenen, „die zu den Lebenden zurückkehren mussten, weil sie sich von ihren körperlichen Leidenschaften nicht hatten frei machen können" (S.67f.).

Die späteren griechischen Philosophen trieben praktische Magie. Vom Volk wurden sie daher allgemein für Magier gehalten. Man glaubte, „dass Sokrates Umgang mit einem vertrauten Geist (daimonion) habe, der ihn laufend über die Zukunft unterrichte. Sokrates' Freund Xenophon… erzählt, dass viele der Vertrauten des Philosophen diesen Dämon über ihre eigenen Angelegenheiten befragten." Im Übrigen soll auch Napoleon, ähnlich wie Sokrates, einen Dämon zum Berater gehabt haben. Dieser erschien als roter Mann, der von Zeit zu Zeit in den Gängen der Tuilerien gesehen wurde, wie K. Seligmann berichtet (S.384).

Die katholische Kirche hat jede Art von Magie und Zauberei – zu denen sie auch Astrologie und Wahrsagerei zählten – mit dem Kirchenbann belegt. Dabei ist „Religionsgeschichte weitgehend auch die Geschichte der Magie, da Glaube und Magie zunächst ein- und dasselbe waren", bemerkt E. Malizia (S.43). Erst mit dem Aufkommen des Christentums wurde streng unterschieden und rituelle Handlungen anderer Glaubenssysteme als ‚Teufelswerk' verdammt.

„Die Bibel spricht von der Magie als einer Wirklichkeit, die niemand bezweifelt", erklärt K. Seligmann. Doch magische Operationen werden als verbotene Einmischung in Gottes Macht abgelehnt und verdammt. Allerdings ähnelt das biblische Wunder selbst jenen fremden Wundertaten; „der Unterschied liegt nur darin, dass das erstere mit dem Willen und mit der Hilfe Jehovas geschieht, die magischen Zauberwirkungen dagegen mit Unterstützung des bösen Feindes zustande kommen… So unterscheidet also die Bibel zwischen dem wahren Wunder, das von Gott stammt, und dem Wunder der schwarzen Kunst, das vom Teufel kommt" (S.41f.).

Tatsächlich weisen Zauberei und Hexenwesen bereits in der Antike anti-soziale Züge auf, weshalb das Misstrauen, das ihnen entgegen gebracht wurde, keineswegs durchweg unbegründet war. Einige magische Zirkel huldigten der Nekromantie, der Totenbeschwörung. Oder sie lasen die Zukunft aus den Eingeweiden eines Menschen, der zu diesem Zweck getötet wurde. Derartige grausame Praktiken führten zur rigorosen Ablehnung schwarzmagischer Rituale in der Bevölkerung.

Während der Renaissance erlebten die okkulten Wissenschaften eine neue Blütezeit und Magie wurde ein selbständiger Zweig der Wissenschaft. Auch Männer der Kirche ließen sich davon faszinieren. Zu ihnen gehörte *Johann Trittheim*, der Abt von Sponheim. Der Gelehrte und Theologe *Agrippa von Nettesheim* schrieb drei Bücher über die okkulte Philosophie und empfahl Läuterung und innere Reinheit, denn sofern die Seele zu eng mit dem Fleisch verbunden und mit sinnlichen Begierden beschäftigt sei, könne sie keine Wunder wirken.

Auch die schwarze Magie hatte ihre Regelwerke. Im *Großen Schwarzbuch* lautet die Unterweisung für Magier: „O Menschen, schwache Sterbliche, erschreckt über eure eigene Kühnheit. Folgt nicht blind dieser tiefen Weisheit. Erhebt den Geist über euch selbst hinaus und lernt von mir, dass man fest sein muss in allen Entscheidungen, ehe man etwas unternimmt" (in: K. Seligmann, S.224).

Im 16. Jhdt wurde der Orden der Rosenkreuzer gegründet. Die strengen Regeln des Ordens waren alten Weiheriten ähnlich. Hinter diesen Regeln „stand echte Magie, keineswegs nur Phantasie", betont Seligmann. „Magie bedeutete die Macht des Menschen über die materielle Welt; den Glauben, dass durch Denken und Handeln der Mensch in jene Sphären aufsteigen könne, wo alle Menschen Brüder sind" (S.355). Frauen durften über einen langen Zeitraum hinweg keiner magischen Gemeinschaft angehören, da sie als schwach und wankelmütig galten und daher nicht geeignet, die ‚wahre Macht' zu beherrschen.

Die Rosenkreuzer können als Vorstufe der Freimaurerei betrachtet werden, die sich ab dem Anfang des 18 Jhdts in ganz Europa ausbreitete. Von ihren Feinden wird einigen Freimaurerorden – ähnlich wie den von der Kirche verfemten Templern – das Praktizieren schwarzmagischer Riten und Satansverehrung vorgeworfen. K.H. Zunneck, der sich eingehend mit der Freimaurerei und den Templern befasst hat, meint dazu: „Dass die Templer im allgemeinen Teufelsanbeter gewesen seien, wie ihnen oft vorgeworfen wird, kann nicht bewiesen werden. Dass aber in den Spitzen des Ordens Satanismus – wenn man ihn als Abkehr vom Glauben mittelalterlicher Kirchenvorstellungen ansieht – vorkam, kann als so gut wie sicher gelten. Mit hoher Wahrscheinlichkeit bestand innerhalb des Geheimbundes ein weiterer Geheimbund, der besondere Rituale praktizierte" (S.51f.).

Die Templer hielten den Papst für den Antichristen schlechthin; das Kreuz traten sie mit Füßen. „In der Johannes-Offenbarung steht tatsächlich zu lesen, dass der Antichrist eines Tages bis in die höchsten Ämter, auch die der Kirche, aufsteigen werde. Was wussten die Templer, was wir nicht wissen? Gibt es ein – in mehrfacher Hinsicht – ‚dunkles Geheimnis'?" Die Kirche hingegen warf den Templern alle möglichen Vergehen vor: Sie hätten schwarze Messen zelebriert, dabei sogar Kinder geopfert und ein satanisches Idol (den so genannten *Baphomet*) angebetet. In verschiedenen Templerkirchen wurden tatsächlich Darstellungen des *Baphomet* gefunden. Gewisse Richtungen des Okkultismus stellen ihn als schwarzen Ziegenbock dar, dem die satanische Gemeinde Ehre ereisen muss. Zunneck sieht einen Zusammenhang des Templer-Ordens mit der späteren Freimaurerei.

Auch im 19. Jahrhundert spielte die Magie weiterhin eine bedeutende Rolle. Immer neue Seher und Magier schlossen sich an den langen Zug vorausgegangener Magier an. *Eliphas Levi*, ein ehemaliger Pariser Diakon, erneuerte die okkulten Lehren aus vergangenen Zeiten. Viele Gelehrte versuchten, hinter das Geheimnis des Okkulten zu kommen, indem sie magische Phänomene wissenschaftlichen Beobachtungen unterzogen.

In verdunkelten Salons wurde mehr oder weniger erfolgreich mit Medien zusammen gearbeitet. Angeblich wurden die Geister berühmter Toten beschworen und Geistererscheinungen fotografisch festgehalten. Man wurde Zeuge von Levitationen, bei denen Gegenstände und sogar Personen ohne erkennbare mechanische Hilfe in die

Höhe schwebten. Etliche Gelehrte untersuchten das Tischrücken, Hellsehen, den Gespensterspuk in Häusern, etc.

Viele gelangten dabei zu der Ansicht, dass die okkulten Kräfte nicht zu leugnen waren. Sie stellten eine unbekannte Macht dar – vergleichbar mit der Elektrizität –, die nur noch nicht entdeckt worden war. Sichtbarkeit oder Unsichtbarkeit eines Objekts beruhte nach Auffassung der Experimentatoren auf einer Verschiebung der molekularen bzw. energetischen Struktur. Von der Magie kamen wichtige Anregungen für das westliche Geistesleben. Auch die sich entwickelnden Naturwissenschaften erhielten wesentliche Anstöße von den magischen Operationen.

Von theologischer Seite wurde Magie oftmals als ‚Zauberei' verdammt. Doch auch in der Heiligen Schrift sind große Mysterien verborgen, welche die Kraft und Wirksamkeit der Magie zum Inhalt haben. Ein Theologe, der sich nicht auf die magische Praxis versteht, wird weder einen Geist herbeirufen noch ihn austreiben können. Der Glaube allein macht keinen Kranken gesund und vertreibt keine boshaften Geister. Dazu werden Kenntnisse gebraucht, wie sie unter anderem auch in der Heiligen Schrift verborgen sind.

Derartige Ansichten vertrat der Gelehrte und Arzt Paracelsus; sie finden sich im vierten. Band seiner Werke. Für Paracelsus war Magie eine verborgene Kunst, die „größte Weisheit der übernatürlichen Dinge auf Erden" (S.321). Natürlich konnte diese Kunst missbraucht werden; allerlei missgünstige Zauberer und Gesindel schlichen sich ein und zogen sie in den Dreck. Wer über weitreichende magische Kenntnisse verfügte, neigte nicht immer zu Bescheidenheit und Rücksichtnahme. Deswegen waren Magier häufig in hierarchischen Strukturen integriert, welche ihre rebellische Kraft lenken und kanalisieren sollte.

Moderne Mystiker suchen nach einer alternativen Spiritualität, häufig mit okkulten und magischen Aspekten. Neu-Heidentum und schamanische Techniken haben in den vergangenen Jahrzehnten eine große Anhängerschaft gefunden. Alte Weisheiten erfahren eine Rehabilitation, wobei das Bewusstsein sich in alte und ursprüngliche Kräfte einklinkt. Doch die Anwendung vergangener Prinzipien auf das moderne Bewusstsein, ohne dabei die Vergänglichkeit von Zeit und Umständen zu beachten, hat auch gefährliche Seiten, warnen C. und J. Matthews. Wer uralte Weisheit und innere Bilder nutzen will, ohne genügend darüber Bescheid zu wissen, gerät leicht auf Abwege. Was in der Vorzeit allgemeiner Brauch war (z.B. Blutopfer, rituelle Vereinigung etc.), hat im Grunde seine Geltung verloren. Diejenigen, bei denen diese althergebrachten Formen starken Anklang finden, könnten durch sie zu einem unangemessenen Atavismus verführt werden. Denn was in der Vorzeit stimmig war, ist heute nicht mehr zeitgemäß.

Der Kontakt mit Mächten aus der Vergangenheit erfordert ein hohes Maß an persönlicher Integrität und führt nicht selten auf abseitige, verderbliche Pfade. Viele der traditionellen alten Zeiten waren keineswegs immer ‚gute Zeiten'. Die ‚Götter' der Vergangenheit forderten oftmals diktatorische Unterwerfung und absoluten Gehorsam von ihren Anhängern. Sensationslüsterne Wanderer und machthungrige ‚Hohepriester' werden von den alten Mächten angezogen und verschreiben sich Praktiken, die im Grunde der Vergangenheit angehören und demoralisierende Wirkungen ausüben. Die überalterten Formen müssen der modernen Bewusstseinsentwicklung angepasst werden, um zeitgemäß zu sein.

Unsichtbare Kräfte

Wenn es eine Kraft gibt, die größer ist als die Sonne,
dann ist es die Magie.

Kräfte der verborgenen Natur

Magie befasst sich theoretisch und praktisch mit unsichtbaren, noch weitgehend unbekannten Kräften der Natur. Magiekundige behaupten, das Universum sei bestimmten fluidischen Einflüssen unterworfen. Um mit diesen Kräften zu arbeiten, ist es notwendig, sie in einem Punkt zu konzentrieren. Danach können sie durch den Willen gelenkt und kanalisiert werden. Magie ist die Erlangung der Gewalt über Kräfte, die den gesamten Kosmos durchfluten.

„Alles in der Welt ist Kraft, die uns anzieht oder abstößt", schreibt Carlos Castaneda. Den Regeln der Physik zufolge können Energien verschiedene Formen annehmen. Dieses Prinzip machen sich Magier zunutze. Sie haben erkannt, dass die Entstehung der Kräfte des Universums auf Magnetismus beruht. Alle Dinge, die größten wie die kleinsten, werden durch Anziehungskräfte gelenkt. Im winzigen Atom und auf planetarer Ebene herrscht das gleiche Prinzip. Jede Kraft rührt im Kern von einer solchen Anziehungskraft her. Ohne sie gäbe es kein Leben. Magier sind Meister darin, diese Kräfte zu manipulieren und für ihre Zwecke einzusetzen.

In der sichtbaren und unsichtbaren Welt wirken besondere Kräfte, die zum Positiven wie auch zum Negativen geleitet werden können. Kraft ist das, was das Leben erhält, sie ist in jedem Mineral, jeder Pflanze und in jedem Menschen vorhanden. Okkulte Energien sind die Kräfte der verborgenen Natur, die aus der okkulten Welt in die sichtbare Welt einfließen. Als *okkulte Welt* wird die Astralsphäre bezeichnet, die auch als *vitale Welt* bekannt ist.

Jedes Individuum ist für sich betrachtet ein kosmisches Kraftfeld, das unentwegt Energie in seine Umwelt abstrahlt. Es gibt keinen festgelegten Zeitpunkt, an dem sich die Kräfte eines Individuums manifestieren; es kann zu jedem Zeitpunkt seines Lebens geschehen. Gewöhnlich liegt dieser Zeitpunkt vor dem Eintritt in das Erwachsenenalter. Jeder Mensch gestaltet durch seine unentwegt strömenden energetischen Emanationen seine Umwelt selbst. Die Frage ist nur, ob er dies bewusst tut oder einfach geschehen lässt, was sich aus der jeweiligen Situation ergibt. Magische Kräfte wirken durch den Körper auf den Geist und umgekehrt durch den Geist auf den Körper.

Der menschliche Organismus besitzt dieselben Kräfte, die im Makrokosmos walten. Jede Kraft steht mit einer korrespondierenden höheren Kraft in Beziehung. Wenn Magie spontan, aus sich selbst heraus, arbeitet, so beweist dies, dass kosmische Kräfte dahinter stehen. Ein Magier zieht diejenigen Kräfte an, welche die in ihm schlummernden Energien zur Entfaltung bringen.

Jeder Gedanke, jede Emotion und jede Tat verursacht in den Energieströmen, die allerorts fließen, Wellen, die ein Magier beobachten und lenken kann. Jedes Individuum wird von Kraftströmen umflossen, aus denen erfahrene Magier ihre Schlüsse ziehen können. In manchen Individuen brodelt eine urwüchsige Kraft, die durch heftige Gefühlsaufwallungen genährt wird, so dass es für Nahestehende schwer wird, sich dagegen abzuschirmen. Menschen in der Umgebung werden, ob sie das wollen oder nicht, davon in Mitleidenschaft gezogen.

Sobald viele Leute versammelt sind – z.B. bei Musik- oder Sportveranstaltungen – werden immense Kräfte freigesetzt, die für alle erdenklichen Zwecke genutzt werden können. Eine konzentrierte Kraft entsteht auch durch den alltäglichen Fernsehkonsum, der die Aufmerksamkeit vieler Zuschauer auf ein bestimmtes Programm lenkt. In populären TV-Sendungen werden Leute dazu veranlasst, sich alle zur gleichen Zeit auf einen bestimmten Inhalt zu konzentrieren und ähnliche Gedanken auszusenden. Die ausgesandte Energie zeigt Wirkung und ruft entsprechende Reaktionen hervor.

Für magische Operationen stehen dem Praktizierenden verschiedene Möglichkeiten zur Verfügung:

► Er kann seine eigenen Energien verwenden.

► Er kann mit äußeren Elementarkräften arbeiten.

► Er kann Energie von den Lebewesen seiner Umgebung abziehen.

►Er kann Kräfte an einen Gegenstand binden, der zu diesem Zweck ausgewählt wurde und die gespeicherte Energie zu einem späteren Zeitpunkt verwenden.

► Er kann eine Art Talisman benutzen, der aus einem Material seiner Wahl besteht.

► Er kann Energie aus dem Zwischenreich, der Astralsphäre, beziehen.

Ein aktiver Magier sollte niemals an seinen Kräften zweifeln oder seinen Glauben an sich verlieren. Das könnte sein Ende bedeuten. Die Kraft, die in ihm liegt, soll nutzbar gemacht werden. Gelingt es einem Magus, seine Kräfte zu sammeln und sich mit dem Boden, auf dem er steht, zu verbinden, bezieht er daraus neue Lebensenergie, die seine eigenen Reserven auffüllt. Neue Kräfte strömen durch seinen Körper, da er eins ist mit der Erde. Auch aus der ihn umgebenden Luft kann er Energie beziehen, wenn er dementsprechende Kenntnisse besitzt. Es bedarf einer Schleuse, um den inneren Energien einen Kanal zu geben, ohne dass der Staudamm, der die Gefühle zurückhält, zerbricht.

Den meisten ist nicht bewusst, was sie vermögen. Erst wenn jemand den Pfad betritt und lernt, in die Tiefen des Geistes einzutauchen, kann er ermessen, was in ihm steckt. Ein fortgeschrittener Magier, der genügend Kraft gesammelt hat, könnte einen Orkan aufhalten und ihn in einen einfachen Wolkenbruch verwandeln.

Wem es gelingt, große Mengen an Kraft in seinen Körper ziehen, dessen magische Ausstrahlung erhöht sich enorm. Die magische Energie bleibt im Organismus eine ganze Zeit erhalten. Sie verliert ihre Wirkung deutlich langsamer als bspw. Drogen. Magische Kräfte können sich leichter entfalten, wenn das Haar nicht zu kurz ist. Je länger die Haare, desto eher bekommt man Zugang zu seinen Kräften. Andererseits lassen dämonische Einwirkungen und das Auftreten von Halluzinationen nach, sobald die Haare gekürzt werden. Auch die psychische Beeinflussbarkeit wird reduziert.

H.-D. Leuenberger sieht in jeder esoterischen Praxis, selbst in einer einfachen Meditation oder in der Betrachtung eines Horoskops, eine energetische Arbeit, bei der kosmische Kräfte im Spiel sind. „Das bedeutet, dass jeder Mensch, der sich praktisch mit Esoterik beschäftigt, die magische Ebene betritt", behauptet er (S.175f.). Und Franz Hartmann betont: „Kräfte wachsen durch den Widerstand, den sie finden." Eine Kraft kann erst dann wirksam werden, wenn man ihr eine Form gibt.

Ein praktizierender Magier lernt, die ihn umgebenden Kräfte zu beherrschen. Die magische Kraft, die er einsetzt, hinterlässt Spuren, die von anderen Magieanwendern entdeckt werden können. Sooft jemand einen Zauber wirkt, wird dieser wahrgenommen und verrät den Standort des Magiers. Ein eisiger Hauch in der Luft bedeutet, dass jemand magische Energie einsetzt. Falls jemand über große Macht verfügt, ist das ‚eisige Feuer' der Magie deutlich zu spüren.

Über besondere Kräfte zu verfügen, bedeutet oftmals Einsamkeit, denn der Betreffende ist ein Seher unter Blinden. Es kann gefährlich sein, die Kräfte von jemand anderem freizusetzen, der dazu nicht bereit ist oder von seinen Kräften nichts ahnt. Ein Magiekundiger kann freiwillig auf seine besonderen Kräfte verzichten. Dieser Verzicht muss von allen anderen, die davon Kenntnis haben, respektiert werden, d.h., sie lassen ihn fortan in Ruhe.

Falls ein Magieanwender mit höheren magischen Kräften arbeiten will, die in der Natur verborgen sind, findet er sie zuerst im eigenen Selbst. Die geheimnisvollen Kräfte gehören dem zu wahrer Selbsterkenntnis gelangten *inneren Selbst* an, nicht dem persönlichen Ich, in dem materielle Belange den ersten Platz einnehmen. Sie bilden sich im Laufe der Entwicklung heraus.

Will jemand in den Besitz übernatürlicher Kräfte gelangen, muss er über seine irdische Natur hinauswachsen und sein Selbst beherrschen. Sofern ein Adept fähig ist, sich in einen vorwiegend harmonischen inneren Zustand zu versetzen, löst er entsprechende Kräfte aus und erzielt die erwünschten Wirkungen. *„Alle Kräfte sind im Ursprung eins"*, erklärt Aleister Crowley. Sobald sich der Suchende eins fühlt mit dem Ganzen, erkennt er sich selbst als die Ganzheit.

Oft genügt ein einzelnes Erdendasein nicht, um geistige Kräfte in seinem Innern zur Entfaltung zu bringen. Die in einem einzelnen

Leben erlangten Fähigkeiten können als Grundlage zur Entfaltung weiterer geistiger Kräfte im nächsten Leben dienen.

Okkulte Fähigkeiten

Jede magische Unternehmung erfordert ein großes Maß an Geduld. Bei größeren Vorhaben können die Vorbereitungen Tage oder sogar Monate in Anspruch nehmen. Angehende Magier sind nach einiger Zeit der Übung in der Lage, außergewöhnliche Phänomene als solche einzuschätzen und eine zutreffende Erklärung dafür zu finden. Sie bilden in ihrem Innern okkulte Kräfte aus. Im Idealfall geht die magische Entwicklung Hand in Hand mit einer ‚Veredlung der Seele', bemerkt F. Bardon: „Wer nur darauf erpicht ist, okkulte Fähigkeiten und Kräfte zu erreichen, um mit ihnen zu prahlen, wird vergebliche Arbeit leisten, denn die Göttliche Vorsehung bleibt in ihrem Werk stets unerforscht und wird einen nur nach okkulten Kräften strebenden Menschen früher oder später vom Weg abbringen. Die okkulten Fähigkeiten sind nur bloße Begleiterscheinungen, sie sind als Kompass der Entwicklung zu betrachten und nur für edle Zwecke und für die Hilfe der Mitmenschen vorgesehen, daher nur dem wahren Magier vorbehalten" (S.334). Einige Magiekundige stellen sich gern öffentlich zur Schau, doch ein Magier, der etwas auf sich hält, verzichtet darauf – von wenigen Ausnahmesituationen abgesehen – seine Macht zu demonstrieren.

Viele angehende Magier lassen sich durch okkulte Kräfte und die damit verbundene Macht in Versuchung führen. Wenn sie durch die Anwendung magischer Praktiken große Mengen an okkulter Energie in sich hineinziehen, kann dies zerstörerische Auswirkungen auf ihre körperliche und geistige Gesundheit haben. ‚Echte' Magie basiert auf der Grundlage einer umfassenden Kenntnis der Gegebenheiten und Gesetze der unsichtbaren Welten. Ausgangspunkt für die magische Beeinflussung der sichtbaren Welt ist die Astralwelt.

"Kraft ist der Schlüssel, der alles Leben beherrscht, sein Wachstum, seine Farbe und Form", schreibt D. Charters. Je größer die Kraftausstrahlung einer Person ist, desto schneller kann ihre Entwicklung voranschreiten. *"Kraft ist das, was alles Geschehen überhaupt möglich macht, und ohne sie wäre das Leben bereits ausgestorben"* (S.46). Erfolgreiche Magier machen die Erfahrung, dass Ereignisse eintreten, die sie schätzen und herbeiwünschen, während Dinge, die sie ablehnen, einfach aus ihrem Leben verschwinden.

Sobald die Kraft zunimmt, setzt eine natürliche Reaktion des Organismus ein. Er versucht, Spannungen zu vermeiden, um die vermehrte Belastung zu verkraften. Welches Maß an Energie durch einen Körper geleitet werden kann, hängt von seiner Fähigkeit ab, sich zu entspannen. Der Empfänger muss in der Lage sein, innerlich loszulassen, damit die Kraft in ihm ungehindert fließen kann.

Magier gehen mit komplexen Kräften um. Daher halten viele es für notwendig, ihr Bewusstsein mit besonderer Intensität zu trainieren, wie es keine andere Ausbildung verlangt. Sie erforschen die Kräfte ihrer natürlichen Umgebung und nutzen sie für sich bzw. wenden sie auf die äußere Welt durch unmittelbare Einwirkung an. Indem sie sich selbst erkennen als Mikrokosmos, erhalten sie die Möglichkeit, diese Einsicht in die Praxis umzusetzen. Ein fortgeschrittener Magier gewinnt nicht nur Einsicht in die ihn unmittelbar umgebende Natur, sondern eignet sich auch Wissen hinsichtlich seiner Beziehung zum übergeordneten Ganzen an. Er entdeckt die makrokosmischen Kräfte in seinem Innern und findet Möglichkeiten, von ihnen Gebrauch zu machen.

Unsichtbare Spuren

Die menschlichen Gedanken, Gefühle und Handlungen hinterlassen überall dort, wo eine Person sich aufhält, unsichtbare Spuren, einen ‚Eindruck'. Sie prägen sich nicht nur der Person selbst, sondern auch ihrer Umgebung ein. Auf den meisten Gegenständen, Möbeln, Wänden und Bildern ist eine Vielzahl an Erinnerungen gespeichert. Bereits die Anwesenheit eines Menschen, seine Ausstrahlung, prägt sich den Gegenständen ein, selbst wenn er diese nicht berührt. Überall, wo er hingeht, hinterlässt er lichtvolle oder dunkle Prägungen. Die entsprechenden Nachwirkungen bleiben nicht aus, betont O.M. Aivanhov: „Jede Begebenheit spiegelt sich auf allen Objekten der Umgebung wider und hinterlässt gewisse unauslöschliche Spuren" (1990,1, S.132f.).

Magier können sich diese Gesetzmäßigkeit zunutze machen, indem sie Gegenstände magnetisch aufladen, um sie später für bestimmte Zwecke einzusetzen. Allerdings verströmen diese nach einer gewissen Zeit nur noch schwache magische Energien, falls niemand da ist, der sie regelmäßig erneut auflädt, es sei denn, die ursprüngliche Prägung war außerordentlich intensiv.

Alles, was Menschen essen und trinken, sowie die Kleidung, die sie tragen, die Gegenstände, die sie gebrauchen, ist von einer mehr oder minder dunklen Schicht bedeckt, auch wenn niemand sich dessen bewusst ist. Um die dunklen Fluida, die manche Dinge wie eine undurchlässige Schicht bedecken, zu beseitigen, müssen Gegenstände und Örtlichkeiten gereinigt werden. Anschließend ist es möglich, sie mit anderen, helleren Fluida zu prägen. Sobald sich jemand in eine harmonische Stimmung versetzt, strahlen positive Vibrationen durch sein gesamtes Wesen hindurch und beeinflussen seine Umgebung.

Lichtvolle Geistwesen können dabei helfen, die Gegenstände und Orte von allen negativen Partikeln und Einflüssen zu befreien, wenn man sie anruft. Auch mit Geräten und Apparaten sollte man nicht nachlässig umgehen, denn die Art und Weise, wie man sie behandelt, wirkt sich günstig oder nachteilig auf deren Haltbarkeit aus.

Berühmte Leute, die regelmäßig die Aufmerksamkeit eines großen Publikums auf sich ziehen, lenken einen immens starken Energiestrom auf sich, der von ihren Bewunderern ausgeht. Sie sind magnetisch aufgeladen, was Sensitive, die ihnen begegnen, deutlich spüren können.

Hellsichtige können aufgrund von Einprägungen auch Einsichten über bestimmte Orte oder Gegenstände erhalten. Sie stellen sich auf die entsprechende Wellenlänge eines Ortes ein und spüren, was in der Vergangenheit dort vorgegangen ist.

Ein Gebäude kann ebenfalls medial erforscht werden. Jedes Haus hat eine Essenz, eine Ansammlung von Gedanken und Emotionen, die seine Mauern im Laufe der Zeit aus dem Umfeld aufgenommen haben. Ein geschultes Medium kann sich innerlich öffnen und Kontakt zu einem Haus aufnehmen. Es kann mental in den Räumen umherstreifen und seine Essenz erforschen. Bei Wohngebäuden bestehen die Einprägungen in der Regel aus einer Mischung von Glück und Kummer, von Wohlgefühl und Leid. Alles, was den Bewohnern widerfahren ist, prägt sich den Räumen ein.

Oft ist berichtet worden, mit wie viel Unheil bestimmte Wohnsitze oder auch Schmuckstücke beladen sind.[1] Zudem gibt es Juwelen und Statuetten, die immer wieder Anlass für Tragödien waren. Entweder befanden sie sich vordem in den Händen von Magiern, die sie mit Flüchen und Verwünschungen belegten, oder sie waren Zeuge schrecklicher Ereignisse, wodurch sie mit zerstörerischen Vibrationen geprägt wurden. Eine schwarzmagische Technik besteht darin, einen Gegenstand im Hause eines Opfers zu hinterlassen oder etwas von dort mitzunehmen, um es negativ zu prägen.

Auch Orte und Landschaften sind von einer Essenz durchwoben, auf die sich eine mediale Person einstellen kann. Sensitiven Menschen ist es möglich, über die Ereignisse, die sich in einer bestimmten Gegend zugetragen haben, einen zutreffenden Bericht zu erstatten. Die ätherische Ebene bewahrt eine vollständige Chronik aller

---

[1] Einige Palazzi in Venedig sind dafür berüchtigt, dass etlichen Eigentümern im Laufe der Jahrhunderte großes Unheil widerfahren ist. Sie starben durch unglückliche Umstände, aufgrund eines Unfalls, wurden ermordet oder ihr Geschäft ging in Konkurs.

Vorkommnisse, die an einem bestimmten Ort stattgefunden haben, auf.

Magischer Händedruck

Vor allem Hände sind der Sitz der Magie. Ein Händedruck überträgt Energien von einem zum andern bzw. sorgt für einen Kräfteaustausch. Für eine sensitive Person kann die Berührung anderer Menschen verstörend sein, sofern ein Strudel aus Angst, Beklemmung und Not auf sie einstürmt. In einem solchen Fall kann sie versuchen, die persönliche Kraft fest in ihrem Innern zu verschließen, um sich besser abzugrenzen. Oder sie trägt von vornherein Handschuhe, um die fremden Schwingungen fernzuhalten.

Ein Heiler erspürt durch Handauflegen das emotionale Ungleichgewicht in einem Menschen. Um Zugang in das Innere eines anderen zu gewinnen, muss er ihn berühren. Über die Berührung mit den Händen kann er den momentanen Gemütszustand erfassen. Seine Hände strahlen Heilenergie in den Organismus eines Kranken und regen dessen Selbstheilungskräfte an.

Von der Berührung eines Magiekundigen geht ein elektrischer Strom aus, der sich auf den anderen überträgt. Durch die Hände eines Magiers fließt bei einem festen Händedruck Energie in den Körper seines Gegenübers und setzt dessen gesamten Organismus unter Spannung. Sein Blutkreislauf wird angeregt. Möglicherweise hat der Empfänger des magischen Stroms Phantasien von zukünftigen Ereignissen oder die Bilder seiner Phantasie beginnen, Gestalt anzunehmen. Ist das Erlebnis sehr intensiv, fühlt er sich fort getragen durch Zeit und Raum.

Sobald ein magisch Geschulter jemandem die Hand schüttelt, kann er dessen Innenleben ausforschen. Er ist imstande, mit allen Sinnen in den Körper des anderen einzudringen, um dessen seelische Verfassung auszukundschaften oder gegebenenfalls die Ursachen von Krankheiten zu ergründen. Er kann auch herausbekommen, ob der andere gleichfalls über magische Kräfte verfügt. Ein kurzes Hände-schütteln zeigt einem Magiekundigen, ob sein Gegenüber Magie an-wendet. In den Handflächen befinden sich kleine Energiezentren, in denen sich Kräfte ansammeln. Die angesammelte Energie in der Hand eines Magiers kann blumige Formen hervorbringen: Purpurrote Rosen, gelbe Astern, weiße Kamillen etc; ein Farbenrausch, sichtbar nur für das Auge des Sehers.

Magische Kraft kann auch über die Hände abgeleitet werden. Ein Magieanwender ist imstande, jemandem, sobald er ihm die Hand reicht, einen energetischen Schlag zu versetzen, indem er die Ener-gie-Spannung seines Körpers in die Handflächen ableitet. Gibt je-mand einem dunklen Magier die Hand, verspürt er oftmals einen stechenden Schmerz im Handteller. Oder ihn durchzuckt ein elektri-scher Schlag und er gewinnt den Eindruck, als hätte sich eine eiserne Kralle um sein Handgelenk geschlossen. Mit einem Händedruck kann ein Schwarzmagier den Organismus eines Kontrahenten emp-findlich beeinträchtigen und dessen Gesundheit ruinieren.

Daher vermeidet ein Magiekundiger, wenn irgend möglich, jeman-dem die Hand zu geben. Der andere könnte sich, sofern er sich da-rauf versteht, seine Kräfte zunutze machen durch eine Art ‚Fusion'. Vor allem über den Mittelfinger kommt der Magieanwender mit der Lebenslinie des Gegenübers in Berührung. Gibt er jemanden die Hand, könnte er – mit entsprechenden Kenntnissen – dessen Kräfte an sich ziehen.

Schwarzmagier sind fähig, ihre Hände in magische Instrumente umzuwandeln, indem sie geballte Kraft hineinleiten. In Auseinander-setzungen erzeugen sie, bei ausreichender Konzentration, eine blit-zende Energiekugel auf ihrer Handfläche und Energie sprüht aus den Fingerspitzen. Die Fingerspitzen beginnen zu glühen, falls die Wil-lenskraft des Magiers stark genug ist. Jeder einzelne Finger kann als eine Art Flammenwerfer fungieren. Diese Art konzentrierter Energie verursacht beim Gegner unaussprechlichen Schmerz. Manche Magier können sogar aus den Händen einen Plasmablitz abfeuern. Es ist eine geeignete Waffe, um gefährliche Gegner unschädlich zu machen. Der Strahl, der aus dem Handteller schießt, ist für die Normalsicht unsichtbar.

Hände fungieren auch als Schutz gegen unerwünschte geistige Einflüsse. Der so genannte ‚Fingerfächer', bei dem die Hände gespreizt gegen den Widersacher gerichtet werden, gilt als ein probates Abwehrmittel.

Worte und Gedanken

Den Worten wohnt eine besondere Macht inne. Mit Worten und Lauten, die richtig intoniert werden, können unsichtbare Kräfte bewegt werden. Jedes Wort ist eine Energie, die den Luftraum durchquert und bestimmte Auswirkungen hat. Falls jemand lernt, diese zu nutzen, ist er in der Lage, seine Umgebung und sich selbst umzuwandeln.

Rituell intonierte Worte sind Kräfte, die als glühende Symbole durch die Sphären wirbeln und ein Lichtmuster bilden, das in den Ätherkörper einer Hexe oder eines Magiers herabschwebt. Jedes Symbol bildet einen Kreis, der sich mit einem Nachbarkreis zu einer Art Kettenhemd verbindet, wodurch die von dem jeweiligen Symbol ausgehende Kraft verstärkt wird. *Doch jeder Zauber hat seinen Preis.* Die Kraft, aus der sich Hexenkunst speist, ist häufig die eigene Lebensenergie.

Destruktive Worte können zerstörerische Wirkungen hervorbringen. Die schädlichen, unerwünschten Folgen werden nicht eintreten, falls jemand mit intensiver, zielbewusster Denkkraft eingreift, um den Schaden abzuwehren. Die schädlichen Ausstrahlungen können von den Geisthelfern der unsichtbaren Ebenen unschädlich gemacht werden, sofern diese hinzugezogen werden. Es gibt nämlich eine Kraft, die noch wirksamer ist als das Wort: Das ist der Gedanke. Worte und Gedanken gehören zwei unterschiedlichen Seinsebenen an, lehrt O.M. Aivanhov: „Das Wort ist der materiellen Ebene untergeordnet; es ist eine Vibration, eine Luftverlagerung; der Gedanke gehört schon dem ätherischen Bereich an" (1990,1, S.50).

Gedanken sind, im Verein mit den Emotionen, die Ursache aller Manifestationen. Ein jeder ist der Schöpfer seiner eigenen Lebensumstände und für sein Schicksal selbst verantwortlich. Gedanken beinhalten somit ein großes Verantwortungspotenzial. Dennoch sind Menschen keineswegs identisch mit ihrer jeweiligen Gedanken- und Gefühlswelt, auch wenn viele davon ausgehen.

In der geistigen Welt treten die Zusammenhänge klar zutage. Gedankenmuster, die häufig wiederholt werden, sind wie eine Art Aussaat, deren Früchte Jahre später geerntet werden. In der jenseitigen Welt wird der Mensch einstmals alles, was er im vergangenen Leben gedacht und getan hat, wieder erleben, da ihm dort die Situationen aus der Vergangenheit noch einmal vor Augen geführt werden. Aus dem Denken sind Ideen entstanden und daraus Handlungen, die entweder förderlich oder hinderlich für den geistigen Fortschritt waren.

Heilende Kräfte

Mannigfaltige Tätigkeiten, die Menschen auf der Erde ausführen, können von den höheren Sphären aus nicht bewirkt werden können. Es gibt Handlungen, die ausschließlich von Lebewesen, die auf der Erde beheimatet sind, ausgeführt werden können. Die Wesen höherer Geistebenen sind aufgrund ihrer verfeinerten Kraftausstrahlungen zu vielen Tätigkeiten nicht in der Lage. Ein physischer Körper schwingt langsamer als ein astraler Körpers. Die Wesen der feinstofflichen Ebenen sind auf ein menschliches Medium angewiesen, das in der Lage ist, ihre Kräfte umzuwandeln. Die Energien werden von den geistigen Ebenen aus in einen grobstofflichen Körper geleitet. Auf diese Weise wird die Kraft ausreichend umgewandelt, um in der träger schwingenden Materie von Nutzen zu sein.

Ein spirituelles Medium richtet seine Aufmerksamkeit auf die Gesamtheit der Welt, in der es lebt und nicht nur auf die äußere Hülle.

Daher wird es sensibel für Ausstrahlungen aus den feinstofflichen Ebenen und fähig, deren Energien zu empfangen und weiterzuleiten. Gedanken sind Kräfte, deren Schwingungen – ähnlich wie bei drahtloser Telegrafie – in die Ferne wirken und von einem dafür empfänglichen Bewusstsein wahrgenommen werden können. Da die Schwingungen und Strahlen, die von der geistigen Welt ausgesendet werden, zu fein sind, um die gröbere Substanz des Körpers zu durchdringen, bedarf es eines Mittlers, durch dessen Körper die feinstofflichen Strahlen geleitet und in den Körper eines Kranken übertragen werden.

Ein Heiler hat es in seiner Praxis mit Vibrationen und Schwingungsfrequenzen zu tun. Er ist in der Lage, seine Kräfte zu bündeln und in den Körper eines Kranken zu leiten. Manchmal dehnt er seine Sinne aus und untersucht den Körper eines Patienten, indem er seinen Geist hineinschickt. Dabei ist es nicht unbedingt erforderlich, dass er die mentalen Techniken, die er anwendet – sowie die daraus folgenden Resultate – bis in die letzen Einzelheiten begreift. Doch ein gewisses Maß an Verständnis für die Vorgänge und Zusammenhänge vergrößert den Erfolg der Behandlung. Nicht in allen Fällen gelingt die Heilung; manchmal kehrt die Krankheit im Anschluss verstärkt zurück.

Gesundung braucht seine Zeit. Ein Heilungsprozess, der zu schnell vonstatten geht, richtet manchmal mehr Schaden an als Nutzen. Zudem wird für die Heilung sehr viel Energie gebraucht. Das Immunsystem des Körpers könnte überempfindlich auf die Heilenergie reagieren. Es erfolgt eine allergische Reaktion, da der Organismus nicht in der gewünschten Weise auf die Heilung anspricht. Das Blut gerinnt nicht mehr. Oder ein Eingriff, der den Schmerz blockieren soll, verhindert gleichzeitig den Heilungsprozess. Der Körper könnte vergessen, dass er verletzt ist, sobald er keinen Schmerz mehr spürt. Damit ist der gesamte komplexe Prozess der Heilung gestört.

Die Aufrechterhaltung der Körperfunktionen ist eine Art ‚Gemeinschaftsprojekt', denn unsichtbare Kräfte sind daran beteiligt und bemühen sich um die Gesundherhaltung und Wiederherstellung des Körpers. Ein Heiler sollte es tunlichst vermeiden, ohne direkten Auftrag des Klienten eine Behandlung vorzunehmen, da er sonst unbeabsichtigt in das Karma des anderen eingreift. Die Verantwortung für die sich daraus ergebenden karmischen Folgen hat der Heiler selbst zu tragen. Wird der Eingriff in der richtigen Zeit und über eine relativ kurze Zeitspanne angewandt, kann er eine große Hilfe sein.

Beim geistigen Heilen bedarf es eines Mediums, denn die feinen Strahlen der höheren Ebenen können die grobe Substanz des physischen Körpers nicht durchdringen, erklärt D. Charters. „Medien haben die Fähigkeit, ihren Körper zu verfeinern. So können die höheren Strahlen durch sie geleitet und genügend vergröbert werden, um in den Körper des Leidenden einzudringen" (S.53). Dazu benötigen sie ein gewisses Maß an Sensibilität, um die Kraft-Strahlen zu empfangen und in den Körper der Kranken zu leiten.

In afrikanischen Kulturen verfügen Heiler über gewisse Kräfte, die ihnen von Geistwesen verliehen werden. Ist jemand ‚auserwählt', bleibt ihm kaum eine andere Wahl, als dem Ruf zu folgen und ein medialer Heiler zu werden. Die Ahnengeister zeigen sich nicht nur in Visionen, manchmal treten sie auch selbst sichtbar in Erscheinung. Falls jemand, der von den Ahnen erwählt wurde, sich dieser Verpflichtung entziehen will, läuft er Gefahr, vorzeitig das Zeitliche zu segnen. Ein Anzeichen, das Geister von einem zukünftigen Heiler Besitz ergriffen haben, können mysteriöse Krankheiten – wie z.B. ständige Kopfschmerzen oder das Anschwellen der Füße und Beine – sein. Ärzte stehen in einem solchen Fall von einem Rätsel. Meist folgen darauf seltsame Visionen und hellsichtige Vorausschauen, die Verwandte und Nachbarn betreffen.

In geheimen Ritualen wird eine erwählte Person von Geistheilern auf ihre Mission vorbereitet. Die Ahnengeister vergrößern die übersinnlichen Fähigkeiten des Probanden. Sie verleihen ihm übernatürliche Kräfte, wie z.B. die Gabe des Hellsehens und der Voraussage. Oder die Heiler werden befähigt, die jeweiligen Leiden, welche der

Hilfesuchenden befallen haben, zu erkennen. Aus dem Stegreif wissen sie plötzlich Dinge und verstehen Zusammenhänge, die ihnen von irgendwoher eingeflößt werden. Manchmal genügt ein Blick nach innen; wobei sich vor dem inneren Auge ein Bild herauskristallisiert, das die gewünschte Information liefert.

Es kommt mitunter auch vor, dass die Medien, die sich mit Heilung befassen, den Klienten unter den Wirkungsbereich jenseitiger Mächte bringen. Selbst wenn der Klient gesundet, steht er nicht selten unbewusst weiterhin unter den Einfluss des Heilers und der mit ihm verbundenen Wesenheiten. Denn auch bei Heilern und Lichtarbeitern kommen Beeinflussungen durch Fremdenergien vor, ohne dass die Betreffenden davon wissen. In solchen Fällen sind die Klienten die Leidtragenden, da sie in den Sitzungen mit den Fremdenergien in Berührung kommen, d.h. in den Energiekörper der behandelten Person fließt die negative Energie des Heilers.

Oft handelt es sich bei den Fremdenergien um verwirrte Seelen von Verstorbenen, die ganz plötzlich aus dem Leben geschieden sind. Von dem Wunsch beseelt, noch länger in der irdischen Sphäre zu verweilen, suchen sie sich zu diesem Zweck lebende Wirte aus, bei denen sie sich festsetzen können. Eine Anzahl der Menschen, die energetisch mit Menschen arbeiten, weist oft selbst Besetzungen von fremden Seelenanteilen auf. Möglicherweise bemerken sie es nicht einmal. Die Wesenheiten klammern sich an ihren Energiekörper und saugen Energie ab. Meist sitzen sie an der Wirbelsäule oder an geschwächten Organen. Nach jeder Sitzung fühlt sich der Heiler müde und ausgelaugt. Diesen Umstand sollte er als Hinweis nehmen, dass etwas nicht stimmt.

Weiße und schwarze Magie

Die Herrschaft über kosmische Kräfte ist im Grunde weder schwarz noch weiß. Sobald ein Mensch mit entsprechenden Fähigkeiten seelisch-geistige Kräfte entfaltet, die in seiner Person oder außerhalb seiner selbst eine Wirkung hervorrufen, wird dies als magische Handlung bezeichnet. Übung, Intensität und Ausdauer entscheiden über den Erfolg der Kraftentfaltung.

Die höhere Magie arbeitet mit der Flamme des Lichts. Mit ihr gewirkte Zauber sind um ein Vielfaches stärker als andere, doch die Gefahr ist groß, diese Zauber nicht kontrollieren zu können, falls es an ausreichenden Kenntnissen in Bezug auf ihre Anwendung mangelt. In der schwarzen Magie werden durch gewisse Übungen Kräfte herbeigezogen, die zu persönlichen, selbstsüchtigen Zwecken verwendet werden. Die weiße und schwarze Magie unterscheidet sich in erster Linie durch den Zweck, zu dem die magischen Kräfte verwendet werden.

Wer die Grenze zur höheren Magie verfrüht überschreitet, macht Bekanntschaft mit der dunklen Seite. Sobald ein Adept beginnt, an sich zu zweifeln, treten dunkle Mächte auf den Plan. Auch jedermann, der von eigennützigen Vorstellungen geleitet wird oder Übles im Sinn hat, zieht das Dunkel an.

Etliche Magier beziehen ihre Macht von Geistwesen; d.h. ihre Kräfte kommen aus der Astralebene. Die eigene Energie vermischt sich mit der astraler Wesenheiten. Sie knüpfen ein festes Band zwischen sich und einer fremden Macht; d.h. sie ziehen die Kraft an sich und verbinden sich mit ihr. Anstatt die Geister fernzuhalten, vereinigt sich der Magier mit ihnen, um an ihrer Macht teilzuhaben. Für einen weißen Magier hingegen ist der Weg zur Erlangung geistiger Kräfte die Vereinigung mit dem Göttlichen.

Ein dunkler Magier ist in der Lage, die Kräfte zu gebrauchen, wie immer es ihm beliebt. Seinem Körper fällt es leicht, neue Energie zu schöpfen, denn die fremde Macht pulsiert in ihm wie ein zweiter Herzschlag. In einem fortgeschrittenen Stadium gelingt es ihm, die Kräfte zu zähmen. Befindet er sich in einem Gebäude, kann er sein Bewusstsein ausweiten um zu erspüren, ob sich eine bestimmte Person in seiner Nähe aufhält. Er sieht mit den Augen eines anderen und hat die Fähigkeit, Mauern zu durchdringen.

Um magische Wirkungen erzielen zu können, ist eine enge geistige Verbindung zur unsichtbaren Welt eine der Voraussetzungen. Nur dann gelingt es, bestimmte Absichten zu verwirklichen. Eine Invokation (Anrufung) stellt den Kontakt zur unsichtbaren Welt her. Praktizierende Magieanwender wähnen sich imstande, mit magischen Mitteln, wie z.B. Beschwörungen und Zaubersprüchen, übernatürliche Mächte anzurufen, um den Lauf der Dinge zu ihrem Vorteil zu beeinflussen. Dem Gesetz gemäß werden Wesen des Unsichtbaren in diese Welt gezogen zu einem speziellen Zweck, der in der Invokation enthalten ist. Es sind nicht allein die beschwörenden Worte, die Magie bewirken, sondern der Geist, der durch die beschwörenden Worte erneut erwacht.

Magische Operationen, die dunkle Wesen an einen Ort rufen, verlangen einen enormen Aufwand an Kraft, viel Zeit und eine exakte Ausführung. Die angerufen Mächte sind dämonischen Ursprungs und müssen mit Umsicht und Schlauheit behandelt werden, da sie unvorsichtige Zauberer, die gegen ihre Regeln verstoßen, in ihre Netze locken.

Der Jünger des linken Pfades beobachtet intensiv tierische Geschöpfe, die sich ihrer Beute bemächtigen. Dieses Prinzip hat für ihn einen gewissen Stellenwert. Er denkt sich im Geiste vollkommen in das Wesen des Tieres hinein. Dabei wird er bspw. zu einer großen Spinne und lernt auf diese Weise, wie man nach einem vorbedachten Plan geduldig Fäden knüpft, bis die Kreise sich schließen und ein dicht gefügtes Gewebe entsteht, in dem Lebewesen – in übertragenen Sinne auch Menschen – gefangen und eingeschlossen werden können.

Hierzu wird neben Geduld ein hohes Maß an Willenskraft benötigt, welche einer der stärksten Kräfte des Universums ist.[2]

In schwarzmagischen Ritualen wird häufig Blut vergossen zu dem Zweck, die darin befindlichen Kräfte freizusetzen. Diese werden als

---

[2] Der grüne Energiestrahl verkörpert den Willen. Er versorgt alle Lebewesen des Universums mit Energie.

Lockmittel für Wesen aus der Astralsphäre eingesetzt. *Blut ist Energie.* Von Blut (und auch Sperma) nähren sich Wesenheiten der Astralsphäre, die davon angezogen werden. Diese Substanzen dienen Astraldämonen als Aufbau- und Stärkungsmittel, um Sichtbarwerdung und Manifestationen zu ermöglichen. Für die Verdichtung und Materialisation werden die ätherischen Substanzen aus dem Blut verwendet.

Bei Aufnahmeritualen in okkulten Ordensgemeinschaften findet oft ein Austausch von Blut unter den Mitgliedern statt. Einige Tropfen Blut von den Anwesenden werden in einen Kelch mit Wein geträufelt und jeder trinkt davon. Diese ‚Blutsbrüderschaft' verfolgt einen bestimmten Zweck: Sie stellt eine okkulte Verbindung untereinander her und ermöglicht eine gegenseitige Beeinflussung auf einer tieferen Ebene. Die Energieausstrahlungen des Blutes können sogar höhere kosmische Kräfte anziehen.

Der Unterschied zwischen weißer und schwarzer Magie ist durch ein Blutopfer gekennzeichnet. *Blutopfer ist immer schwarze Magie.* Für den dunklen Magier ist es oftmals schwer, einmal beschworene und mit Blutäther genährte Dämonen wieder loszuwerden. Manche Anwender geben für die magische Kraftentfaltung nach und nach ihre Seele und werden selbst zu Dämonen. Es sind tiefe Abgründe, in die ein Individuum durch diese Praxis geraten kann. Jedes Blutvergießen ist kosmischen Gesetzen zufolge ein magisches Vergehen und erfordert einen karmischen Ausgleich.

Doch schwarze Magie zu betreiben bedeutet nicht zwangsläufig, eine destruktive oder gar bösartige Haltung einzunehmen. Viele Schwarzmagier glauben nicht an das Böse um des Bösen willen. Hingegen erkennen sie gewisse Wahrheiten an. Alle Definitionen liegen ihrer Ansicht nach im Auge des Betrachters. Ein wahrer Schwarzmagier ist darauf aus, seine Ziele konsequent zu verfolgen. Diejenigen Leute, denen ein Ziel fehlt, betrachten sie lediglich als Schachfiguren, die denjenigen zu Diensten sind, welche zielgerichtet vorgehen. Es gibt auch abtrünnige Magier, die sich von der Tradition, in der sie unterwiesen wurden, lossagen. Einige der mächtigsten Magier der Geschichte waren Abtrünnige – auf beiden Seiten.

In jedem Menschen liegt eine Kraft, die ihn leitet und sich mit ihm verbindet. Sie hält die Welt zusammen; es ist die größte Stärke in der Welt. *Jeder Mensch kann in sich die Stärke entfalten, die keine Macht der Welt bezwingen kann.*

Die Auflösung der Form

Die menschliche Seele kann als eine Verdichtung der Kraft des Universums bezeichnet werden. C. Zumstein erfährt. von seinem schamanischen Verbündeten aus der geistigen Welt: „Die Sonnenkraft bringt sie in allen Farben des Regenbogens zum Leuchten, doch zuviel Sonnenkraft bewirkt die Auflösung der Form, während die Erdkraft, die auch als ‚Leuchten in der Finsternis' bezeichnet wird, eine Verdichtung und Erhaltung der Form bewirkt." Der Autor bezeichnet die Kraft der Erde als die ‚Keimkraft des Lebens', welche die Seele formt und verdichtet, während das Kraftfeld der Sonne dem entgegenwirkt.

Die Seele ist der Pol im Kraftfeld zwischen Erd- und Sonnenkraft. In der Seele ist die universelle Kraft in einem harmonischen Rhythmus um ein Zentrum kristallisiert. Magier benötigen die Verbindung zur Quelle der Kraft, um ihre Form dauerhaft zu bewahren. Falls ein praktizierender Magier über zuwenig Kraft verfügt, bleibt sein Organismus nicht auf Dauer widerstandfähig. Er verliert seine Form und das Seelenbewusstsein dehnt sich unkontrolliert aus.

Eine Lockerung der Seelendichte hat eine mangelhafte Abgrenzung gegenüber den Mitmenschen zur Folge. Das Seelenbewusstsein weitet sich, ähnlich einem Nebel, immer weiter aus und haftet an jedem unbedeutenden Gegenstand und jeder belanglosen Situation, die in der Psyche irgendein Interesse erregt oder irgendwelche Ängste hervorruft. In ähnlicher Weise haftet sie an den Mitmenschen, deren Bedürfnisse und Gefühlsschwankungen deutlich erspürt werden.

Um sich zu stärken, kann die Seele sich von Zeit zu Zeit in die Dunkelheit zurückziehen, weil die Quelle der Seelenkraft dort zu finden ist. Die Ruhe ist die Zeit des Wirkens der Keimkraft. Im Gegensatz zur Sonnenkraft ist sie die unsichtbare, erneuernde Energie, die in der Stille wirkt. Sie ist auch die Kraft der Wandlung, des Entstehens und Vergehens von Leben. Sie ist die Kraft des ewigen Kreislaufs von Leben und Tod.

Magischer Sturm

Die Kraft der Magie darf niemals unterschätzt werden. Sie ist weder Freund noch Feind, sondern eine Naturgewalt, die man zwar mit magischen Mitteln beeinflussen, letztendlich aber nicht beherrschen kann. Eine wichtige Lektion für Anfänger lautet: *Unterschätze niemals die Gefahr, die von der Magie ausgeht.* Magie ist zwar eine schöpferische Kraft, doch sie ist auch durch und durch chaotisch. Bei hoher Magiekonzentration kann es zu unvorhergesehenen Veränderungen kommen. Wenn ein Magieanwender in kurzer Zeit einem Zuviel an magischer Kraft ausgesetzt ist, kann er in einen gefährlichen Schockzustand geraten.

Von aktiven Magieanwendern gehen Energiewellen aus, die auf sensible Personen einen verwirrenden Einfluss haben. Ein ungewöhnlicher Anstieg des Energieniveaus kann bei einem Sensitiven Kopfschmerz verursachen. Wenn an einem Ort starke Magie gewirkt wurde, weil dort bspw. ein Kampf stattgefunden hat, wird dies von ihm gespürt. Manche Energiemuster wirken wie eine sanft pulsierende Wärmequelle, die sich der Person, von der sie ausgehen, eindeutig zuordnen lassen. Andererseits können magische Energien so explosiv sein wie ein Topf mit brodelndem Wasser, auf dem der Deckel anfängt zu vibrieren und kaum zu halten ist.

Ein chaotischer magischer Energiesturm kann wie ein Blitzschlag wirken. Alle Sinne werden von der überwältigenden Macht der Magie überlastet. In rasender Abfolge wird der Geist mit Bildern überflutet, als habe er sich vom Körper gelöst und unendlich weit ausgedehnt; so als wäre er imstande, alles weltliche Geschehen gleichzeitig wahrzunehmen. Es ist wie ein Sturm, der orkanartig über das Land braust, faszinierend und schrecklich zugleich. Falls sich die Energien völlig der Kontrolle entziehen, kann es zu einer ‚magischen Explosion' kommen, die ähnlich einem Blitz große Zerstörungen anrichtet, indem eine Sicherung durchbrennt und z.B. eine Wohnung oder ein Haus in Flammen aufgeht.

Wer mit den Urgewalten spielt, ohne sie ausreichend zu kennen und zu kontrollieren, entfesselt mitunter aus Versehen gewaltige Kräfte und bezahlt dafür mit Gesundheit und Leben.

Meister der Magie

Magier spielen nach eigenen Regeln. Jede Magie kann durch einen stärkeren Magier außer Kraft gesetzt werden.

Magier sind im Allgemeinen nicht sehr häufig anzutreffen, dennoch existieren sie. Für den Normalbürger gibt es keine Möglichkeit, mit einem Blick festzustellen, ob jemand ein Magier ist oder nicht. Die meisten von ihnen haben ein unauffälliges Äußeres. Geborene Magier werden früher reif als andere Menschen und leben auch länger als gewöhnlich. Magier werden mit sechzehn Jahren für volljährig erklärt und nicht erst mit achtzehn.

Magier in einflussreichen Positionen

Viele leben in einer eigenen, verborgenen Welt und mögen keine Besucher. Andere Magier richten sich in der normalen Welt ein, wo sie häufig respektable Positionen bekleiden. Etliche Magier wahren ihre eigennützigen Interessen, indem sie mithilfe ihres magischen

Wissens bedeutende Vorteile für sich erwirken. Sie verschaffen sich einflussreiche Stellungen und häufen ein gewaltiges Vermögen an.

Sie verfügen meist über ein gut funktionierendes Nachrichtennetz. Ihr besonderer Status besteht darin, zu zeigen, wie viel Einfluss sie auf andere Magier ausüben, welche Positionen sie bekleiden und welche Art von Kontakten sie pflegen. Dabei folgen sie dem Grundsatz, Geschäftsangelegenheiten nicht mit Außenstehenden zu besprechen. Der Weg der großen Magier führt fast immer über den Rücken anderer. Ihr okkultes Wissen schützt sie vor der Rache, die ihre Habgier andernfalls auslösen würde. Magie ist somit ein Geschenk, das unter gegebenen Umständen nach eigenem Gutdünken missbraucht werden kann. Nicht selten werden aufgrund magischer Aktivitäten die Gesetze der Natur verdreht und das Leben anderer Menschen unrechtmäßig kontrolliert.

Die wahren Beweggründe eines Magiers sind für Außenstehende nur selten verständlich. Man sagt ihnen nach, nichts ohne Hintergedanken zu tun. Ihre Absichten sind für einen gewöhnlichen Sterblichen kaum zu durchschauen. Sie haben die Gabe, in den Herzen der Menschen zu lesen, selbst bei jenen, die selbst über ein gewisses Maß an Macht verfügen. Ungeduld kann für Magier gefährlicher werden als jeder Feind.

Im Grunde sind und bleiben sie selbst Menschen, trotz ihrer Begabungen und Fähigkeiten. Diese unerfreuliche Tatsache sucht die Magierzunft mithilfe sagenumwobener Mysterien und Legendenbildung zu verschleiern. Magier der höheren Ebenen neigen dazu, sich sehr wichtig zu nehmen. Bei Zusammenkünften erwarten sie ein gewisses Zeremoniell und Bewunderung seitens derjenigen, die im Rang unter ihnen stehen. Manche von ihnen sind unglaublich mächtig und verfügen über eine enorme Starke und Widerstandkraft. Die Gesellschaft der Magier beruht auf einer Hierarchie der Macht: Je stärker die Magie, desto höher der Status. Bei vielen Veranstaltungen der High Society gehören Magier zur Elite.

Angehörige der höchsten Magierorden könnten theoretisch das Schicksal einer ganzen Stadt in eine ihnen genehme Richtung lenken. In der Praxis erweist sich das allerdings als äußerst schwierig, denn der Vorgang ist zu vielschichtig, um alle damit einhergehenden Konsequenzen überblicken zu können. Man muss sich nicht nur in der Politik bestens auskennen, sondern auch die Strömungen der menschlichen Gemütserregungen begreifen und die Leidenschaften zu steuern wissen.

Magisches Wissen

Unter Magiern ist Wissen gleichbedeutend mit Macht. Sie unterteilen Menschen in zwei Kategorien: Da sind einerseits die Magiekundigen und auf der anderen Seite die Schafe. Gewöhnliche und sensitive Menschen sind für sie bestenfalls Leute zweiter Klasse. Zwar sind sie ihnen nicht direkt feindlich gesinnt, haben aber auch nichts für sie übrig.

Die meisten Magier geben wenig von sich preis, denn jede Information, die anderen zugänglich ist, macht sie für potentielle Feinde zu einem leichteren Ziel. Sich angelegentlich nach einem anderen Magier zu erkundigen, kann bereits zu einem unkalkulierbaren Risiko werden. Auch sich in der Gesellschaft von aktiven Magiern aufzuhalten, kann gefährlich sein. Das Leben ist für einen Magiekundigen solange einfach, solange niemand ihn für wichtig genug erachtet, um sich mit ihm anzulegen. Selbst die Position als magischer Lehrling ist nicht unbedingt ein Schutz. Magieanwärter, die nicht auf Ärger vorbereitet sind, leben meist nicht besonders lange, deshalb ist es einer der obersten Prioritäten von Anfängern, sich ein Frühwarnsystem zuzulegen, um potenzielle Gefahren rechtzeitig zu erkennen.

Geheimes Wissen übt auf die magische Zunft eine große Anziehungskraft aus. Die Zunahme an Wissen bedeutet für sie mehr Macht, die unter Umständen als Druckmittel eingesetzt werden kann. In der magischen Zunft gilt Wissen als gültiges Zahlungsmittel. Die

Erkenntnisse, die Magier schätzen, sind allerdings nicht die Gleichen, die normale Sterbliche für wertvoll erachten. Um neuer Erfahrungen willen ist ein Magier bereit, gewisse Risiken einzugehen. Sofern es ihm gelingt, Geheimnisse aufzuspüren, hütet er sie wie einen kostbaren Schatz.

Etliche Magier hüllen sich in geheimnisvolles Schwarz, das es ihnen erlaubt, bei Bedarf in der Dunkelheit zu verschwinden. Sie ziehen sich eine Kapuze über den Kopf, hüllen sich in die Schatten der Nacht, bis sie mit ihnen verschmelzen und so den Blicken neugieriger Beobachter entkommen. Magier spüren es, wenn andere magische Wesen sich in ihrer Nähe aufhalten. Fortgeschrittene Magier können ihr Aussehen sogar komplett verändern. Folglich verraten sie mit der Wahl ihrer jeweiligen Gestalt viel über sich. Manche erschaffen sich Masken von makelloser Schönheit, so als wollten sie den Neid der Götter erregen. Um genügend Kräfte zur Verfügung zu haben, vermögen sie, Energie aus der Umgebung zu ziehen. Magie verdirbt leicht den Charakter derjenigen, die sie anwenden, denn sie werden süchtig danach.

Jenseits von Gut und Böse

Fortgeschrittene Magier überschreiten die Grenzen menschlicher Gefühle. Die meisten von ihnen befinden sich in einem Zustand moralischer Gleichgültigkeit; jenseits von Gut und Böse. Die alten Familienbande haben sie abgeworfen und handeln vorwiegend nach den kalten Regeln der Logik. Magier verbinden sich jeweils für eine gewisse Zeit mit bestimmten Menschen – um dann weiter zu ziehen. Da ihnen nicht anderes übrig bleibt, lassen sie Freunde und Geliebte irgendwann hinter sich. Ein Magier muss bereit sein, alles das, was er in sein Leben hineinlässt, binnen kurzer Zeit zurücklassen zu können und darauf zu verzichten. Alles andere würde ihn schwächen.

Dunkle Magier verachten die gewöhnlichen Sterblichen. Als Feinde magischer Praktiken gelten Furcht und Mitgefühl; beides wird als

Schwäche gewertet – und Schwäche bedeutet letzten Endes den Tod. Manche der Schüler erweisen sich als angreifbar und labil; entweder an Körper und Geist oder es fehlt ihnen an Durchsetzungskraft. Jede Schwäche wird gnadenlos aufgedeckt. Dunkle Magier haben das Bestreben, mehr Macht zu erlangen als irgendjemand sonst. Mittels Verbreitung von Angst halten sie andere Menschen im Zaum. Sie spielen mit ihnen und sind sich nicht zu schade, unterlegene Wesen zu quälen und in den Tod zu hetzen. Sie trachten danach, die Grenzen des Wissens zu sprengen, Geister nach ihren Vorstellungen zu befehligen, sich mit dunklen Mächten zu vereinigen und letztendlich gottgleich zu werden.

Hochrangige Magier zeigen keine Angst im Angesicht des Todes und versprechen ihren Gefolgsleuten, Macht über Leben und Tod zu erlangen. Um ihre Kräfte zu demonstrieren, erachten sie es manchmal als notwendig, dem Tod selbst ins Auge zu blicken. Was für einen dunklen Magier Leben bedeutet, ist für einen lichten Magier der Tod und umgekehrt.

Der Weg der großen Magier bedeutet immer auch, Opfer zu bringen. Die unbändigen Kräfte, die sie erlangen, verändern sie radikal, bis von ihrer früheren Persönlichkeit nicht mehr viel übrig bleibt. Doch sie erinnern sich noch an ihr Menschsein, das bei einigen von ihnen weit in der Vergangenheit liegt, denn versierte Magier können ihre Lebenszeit unermesslich ausdehnen. Sie sind imstande, die Zeit zu verlangsamen oder zu beschleunigen. Manche von ihnen begeben sich ins Zwielicht, denn hier vergeht die Zeit anders. Dies ist eines der wesentlichen Merkmale der Anderswelt.

Doch alles hat auch eine Kehrseite. Ihr Können, Schatten zu sehen, ins Zwielicht einzutreten, die Fähigkeit, das Bewusstsein anderer Menschen zu verändern, raubt vielen Magiern die Zuversicht und die Ruhe, die sie für immer verloren glauben. Daher beneiden etliche von ihnen unwissende Menschen, denen es zwar nicht gegeben ist, über ihren begrenzten Horizont hinauszuschauen, die aber dennoch ein glückliches Leben führen.

Ein geschulter Magier kennt die maßgeblichen Gesetze der kosmischen Schöpfungsordnung und begreift die übergeordneten Zusammenhänge. Aus diesem Wissen heraus ist er in der Lage, Verantwortung zu übernehmen und dementsprechende Wirkungen zu erzeugen. Doch Erkenntnisgewinn verlangt seinen Preis. Wer unter die Oberfläche der Dinge schaut, dem tun sich unglaubliche Mysterien auf. Er wird sich allerdings auch leidvoller Wahrheiten bewusst, die er vielleicht lieber nie erfahren hätte.

In den oberen Rängen sind sowohl Weißmagier als auch Schwarzmagier eher traditionell ausgerichtet. Aufgestiegene Meister hingegen stehen außerhalb des Weltgeschehens und beobachten es aus der Ferne, ohne von den Missgeschicken und der Grausamkeit der menschlichen Seelen berührt zu werden.

Die magische Lehre stimmt mit den Lehren der Mystiker aller Völker überein. Das geistige Leben mit seinen Kräften erwacht sowohl im Magier als auch im Mystiker. Magier können auch nach dem Tod des physischen Körpers im Astralleib fortexistieren, sich wieder inkarnieren und ihr Leben auf Jahrtausende verlängern. Manche Zeitgenossen sind davon überzeugt, dass Magie die nächste Stufe der Evolution ist. Aus diesem Grunde sind sie bestrebt, das magische Potential der Menschheit zu fördern und jedes Individuum in einen Magier zu verwandeln.

Magische Schulung

Ausbildungssystem in der Magie

Manchmal hilft ein guter Rat mehr als alle Magie.

Bei der magischen Schulung wird, wie auch bei östlichen Yoga-Praktiken, großer Wert auf die Zielgerichtetheit der Gedanken gelegt. Die angehenden Yogis oder Magier lernen zu erkennen, welche Reize vom persönlichen Selbst, von anderen Leuten oder von äußeren Ereignissen ausgehen, um ihre Reaktionen darauf bewusst zu steuern. Sie werden zum aufmerksamen Lenker all dessen, was Veränderungen in ihrem Bewusstsein hervorruft und entscheiden, was sie davon akzeptieren oder zurückweisen. Für W.E. Butler ist Magie „die Kunst, willentlich Bewusstseinsveränderungen zu verursachen" (S.148).

Eine der vielen Fallgruben, vor denen sich angehende Magier in Acht nehmen müssen, ist ein mangelndes Verständnis für magische Prozesse. *Alles magische Wirken beginnt im Innern des Menschen und wird nach außen projiziert;* dies ist eines der ersten Prinzipien der Magie. Ein wichtiger Aspekt der Magie ist die Umwandlung des

Bewusstseins, zu dem einige Individuen spezielle Begabungen mitbringen. Ein Magierlehrling muss von Geburt an über ein besonderes Temperament, eine spezielle Eignung verfügen.

Bewusstseinskontrolle

Zwischen dem Magier und seiner Umgebung existiert immer eine Wechselwirkung. Magieanwender lernen, das Universum wie in einem Spiegel zu betrachten, der sich andauernd verändert. Dieser Spiegel ist ihr eigener unterbewusster Geist, die psychische Atmosphäre, die sie umgibt. Die Aufgabe des Magieanwärters besteht darin, sich die Kontrolle über den Spiegel anzueignen; seine eigene subjektive Welt zu verändern und umzuformen. Dabei sind inneres Gleichgewicht und Selbstbeherrschung die Grundlage des großen Werkes.

Im magischen Ausbildungssystem wird großer Wert auf die Zielgerichtetheit des menschlichen Geistes gelegt. Die menschliche Psyche ist normalerweise recht unbeständig und setzt sich aus verschiedenen Elementen zusammen, die leicht durch äußere Bedingungen beeinflusst und abgelenkt werden können.

Für Magieanwärter ist es wichtig, die magischen Kräfte kontrollieren zu lernen. Es kann für sie sehr unangenehme Folgen haben, wenn sie die Herrschaft über die Kräfte verlieren. Daher lernen sie frühzeitig die Kontrolle ihrer Gedanken und Beherrschung ihrer Emotionen. Ein geübter Magier wird nicht länger von plötzlich aufbrausenden Emotionen oder unvermittelt auftretenden Visionen in seinem alltäglichen Leben gestört. Magieanwärter streben danach, ihre Ängste, Aggressionen und Rachegelüste im Zaum zu halten und ein gewisses Maß an innerer Harmonie zu erzeugen. Auch üben sie sich darin, weder überstürzt zu handeln, noch über Gebühr zu zaudern. Dabei gilt der Grundsatz: *Manchmal ist es richtiger, nichts zu tun.* Die äußere Selbstbeherrschung hilft ihnen bei der inneren Balance.

Der angehende Magier lernt in monatelangen Übungen die Kunst, zu meditieren und in absoluter Gedankenstille zu verharren. Erst nach beharrlichem Training in Verbindung mit gewissen Methoden der Atemtechnik gelingt ihm, sich jener Stufe des Bewusstseins zu nähern, wo der Gedankenfluss nach eigenem Willen gesteuert werden kann. Die innere Ruhe und Gelassenheit verdrängt alle Hektik und teilt sich auch der Umgebung mit. An die Stelle unbestimmter Vorstellungsbilder treten deutliche plastische Gebilde, die den vom Magier entwickelten Ideen entsprechen.

Die Lehren der Magie öffnen dem Schüler die geheimnisvollen Pforten zu einem Reich, in das er Schritt für Schritt eindringt. Von dem ruhenden Pol im eigenen Innern aus können Dinge nach einem vorbedachten Plan in Bewegung gesetzt werden. Sämtliche unbedacht ins Bewusstsein drängenden Vorstellungen werden zurückgewiesen. Auf diese Weise wird der unnötige Verlust an Energien durch unbewusste psychische Tätigkeit vermieden. Mit der Zeit entsteht ein Reservoir an magischen Kräften, von dem aus der Persönlichkeit neue Energien zuströmen.

Gemeinhin ist das Bewusstsein eng mit der Materie verbunden, was seine Absichten von vornherein bestimmt und festlegt. Der angehende Magier strebt danach, seinen Geist von der Fixierung auf die Materie zu lösen. Er bringt die mentalen Energien unter seine Kontrolle, um frei über sie zu verfügen. Falls es ihm gelingt, den eigenen Organismus auf größtmögliche Weise zu beherrschen, wird es ihm möglich, auch auf fremde Organismen Einfluss auszuüben. Es versetzt ihn in die Lage, auf die Sinne anderer einzuwirken.

Ein Jünger der Magie entwickelt seine Fertigkeiten aber nicht, um Illusionen zu erzeugen, sondern um die Aufmerksamkeit dorthin zu lenken, wo die eigentliche Illusion liegt, nämlich auf die materielle Wirklichkeit. Magieanwender befinden sich im Besitz okkulter Geheimnisse; sie sind die „Meister esoterischer Weisheit, die von ihrem Wissen zu eigenen Zwecken und auch für die Mitwelt Gebrauch machen", schreibt K. Seligmann (S.234f.). Vorwiegend sind es die weißen Magier, die in der Betrachtung der Natur einzigartige wirksame Kräfte entdecken.

Magische Lehrmeister

Magieanwärter benötigen jemanden, der sie zielstrebig und vorsichtig an die Macht heranführt und ihnen dabei hilft ihre Fähigkeiten zu entfalten. Die wichtigste Erprobung der erfahrenen Lehren vollzieht sich im Innern, in der Seele des Probanden. Alles Neue und Ungewohnte, was ihm widerfährt, kann im Schüler Unruhe erzeugen, ihm Schmerzen bereiten, Ängste erwecken oder ihn zu unüberlegten Reaktionen veranlassen. Für manche sind die Anforderungen zu schwierig und sie zerbrechen daran. Doch im Allgemeinen sind die Hürden jeweils nur so hoch gesteckt, wie der Lernende bewältigen kann.

Der jeweilige Lehrer ist dem Jünger keineswegs in jedem Fall freundlich gesinnt, sondern dieser untersteht der strengen Autorität des Meisters. Der Lehrling verpflichtet sich, auf die Ratschläge seines Mentors zu hören, dafür wird ihm diejenige Unterstützung zuteil, die er für sein Weiterkommen benötigt. Allerdings ist während der magischen Ausbildung mit Konflikten zu rechnen. Zwistigkeiten werden als normal betrachtet; sie dienen dazu, dem Jünger den ‚wahren Pfad' näher zu bringen. Auch wenn eine zeitlang nicht alles glatt läuft, kommt es auf ein akzeptables Endergebnis an. Sollte sich der Lernende allerdings den Anweisungen beharrlich widersetzen, muss er mit seinem Ausschluss rechnen; ohne die Möglichkeit einer Rückkehr. Tatsächlich kann es in manchen Fällen angebracht sein, einen Schritt rückwärts zu gehen, um zu einem späteren Zeitpunkt wieder erneut anzufangen.

Der Unterricht, den ein Lehrer seinen Schülern angedeihen lässt, erfolgt häufig auf telepathischem Wege. Was ein Jünger lernt, wird er in der Folge – sobald er den Stoff verinnerlicht hat – ohne Nachdenken einsetzen können. Seine psychische Verfassung ändert sich grundlegend. Vereinfachte und sentimentale Anschauungen verlieren sich bald nach Beginn der Ausbildung. Wer den Geist der Lehre begreift, entwickelt sich in die für ihn angemessene Richtung.

Der Geist des Jüngers dringt immer tiefer in die magischen Geheimnisse ein und entwickelt ein Verständnis für den verborgenen Sinn der Lehren. Er erkennt, dass für die Weitergabe des erlernten Wissens der richtige Zeitpunkt entscheidend ist, denn die ungeschminkte Wahrheit kann mitunter schlimmer sein als die Lüge. Nach einer Reihe leidvoller Erfahrungen lernt er, wann er lieber schweigen sollte und in welchen Situationen Reden angebracht ist. In ihm wächst mit der Zeit eine ruhige Kraft, die ihm zu einem überlegenen Bewusstsein verhilft.

Im Verlauf einer magisch-mystischen Schulung lockert sich der Astralkörper des Probanden, der bisher fest mit dem physischen Körper verbunden war. Dieser Umstand eröffnet magisch geschulten Personen die Möglichkeit, verstärkt auf den Astralkörper einzuwirken. Die Bilder und Imaginationen des Geistlehrers bzw. ‚Meisters' dringen verstärkt in die astrale Hülle des Schülers ein und werden von diesem wahrgenommen. Dieser Einfluss während einer magischen Schulung ist durchaus erwünscht. Die Auswirkungen einer Verbindung mit dem Lehrmeister wandelt die Persönlichkeit des Jüngers um. Sofern der geistige Führer über persönlichen Intentionen steht und frei ist von egoistischen Machtinteressen, wird eine solche Verwandlung vom Empfänger uneingeschränkt akzeptiert.

Allerdings birgt ein Lehrmeister, der mit dunklen Mächten im Bunde ist, für den Jünger ein nicht kalkulierbares Risiko. Wer auf der Suche nach Antworten mit einem dunklen Magier Kontakt aufnimmt, läuft Gefahr, selbst zum Opfer dieser Mächte zu werden. Öffentlicher Unglaube und Indifferenz kommen okkulten Gemeinschaften sehr gelegen. Sie kennen passende Methoden, geeignet scheinende Mitglieder zu gewinnen, ohne dass die Öffentlichkeit auf sie aufmerksam wird.

In der Gegenwart haben Autoritäten zunehmend an Bedeutung verloren. Pragmatische Magiesysteme haben sich entwickelt, die vor allem auf die persönliche Erfahrung des Einzelnen und weniger auf die Macht der Tradition setzen. Für das, was früher ein ‚Meister' leistete, ist nun der Lehrer zuständig; aus einem zum Gehorsam verpflichteten ‚Lehrling' ist ein Schüler geworden.

Der angehende Magier muss nun vieles ohne fremde Hilfe bewältigen. Hilfreich ist dabei eine sichere Intuition, die ihm den Weg aus schwierigen Situationen weist. Zudem benötigt er einen hohen Energiepegel. Die Wirksamkeit seiner magischen Unternehmungen hängt unmittelbar vom Ausmaß und der Qualität der eigenen Energien ab. Fühlt er sich häufig kraftlos und ermattet, wird auch die magische Praxis darunter leiden.

Sobald ein Magier die Ausbildung beendet hat, ist er allein auf sich gestellt. Er erwartet nicht, dass jemand ihm hilft oder ihm Zuflucht gewährt, es sei denn, derjenige hätte einen Vorteil davon. Mit der Umwandlung überwinden viele Magier einen Gutteil ihrer menschlichen Regungen und damit auch das Mitgefühl für andere. Ein Magier, der jemandem hilft, erwartet dafür in der Regel eine Gegenleistung. Er offeriert Unterstützung, weil er sich etwas davon verspricht. Selbst dann ist nicht gewährleistet, dass ein so genannter ‚Verbündeter' nicht einen Augenblick der Schwäche nutzt, um sich einen Vorteil zu verschaffen.

Es gibt Wege, die erheblich schneller zu einem angestrebten Ziel führen, als die einer magischen Schulung. Doch diese haben gewisse Wirkungen auf den Geist des Kandidaten, die keineswegs erstrebenswert sind. Oft führen sie zu einer Untergrabung der seelischen und körperlichen Gesundheit. Wer sich trotzdem darauf einlässt, vertraut sich dunklen Mächten an, über deren wahren Ursprung und Wesen ihm nichts bekannt ist. Irrtümer auf dem Weg können großen Schaden anrichten, daher sollte der Magieanwärter es tunlichst unterlassen, geistige Kräfte durch eigene Willkür an sich zu ziehen.

Erkenntnis des Selbst

Um die Bedingungen kennen zu lernen, die zur Entfaltung magischer Kräfte notwendig sind, benötigt der Adept Kenntnisse der menschlichen Konstitution, erklärt F. Hartmann (S.8). Dies bezieht sich nicht allein auf den sichtbaren Körper, sondern gemeint ist der gesamte menschliche Organismus, der aus Körper, Seele, Geist und deren Verbindungsglieder besteht.

Seit undenklichen Zeiten ist bekannt, dass der Mensch als Mikrokosmos ein genaues Abbild des Makrokosmos, des gesamten Weltalls, ist. Derartiges Wissen war lange Zeit ein verschlossener Schrein, zu dessen Öffnung es keinen anderen Schlüssel gab als die Selbsterkenntnis.

Während sich die herkömmliche Naturwissenschaft vorwiegend mit den messbaren Erscheinungen der Natur befasst, gilt Magie als Geheimwissenschaft, die in die geistige Sphäre eintaucht und hinter den ‚Schleier' sieht. Viele Wissenschaftler behaupten, es gäbe nichts Übernatürliches, „dennoch ist die ganze Welt, in der wir leben, ein Produkt des in der Natur wirkenden Geistes", erläutert F. Hartmann. Der Geist stehe über der Natur und gleichzeitig sei er das wirkende Prinzip in der Natur. Aus eigener Kraft, ohne den in ihr wirkenden Geist, könne die Natur nichts hervorbringen.

Das geistige Prinzip ist der Ursprung alles Existierenden. Über der sichtbaren Natur existiert eine unsichtbare, unvergängliche Welt. Um zu einer weiter gefassten Wissenschaft zu gelangen als der herkömmlichen, müssten die in der Natur enthaltenen geistigen Kräfte, die auch im Menschen selbst wirksam sind, erkannt werden.

Da der menschliche Verstand begrenzt ist, vermag er das Ewige nicht ohne weiteres zu fassen. Nur der höher entwickelte Geist gelangt zur Erkenntnis des Zeitlosen. Der Magiekundige erwirbt in seiner Praxis geistige Fähigkeiten, die ihm zur Erkenntnis seines eigenen Wesens und des geistigen Prinzips, mit dem er sich identifiziert, verhelfen. Er wird selbst zu einem Geistwesen und damit partiell unabhängig von seinem Körper, den er als Werkzeug weiterhin benutzt.

Magische Kräfte

Wer die magische Praxis kennen lernen will, muss vor allem danach trachten, in den Besitz geistiger Kräfte zu gelangen. Es würde ihm wenig nützen, eine Anweisung zu ihrem Gebrauch zu erhalten, wenn ihm diese Energien nicht zur Verfügung stehen. Magische Operationen erfordern erhebliche physische und geistige Anspannung, denn Magieanwender bringen eine Maschinerie in Gang, die kosmische Kräfte freisetzt. Einem Jünger der Magie wird daher geraten, entweder eine Sache richtig zu lernen oder die Finger davon zu lassen. Magier sind gemeinhin robuster und widerstandsfähiger als gewöhnliche Menschen, wozu die magische Schulung beiträgt. Der Erfolg auf dem Pfad setzt voraus, dass sie all das ausgeschöpft haben, was ihnen der Planet Erde zu bieten hatte, denn das Spiel, auf das sie sich einlassen, erweist sich bei näherer Betrachtung als ungemein kompliziert.

Im Labyrinth der magischen Experimente gibt es schwierige Aspekte, die nicht leicht zu ergründen sind. Versuche, ohne jede Vorbereitung in ihre Tiefen hinabzutauchen, wären reine Torheit, warnt W.E. Butler (S.114). Doch wer sich ausreichend informiert und vorbereitet sowie unnötige Risiken vermeidet, wird durch umfassende und tiefe Einsichten belohnt.

Anfangs erweist es sich als kompliziert, mit magischen Kräften umzugehen. Etliche Barrieren müssen überwunden werden, um Zugang zur Macht zu erhalten; ähnlich wie bei einem Tor, das geöffnet werden muss, wenn man hindurchgelangen will. Später, nach mehrmaliger Wiederholung, lassen sich die Kräfte zunehmend leichter hervorrufen. Zu Beginn einer Entwicklung ist der Stresslevel am höchsten und die meiste Energie wird aktiviert. Bei einigen Lehrlingen brennen regelmäßig die Glühbirnen in der Wohnung durch, solange es ihnen nicht gelingt, ihre Energien ausreichend zu steuern. Die in ihnen herrschende Spannung greift auch auf die Umgebung über.

Sobald sich ein Lernender an die Kraft gewöhnt hat, wird die Spannung weiter erhöht. Ein Magier sollte immer mit entgegen gesetzten Kräften arbeiten, um eine inneren Balance zu erreichen. Dabei gilt der Grundsatz: *Aus Kleinem baut sich Großes auf.* Die eigentlichen Ergebnisse in der magischen Praxis lassen sich nur vermöge einer ausreichenden, über einen langen Zeitraum geübten, geistigen Disziplin erreichen, die – aus kleinen Anfängen wachsend – in ständiger Wiederholung und Steigerung schließlich zu einer hohen Stufe des magischen Bewusstseins führt.

Nach erfolgreich abgeschlossenem Training werden die Adepten zu Meistern in der Anwendung der Schöpferkraft. Sie können nun im Rahmen ihrer Möglichkeiten zu Mitschöpfern werden und als wertvolles Bindeglied zwischen Mensch und Kosmos wirken. Der Zugang zu geheimen Kräften erzeugt in ihnen ein nie zuvor gekanntes Glücks- und Zufriedenheitsgefühl. Als eine der hauptsächlichen Funktionen der Magie wird das Verständnis für die grundlegenden Kräfte von Leben und Tod, und wie sie sich in ihrem Wechsel kundtun, angesehen. Nichts ist so kostbar wie das Leben. Daher benutzen lichte Magier ihre Kraft niemals, um Leben zu vernichten.

Geheimes Wissen und die Verfügungsgewalt über magische Kräfte gehen mit einer größeren Verantwortung einher. Sobald Magiekundige eigenmächtig schöpferische Kräfte anwenden und dabei geistige Gesetzmäßigkeiten missachten, besteht die Gefahr, die erworbenen Gaben wieder zu verlieren. Der klare Blick wird getrübt und es kommt zu einer Art Verdichtung, da die Schwingungshöhe abnimmt. Damit einher geht eine Verringerung der magischen Fähigkeiten, und das erworbene Wissen geht letztendlich verloren.

Fortgeschrittene Magier öffnen das ‚Tor ohne Schlüssel'. Es ist die Tür zum Traumreich, zur Anderswelt (auch Astralsphäre genannt), die es ermöglicht, der materiellen Realität eine zeitlang den Rücken zu kehren. Der erfahrene Magier repräsentiert ein erhöhtes spirituelles Bewusstsein und ist fähig, die Schranken von Raum und Zeit zu überwinden. Er ist in der Lage, durch das Tor zu schreiten, welches die beiden Welten voneinander trennt und fähig, die scheinbaren Grenzen zu transzendieren. Er baut eine Brücke zwischen der sichtbaren und der unsichtbaren Ebene. Zeitweilig begibt er sich in die Anderswelt und findet anschließend mühelos den Weg zurück. Auch die Macht über die Elemente ist ihm gegeben.

Der Erforscher magischer Welten unternimmt eine aufregende Entdeckungsreise in die seelischen, geistigen und magischen Bereiche des Bewusstseins, in die sinnlichen und übersinnlichen Dimensionen des Seins. Er bricht auf zum jenseitigen Ufer. Nur dann, wenn der Magus dies beabsichtigt, öffnen sich vor ihm die Schleier zwischen der physischen Welt und den inneren Ebenen.

Ein erfahrener Magier ist in der Lage, die Schritte in seinen Träumen weitgehend selbst zu bestimmen. Er kann auch detailliert von Personen träumen, denen er noch nie persönlich begegnet ist. Dabei erfährt er Dinge, von denen er eigentlich nichts wissen kann. Die Traumwände sind für ihn durchlässig und Informationen sickern hindurch, selbst wenn sie im Wachleben weggeschlossen sind. Zwei Magieanwender können auch gemeinsam träumen. Sie treffen sich auf der Traumebene und erinnern sich später an die gleichen Abläufe im Traumgeschehen.

Ein Magier kann im Traum alles sein, was er sich vorzustellen vermag. Er kann die Traumlandschaften erkunden, sich in ein Tier verwandeln oder die Gestalt eines beliebigen Menschen annehmen. Sein Äußeres unterscheidet sich in keiner Weise vom Original, wenn er es richtig anstellt. Dunkle Magier können eine Person in den Wahnsinn treiben oder sie für immer in ihrem Traum einschließen.

Ein erfahrener Magier ist in der Lage, die Schritte in seinen Träumen weitgehend selbst zu bestimmen. Er kann auch detailliert von Personen träumen, denen er noch nie persönlich begegnet ist. Dabei erfährt er Dinge, von denen er eigentlich nichts wissen kann. Die Traumwände sind für ihn durchlässig und Informationen sickern hindurch, selbst wenn sie im Wachleben weggeschlossen sind. Zwei Magieanwender können auch gemeinsam träumen. Sie treffen sich auf der Traumebene und erinnern sich später an die gleichen Abläufe im Traumgeschehen.

Ein Magier kann im Traum alles sein, was er sich vorzustellen vermag. Er kann die Traumlandschaften erkunden, sich in ein Tier verwandeln oder die Gestalt eines beliebigen Menschen annehmen. Sein Äußeres unterscheidet sich in keiner Weise von der realen Person, wenn er es richtig anstellt.

Er kann in fremde Träume eindringen, den Träumer überwachen und jedes kleine Detail registrieren. Er ist fähig, fremde Träume beliebig zu manipulieren und den Träumer auf die Probe zu stellen, um seine Reaktionen zu testen. Widerstandskräfte werden auf diese Weise geprüft und mentale Instabilitäten aufgedeckt. Der Weg führt über einen Abgrund mit vielfältigen Herausforderungen, Bedrohungen und Prüfungen sowie eindrucksvollen Begegnungen aus dem Licht- und Schattenreich. Dunkle Magier können eine Person in den Wahnsinn treiben oder sie für immer in ihrem Traum einschließen.

Die Übergänge zwischen Vergangenheit, Gegenwart und Zukunft sind fließender, als normalerweise angenommen wird. Die Zeiten laufen fast parallel nebeneinander her. In dramatischen Situationen scheint es manchmal so, als dehne sich die Zeit; als zöge sie sich in die Länge und als geschehe alles plötzlich wie in Zeitlupe; bis der Moment vorüber ist und sich das Zeitempfinden wieder normalisiert.

Auf der Erde existieren bestimmte magnetische Punkte an verschiedenen geheimen Orten. Werden sie unwissentlich von einem

Individuum überschritten, kann es passieren, dass dieses aus der Gegenwart verschwindet und in einer anderen Zeit wieder auftaucht. Auch die rasante Beschleunigung von Energien kann dazu führen, dass der Betreffende unvermutet in eine andere Zeitschiene des kosmischen Bewusstseins rutscht.

Es gibt so genannte ‚Wurmlöcher', die zwei Punkte im Universum – ähnlich wie eine Brücke – miteinander verbinden. Diese Wurmlöcher können einen Magier mit einer anderen Zeit verbinden. Dieser Zustand wird durch die Anwendung magischer Energie erzielt. Doch die Verbindung muss stabil sein und offen gehalten werden, damit eine Reise möglich ist. Für erfahrene Magier ist Zeit ein fließendes Konzept. Sie kann verlangsamt, beschleunigt oder angehalten werden. Derartige Manipulationen bringen allerdings nicht unerhebliche Komplikationen mit sich.

In der Zeit reisen kann nur derjenige, der sein begrenztes Denken überwindet. Die Voraussetzungen für Zeitreisen werden im Geist geschaffen. Der geschulte Magieanwender ist in der Lage, in seinem Bewusstsein in der Zeit zurückzureisen, um eine Veränderung herbeizuführen, die sich anschließend sogar auf die Gegenwart auswirkt. Der feststehende Zeitfaktor muss zuerst im Geiste ausgemerzt werden, bis es jemandem bspw. möglich ist, in der Zeit zurückzugehen, um unerwünschte Geschehnisse zu verändern oder bestimmte Ereignisse zu verhindern. Dies ist tatsächlich unter gewissen Umständen möglich, da alles gleichzeitig im Jetzt geschieht. Denn: *Es ist der Augenblick, der zählt.*

Konzentration und Ausdauer

Die Konzentration ist es, welche die alltägliche Zeit auf Erden in magische Macht verwandelt

Bei vielen Leuten weckt das Wort *Magie* das Bild eines Zwanges durch Einflüsse, die unberechenbar scheinen. Anderen dünkt die Welt der geheimen Mächte weitaus dynamischer und sinnvoller als die sichtbare Realität. Doch die grundlegenden Techniken der Magie müssen hart erarbeitet werden. Benötigt werden die Fähigkeiten eines wissenschaftlich denkenden Bewusstseins, kombiniert mit einer wachen Geisteshaltung. Der Weg ist sehr weit und anstrengend und erfordert große Disziplin. Dabei gibt es nur wenige Abkürzungen. Bis zu welchem Punkt man gelangt, hängt von der Ausdauer ab, von den Voraussetzungen und Absichten des jeweiligen Individuums. Konzentration und Willenskraft sowie die Fähigkeit zur Visualisierung sind grundlegende Voraussetzungen der magischen Praxis.

Um magische Kräfte zu erlangen, gilt als eine der ersten Voraussetzungen die ausreichende Kontrolle der Gedanken. Eine magische Praxis zeigt wenig Wirksamkeit, wenn Willenskraft und Konzentration nicht ausreichend entwickelt sind. Der Geist der meisten Menschen ist aus dem Gleichgewicht geraten, denn es fehlt ihnen an Selbstkontrolle und Bewusstheit. Sie leben in dauernder Eile und sind anstrengende Verpflichtungen eingegangen, die eine entspannte Haltung verhindern.

Ein Magiekundiger versucht, Verstand und Gefühl ins Gleichgewicht zu bringen. Weder überlässt er sich der Herrschaft des Verstandes, noch macht er sich zum Sklaven seiner Gefühle. Er verhält sich nicht wie ein Blatt im Wind, hin- und herbewegt zwischen Intellekt und Emotion, sondern ist bestrebt, die Ansprüche, die das alltäglichen Leben mit sich bringt, nicht die Oberhand gewinnen zu lassen. Dies setzt ein hohes Maß an Überlegung und Losgelöstheit voraus. Nur diejenigen Vorstellungen werden zugelassen, die im Einklang mit einem angestrebten Ziel stehen, nicht aber gegensätzliche Ideen, die sich einmischen und vom Ergebnis ablenken.

Auch zufällig auftauchende Gedanken können unbeabsichtigte Wirkungen nach sich ziehen. Reizbarkeit und Heftigkeit haben oft chaotische, ungewollte Resultate zur Folge. Auch Launenhaftigkeit und Unbeständigkeit lassen ein angestrebtes Ziel in weite Ferne rücken. Dagegen kann die Vorstellung von Kälte und Eis die Konzentration verstärken. Kälte wirkt zusammenziehend und hemmt den unruhigen Energiefluss. Viel mehr als unbeabsichtigte Gedanken kann ein gerichteter Gedanke ausrichten. *„Der Gedanke ist der Beginn der Tat"*, schreibt H.-D. Leuenberger (S.241). Während die materielle Handlung nur ein äußerer Ausdruck des Denkens ist, sind gerichtete Gedanken das Mittel zum Zweck.

Der angehende Magier überlässt seine Entscheidungen nicht dem Zufall oder unberechenbaren Einflüssen aus dem Unbewussten. Er verfügt über eine ausgezeichnete Beobachtungsgabe und entscheidet sich in jeder Lebenssituation bewusst für eine bestimmte Richtung. Dabei trennt er das, was ihm förderlich erscheint, von dem potentiell Schädlichen. Selbst Irrtümer und Fehlschläge – die im Allgemeinen nicht zu vermeiden sind – können unter Umständen das Urteilsvermögen schärfen und die Erkenntnisse vertiefen.

Selbstbeherrschung und Kontrolle

Wenn man die Natur beherrschen will, muss man erst lernen,
ihr zu gehorchen.

Einem praktizierenden Magier fällt es leichter, sich den Strömen der Magie zu öffnen, wenn er seinen Geist zuvor entspannt. Innere Ruhe, Geistesklarheit und absolute Selbstbeherrschung sind die Voraussetzung für magische Operationen. Andernfalls bleiben die Anstrengungen ohne Wirkung und es droht im Extremfall psychische Zerrüttung. Beim Kampf um die Beherrschung der Magie liegt die Schwierigkeit darin, das eigene Selbst zu beherrschen. Ungezähmte, unerprobte Macht kann gefährlich sein. So kann jemand, der sehr wütend ist, unter Umständen in Versuchung geraten, einen magischen Feuersturm zu entfesseln und damit gewaltige Zerstörungen anrichten.

Je besser jemand die magischen Kräfte unter Kontrolle hat, desto weniger wahrscheinlich ist es, dass jemand Außenstehender davon betroffen wird. Die Kontrolle über magische Energien hat mehr mit den Gefühlen als mit Gedanken zu tun. Ein heftiger Zornesausbruch, der mit dem weitgehenden Verlust der Selbstbeherrschung einhergeht, kann den Betreffenden in einen Zustand der Machtlosigkeit versetzen. Ein bestimmter Teil von ihm, ein so genanntes ‚Elemental', hat zeitweilig die Oberhand gewonnen. (Als Elementale werden Gedankenformen bezeichnet, die – anders als gewöhnliche Gedanken – ein eigenständiges Bewusstsein besitzen, das in der Mentalsphäre Wirkungen hervorbringt.)

Schlimmer ist es, dass er in solchen Momenten ohne Verteidigung ist, erklärt der Theosoph Ch.W. Leadbeater, der seinerzeit zu den großen Hellsehern zählte. Ein anderes Wesen mit einem stärkeren Willen, das auf solche Augenblicke lauert, könnte das Ruder ergreifen und es gegen den Willen des Menschen in Besitz nehmen (1999, S.103f.). Der fremde Geist verstärkt auf raffinierte Weise die negativen Tendenzen in seinem Opfer. Wenn diesem keine Hilfe zuteil wird, gerät es in die Gefahr, in unbändigem Zorn gegen Gott und die Welt zu geraten.

Erkennt der Betroffene diesen drohenden Abgrund nicht rechzeitig, gerät er immer stärker in einen Sog der Negativität, dem er zuletzt kaum noch entrinnen kann. Der emotionale Aufruhr erfüllt wie eine schwarze Wolke seinen gesamten Astralkörper, während feurige, energetisch aufgeladene Strahlen wie Blitze nach allen Seiten hin schießen. Diese Strahlen treffen „wie Schwerter die Astralkörper anderer Leute, die dadurch ebenso geschädigt werden, als würde er sie auf dem physischen Plan angreifen", erklärt Leadbeater.

Jeder Gefühlsausbruch hinterlässt Spuren im Astralkörper. In seinem Buch zeigt Leadbeater auf eindrucksvolle Weise die Abbildung eines Astralkörpers, der unter der Wirkung eines ungehemmten Zornausbruchs von roten, zackigen Blitzen und schwarzen Energiebändern durchzogen ist. Die betreffende Gemütsregung wird verstärkt mit der Folge, dass der Betreffende bei nächster Gelegenheit wiederum in die gleiche Gemütsverfassung gerät.

In manchen Fällen richtet sich die Destruktivität gegen nahe stehende Personen. Ein junger Mann, der sich intensiv mit magischen Praktiken befasst hatte, wird nach einem Streit mit dem Vater von einer unheimlichen Macht übermannt, die ihn zwingt, das Auto seines Vaters zu attackieren mit der Absicht, diesen zu töten. Nach einem vergeblichen Versuch, die Wagentür aufzureißen, hat er das Empfinden, „aus meinem Körper geschoben zu werden und sah danach, wie mein Körper mit einem Satz auf die Kühlerhaube sprang und die rechte Faust mit ungeheurer Kraft auf die Fensterscheibe schlug, um durch sie hindurch den Vater zu treffen... Danach sprang mein .Körper einige Male auf der Kühlerhaube herum, bis sie völlig verdellt war... Danach hatte ich den Eindruck, wieder in meinem Körper und ich selbst zu sein". (Vgl.: Internet: Besessenheit, Beispiele für Spuk, Umsessenheit u. Besessenheit.)

Falls jemand dunkle Mächte in seinen Geist eindringen lässt, resultiert daraus in aller Regel Ungleichheit und Unterdrückung, auch wenn anfangs ein vermeintlicher Machtgewinn daraus gewonnen wird. Die psychische Stärke des Opfers entscheidet letztendlich über den Ausgang. Hat ein dunkler Geist sein Opfer fest im Griff, erteilt er ihm nicht selten den direkten Befehl, seinem Leben ein Ende zu setzen. Ein grausiger innerer Kampf auf Leben und Tod entbrennt.

Ein weiteres Beispiel für die destruktiven Folgen der Beschäftigung mit dunklen Praktiken ist eine 40-jährige Frau, die eine zeitlang bei einem Schwarzmagier ausgebildet worden war. Inzwischen war sie zwar ein begehrtes Medium, das sich von der Tätigkeit des Magiers distanzierte, dennoch litt sie unter starken inneren Zwangsantrieben. Des Öfteren verfiel sie in einen Trancezustand, in dem sie nicht mehr genau wusste, was sie sagte und tat.

Unter diesem unheimlichen, bedrohlichen Einfluss hatte sie sogar schon Selbstmordversuche unternommen, an die sie sich im nachhinein nicht mehr erinnerte. Einmal kam sie gerade noch rechtzeitig zu sich, um zu bemerken, dass sie auf fachmännische Art einen Strick geknotet hatte, um sich daran aufzuhängen. Im Normalzustand wäre ihr dieser Knoten nicht in gleicher Weise gelungen. Zum Glück wachte sie bei derartigen Handlungen bislang immer rechtzeitig auf.

Als einzige Chance, den Gefahren aus dem Unsichtbaren zu entgehen, sieht C. Castaneda die Integrität der Persönlichkeit und Makellosigkeit im Denken und Handeln. „Wenn ihr nicht makellos handelt, wenn ihr euch auflehnt und anfangt, ungeduldig zu werden und zu verzweifeln, dann werdet ihr von den Scharfrichtern aus dem Unbekannten erbarmungslos niedergemacht", warnt er (1993,4, S.312). Die Energie eines Menschen, dem es an Integrität mangelt, wird aufgezehrt, während makelloses Handeln die Energien immer wieder auflädt. Die Grundbausteine, die den Aufbau der magischen Persönlichkeit stützen, sind Einsicht und Weisheit.

„Wenn du deine Gefühle und Gedanken nicht beherrschen lernst, werden sie dich beherrschen!", warnt P. Gilgen. Die Wechselwirkung zwischen dem persönlichen Unbewussten und dem universellen Unbewussten verursacht die in der Magie erschaffenen Phänomene. Doch nicht immer nehmen heftige Gefühlsregungen eine destruktive Richtung. *„Dieselbe Energie, die sich in den Leidenschaften und im Irrtum ausdrückt, kann sich auch als Weisheit offenbaren"*, erklärt A. David-Néel. In seinen Leidenschaften findet der fortgeschrittene Adept die Fundamente seiner intellektuellen und geistigen Befreiung (2002, S.201).

Ungesteuerte Aggressivität geht oft mit einem großen Ansturm überschüssiger Energien einher. Wenn es dem betreffenden Individuum nicht gelingt, seine Kräfte zielgerichtet und sinnvoll einzusetzen, ist nicht abzusehen, welches Unheil er damit verursacht. Ein

Mittel zur Beherrschung der selbstzerstörerischen Energien könnte darin liegen, in die Welt der Magier und Mystiker einzutreten und zu lernen, die überschüssige Energie zu steuern und abzuleiten.

Nichts von dem, was ein angehender Magier erfährt, sollte ihn völlig aus der Fassung bringen. Kein Ereignis darf ihn überwältigen und beherrschen. Er zwingt sich, in einem Ozean von Gefühlen, in dem er unterzugehen droht, die Ruhe zu bewahren und den durcheinander wirbelnden Gedanken standzuhalten. Indem er einen klaren Bewusstseinsfokus aufrechterhält, kann er jedem Ansturm, dem er von Zeit zu Zeit ausgesetzt ist, trotzen.

Ein Magier benötigt innere Stärke, denn sie ist gleichbedeutend mit Gleichmut und einem Gefühl der Leichtigkeit. Vor allem vermittelt sie eine tiefe Neigung zum Forschen und Verstehen. Der Charakterzug der Nüchternheit ist unabdingbar, um die Hindernisse auf dem Weg überwinden zu können.

Illusion und Selbsttäuschung

Es existiert kein wesentlicher Unterschied zwischen Innenwelt und Außenwelt.

Phantasie ist eine Funktion des menschlichen Verstandes, die häufig unterschätzt wird. Sobald jemand eine übernatürliche Wahrnehmung hat, wird dies in der Regel als Einbildung, als ‚reine Phantasie' abgetan. Tagträumen ist verpönt, Halluzinationen sind unerwünscht. J.H. Brennan weist dem gegenüber auf die Tatsache hin, „dass alles, was der Mensch je an Bemerkenswertem hervorgebracht hat, dieser einen merkwürdigen Funktion entspringt. Kunstwerke und Gemälde, Romane und Symphonien, haben ihren Ursprung alle in der Phantasie. Mit Erfindungen verhält es sich ebenso. Oder mit den technischen Anwendungen der Naturgesetze" (S.82).

Und er fügt hinzu: „Phantasie überragt gar die Leistungen der Wissenschaft. Einsteins Relativitätstheorie war ursprünglich nichts anderes als ein gewaltiger Sprung seiner Vorstellungskraft." Kreatives Schaffen ist nichts anderes als das Umsetzen eines geistigen Bildes im Sinne eines physikalischen Vorgangs; handwerkliches Können ergänzt die Kreativität. Der Okkultist benutzt die Phantasie als Mittel zur Kontaktaufnahme mit den inneren Ebenen. Um diese zu erkunden, ist allerdings fundierte Selbsterkenntnis notwendig.

Das astrale Licht wird von den Kräften der inneren Ebenen und auch von den menschlichen Geisteskräften beeinflusst. Es reflektiert die persönlichen Hoffnungen, Sehnsüchte und Wünsche. In jeder wachen Minute drücken Gedanken, Gemütsbewegungen und Sehnsüchte Formen ins astrale Licht und verursachen Turbulenzen, welche die Kontaktaufnahme zu den inneren Ebenen erschweren. Astrale Formen, die dem inneren Auge erscheinen, sind mit Hilfe der Phantasie bildhaft umgesetzte Kräfte des Jenseits. Diese Formen können sehr beeindruckend erscheinen, doch wäre es Umsinn, sie mit der Realität zu verwechseln.

„Es gibt eine Schwelle, jenseits derer sich das Unbekannte erstreckt, und man darf sie nur mit ständig wachem Geist und der Fackel der Vernunft in Händen überschreiten", warnt A. David-Néel (1998, Nachwort). Es geht darum, Gebilde der eigenen Phantasie, Illusionen und Aberglauben von der Wirklichkeit zu unterscheiden. Auf den rein geistigen Stufen des Daseins ist dies ungleich schwieriger als auf den materiellen. Jedes Vorurteil, jede Einseitigkeit im persönlichen Denken muss zuvor hinterfragt und überwunden werden.

Auf logisches Denken und eine sichere Urteilskraft kommt es auf dem mystischen Pfad an, sobald dies erforderlich ist. R. Steiner warnt nachdrücklich: „Menschen mit einer Denkungsart, die zur Phantastik, zum Aberglauben neigt, können auf dem Geheimpfade keinen Fortschritt machen... Schlimm wäre es für ihn (den Jünger), wenn seine Phantasie, Vorurteile mit seinem Verstande durchgingen.

Träumer und Phantasten sind für den Geheimpfad ebenso ungeeignet wie abergläubische Personen. Das alles kann nicht genug betont werden. Denn in Träumerei, Phantastik und Aberglauben lauern die schlimmsten Feinde auf dem Wege zu Erkenntnissen in höheren Welten" (1987, S.84f.).

Besonders wichtig ist das Streben nach geistiger Gesundheit. Klares Denken und ein sicheres Empfinden sind die Grundlage dafür. Jede Neigung zum Phantastischen, zur Aufgeregtheit und zum Fanatismus bildet ein Hindernis auf dem geistigen Weg. Würden diese Bedingungen nicht erfüllt, dann käme der Proband statt in höhere geistige Gefilde in diejenigen seiner eigenen Einbildungskraft, bemerkt R. Steiner (S.105).

Die Tätigkeit auf den inneren Ebenen erfordert einiges an Anstrengung und fortdauernder Übung; ein ausgeglichenes Gemüt und spirituelle Hingabe. In der magischen Praxis ist es zunehmend von Belang, zwischen einer Reflektion der inneren Ebenen und einer Projektion des eigenen Unterbewusstseins zu unterscheiden. Dazu ist ein gewisses Maß an Selbsterkenntnis notwendig. Ein Neuling der magischen Kunst ist in Gefahr, in finsteren Aberglauben abzugleiten, sofern es ihm am nötigen Wissen mangelt. Die Folge davon wäre in Leben in Furcht vor schlimmen Vorzeichen, die in der Phantasie bedrohliche Formen annehmen. Die einzige wirksame Verteidigung gegen eine solche Torheit wäre die durch nichts zu erschütternde Gabe der Unterscheidung zwischen abergläubischen Vorstellungen und magischen Phänomenen. Dies ist auch für aufgeklärte Zeitgenossen oft erstaunlich schwer zu erreichen. Die Magie gleicht dann einer trügerischen Fassade, die den Verstand im Nu überwältigen kann.

Die Projektionen des persönlichen Unbewussten können abenteuerlich und faszinierend sein. Es gibt unzählige Abstufungen der Selbsttäuschung, die nicht selten in eine Psychose einmünden. Ohne ausreichende Selbsterkenntnis können die illusionären Vorstellungen leicht die Überhand gewinnen.

Intuition und Imagination

Manch einer deutet die Zeichen falsch und irrt umher.

Unter gewissen Voraussetzungen und zu bestimmten Zwecken kann die rationale Sichtweise und logisches Denken sehr nützlich sein, doch in widrigen Situationen wird seine Einseitigkeit zum Nachteil. Magie ist keine exakte Wissenschaft. Eins plus eins ergibt nicht immer zwei. Häufig geht es um die Welt der Visionen und Emotionen – und diese können sehr trügerisch sein.

Eine andere, subtilere Art der Wahrnehmung, die Intuition, zeigt Auswege aus Krisenzeiten, die auf andere Weise nicht zugänglich wären. Intuitive Wahrnehmung zu definieren ist nicht einfach. Oft gänzlich unerwartet tauchen wie aus dem Nichts wichtige Erkenntnisse auf, die oft grundlegendes Wissen und Problemlösungen beinhalten oder einen Hinweis auf bevorstehende Gefahren geben. Die Botschaften von innen werden häufig in Form von Symbolen oder als Bilder übermittelt, die manchmal auch von akustischen oder anderen sensorischen Wahrnehmungen begleitet sind. Solche symbolischen Mitteilungen können sehr anschaulich und prägnant ausfallen.

Die intuitive Art zu Denken geht nicht schrittweise vor wie die logische Denkungsart, sondern macht mitunter große Sprünge. Bei vielen Gelegenheiten und besonders bei mentalen Problemen ist sie von zentraler Bedeutung. Die Intuition erfasst die Dinge ganzheitlich. Völlig unerwartet fliegt dem Bewusstsein direktes Wissen zu, das aktuell von Interesse ist oder nach dem lange gesucht wurde. In gewisser Weise ist intuitives Wissen allem anderen Wissen überlegen, da es die Essenz, den Kern des Ganzen, betrifft. Die Fähigkeit zu intuitiver Erkenntnis wird im Westen leider immer noch gering geschätzt und ist daher wenig entwickelt. Die westliche Wissenschaft lehnt es ab, die Möglichkeiten der Intuition bewusst in ihre Forschungen mit einzubeziehen, obwohl ihr dies ermöglichen würde, effektiver und auf breiterer Basis zu arbeiten. *Forscher kommen dann zu bahnbrechenden Erkenntnissen, wenn gleichzeitig mit dem Forscherdrang eine Haltung der Bewunderung für die Schönheiten der Natur - die ans Mystische grenzt - zugrunde liegt,* betonte seinerzeit Albert Einstein.

Intuitive Eingebungen unterscheiden sich nicht deutlich vom Denken des persönlichen Selbst, so dass vielfach der Eindruck entsteht, die Person hätte über gewisse Dinge nachgedacht und sei allein zu einem Ergebnis gelangt, während in Wirklichkeit die Ideen aus anderen Quellen, aus geistigen Sphären, stammen. Große Kunstwerke, die das normale Maß menschlicher Schöpferkraft überragen, sind ein besonders charakteristisches Beispiel für Inspirationen aus dem Geistigen. Eine gut entwickelte Intuition kann vor vielen Fallstricken bewahren. Wenn Hindernisse und Gefahrenzonen frühzeitig erkannt werden, können intuitive Einfälle dabei helfen, Gegenmaßnahmen zu ergreifen.

Auch die Kunst der Imagination nimmt einen hohen Stellenwert in der magischen Entfaltung ein. Eine der wichtigsten Forderungen bei der magischen Ausbildung ist die Schulung der Vorstellungskraft, der plastischen Imagination. Die Fähigkeit, Gedanken nach eigenem Wollen zu lenken und zu beherrschen, ist eine wichtige Voraussetzung für ein praktisches Arbeiten in magischen Disziplinen. Um die Fähigkeit zur Imagination zu steigern, konzentriert sich der Magier-Lehrling zu Beginn auf eine einfache Zeichnung oder ein einfaches Symbol, wie z.B. einen Kreis, ein Dreieck, ein Quadrat etc. Er betrachtet dieses Bild einige Minuten lang und versucht, es im Geiste so genau wie möglich zu rekonstruieren.

Anschließend geht der Übende zu einfachen dreidimensionalen Körpern über, dann zu Gegenständen des täglichen Lebens. Ist er in der Lage, auch komplexere Körper plastisch vor dem geistige Auge mit den dazugehörigen Farben zu sehen, kann er beginnen, die Gegenstände auch mit offenen Augen zu imaginieren. Diese müssen plastisch sichtbar sein – wie in der Luft hängend – bis sie regelrecht greifbar erscheinen. Selbst Lebewesen können in den folgenden Stufen plastisch und lebensnah im Geiste erzeugt werden, bis sie als sichtbares Bild erscheinen.

Gedanken sind Kräfte. Es kommt auf die Ausdauer und die Intensität des Willens bei den Übungen an, um entsprechende Resultate zu erzielen. Derartige Übungen entwickeln die geistigen Kräfte im Menschen und erwecken seine magischen Fähigkeiten. Es sind Vorübungen für telepathische Experimente; für mentales Wandern, Hellsehen und weitere okkulte Praktiken.

Der Jünger steigert seine Fähigkeit zur Imagination bis zu Vollendung. Er übt solange, bis aus einer vorgestellten Blüte immer neue Blüten entsteigen oder sich funkelnde Kristalle zu immer kunstvolleren Gebilden aufbauen. Sobald ein Anwärter soweit fortgeschritten ist, dass er leblose Dinge scheinbar zum Leben erwecken kann, um sie anschließend wieder in Erstarrung zu versetzen, öffnet sich für ihn die innere Halle des Tempels.

Formen der Magie

Verschiedene Zweige der Magie

Im Prinzip ist Magie nichts anderes als eine Form von Energie.

Magie kann als die praktische Anwendung bestimmter Naturgesetze bezeichnet werden, wobei die Gesetze selbst für die meisten Magier ein Geheimnis sind. Spirituelle Adepten unterscheiden sich von Magiern durch einen engeren Fokus. Sie können Magie nur auf eine ganz bestimmte Art nutzen. Ein magisch geschulter Mensch, der mit den Gesetzen der höheren Geistebenen vertraut ist, ist imstande, die Bedingungen auf allen darunter liegenden Ebenen zu kontrollieren, während er seinerseits unter der Kontrolle der übergeordneten Ebenen steht. Fortgeschrittene Magier sind in der Regel bestrebt, auch auf die Kräfte der nächsthöheren Ebene einwirken zu können (vgl.: D. Fortune, 1988, S.19).

Magische Kraft ist im Grunde neutral, unabhängig davon, welche Form sie annimmt. Mit magischer Kraft ist die okkulte Energie gemeint, die in der menschlichen Seele schlummert und die gelöst und freigesetzt werden kann. Je nach Ausrichtung der magischen Praxis wird sie als schwarz oder weiß, als konstruktive Erkenntnis oder als abgründiges, finsteres Wissen definiert. Es ist immer die Person, die entscheidet, was sie mit der Macht anfangen will.

Verschiedene Zweige der Magie werden unterschieden:

▶ Der erste Zweig ist die *zeremonielle Magie*, die über die Kraft des Geistes wirkt und ihren Höhepunkt in ekstatischen Zuständen erreicht. Auch Stimmen, Töne und Worte, die durch Dichtung, Literatur und Musik zum Ausdruck kommen, werden mitunter als Teil der zeremoniellen Magie angesehen. So gesehen könnte man Künstler als unbewusste Magier bezeichnen, die – ohne es zu wissen – elementare Wirkungen erzeugen.

▶ Die zweite Form der Magie ist die *Magie des Willens*. Sie operiert mit der menschlichen Willenskraft, die zu okkulter Macht verdichtet wird. Sobald sich jemand ausreichend konzentriert, kann er die Macht rufen und seinen Vorstellungen entsprechend einsetzen.

▶ Die dritte Version ist die *Dämonenmagie*, welche die personifizierte Macht der unsichtbaren Welt in ihre Dienste stellt. Dämonenmagie gilt als die stärkste Magie, die existiert. Doch kein Dämon hilft ohne Gegenleistung, denn dämonische Kreaturen sind selbstsüchtige Wesen, die andere gern zu ihrem eigenen Nutzen einsetzen. Eine Verbindung mit Dienern der Unterwelt zu lösen, wenn sie einmal eingegangen wurde, ist so gut wie unmöglich. Sobald man die Dunkelheit zu sich einlädt, folgen die Sorgen auf dem Fuß.

▶ Der vierte Zweig, dem intensive Emotionen und Wunschbilder zugrunde liegen, wird *Astralmagie* genannt. Astralmagie befasst sich mit der Nutzbarmachung von Kräften, die Gestirnen innewohnen sowie mit der Beschwörung von Geistern der Planeten und Sterne, um sich deren Fähigkeiten anzueignen oder sich vor ihnen zu schützen. Dieses Handeln beruht auf dem Glauben, dass Planeten und Sterne über besondere Fähigkeiten und ein hohes Maß an Weisheit verfügen.

▶ Die fünfte Art der Magie, die *Astromagie*, stellt dem Magier die astronomischen Energiequellen des Makrokosmos zur Verfügung.

Viele Magieanwender haben sich im Gegensatz zu anderen Magiern nicht auf eine bestimmte Richtung spezialisiert, sondern sich aus mehreren Bereichen Wissen angeeignet. Oft zeichnen sie sich durch eine große Vielfalt aus, da sie Magie in all ihren Formen anwenden.

Für einen Anwärter der Magie reicht es nicht aus, übersinnlich begabt zu sein. Er muss darüber hinaus die Kräfte des Geistes objektiv wie auch subjektiv nutzen können. Das große Hindernis beim Erlernen magischer Praktiken ist nicht in erster Linie der Zweifel, sondern die Furcht. Sie treibt die Menge von der Schwelle zurück, und nur Wenige wagen es, sie zu überschreiten, erklärt Dion Fortune. „Beim praktischen Okkultismus sind Nerven alles", schreibt sie. Die Nerven zu verlieren sei eine Katastrophe, vor allem dann, wenn man die Gefahr nicht vorhersehen kann.

In der Magie lassen sich weitere Formen unterscheiden.

Sympathiemagie

Ohne Sympathie funktioniert die magische Arbeit nicht.
Dion Fortune

Ein Grossteil der magischen Praktiken beruht auf dem Prinzip der *Sympathiemagie*. Dem Ganzen liegt eine Art gleichnishaftes Handeln zugrunde, welches sich aus der Erkenntnis ableitet, dass im Universum alles mit allem in Verbindung steht und jeder noch so geringe Teil das Ganze in sich trägt. Die Wurzeln dieser geheimnisvollen Magie reichen weit zurück in die Vergangenheit.

Magisch Geschulte akzeptieren gewisse Entsprechungen im Universum. Analogien dienen dazu, angestrebte Resultate zu erzielen. Symbolische Handlungen werden vollzogen, damit diese in der materiellen Welt Wirklichkeit werden. Das Vorgehen dabei ist eher einfach: Um Regen zu erzeugen, wird aus einem Tiegel Wasser zu verspritzt und dabei fallender Regen imitiert. Pfeiftöne imitieren das Geräusch des Windes, daher halten Magieanwender es für möglich, mit Pfeifen einen heftigen Sturm heraufzubeschwören.

Liegt einem Magier die Fotografie eines bestimmten Menschen vor, kann er – nach entsprechendem Training – mit diesem Abbild so umgehen, als sei es mit diesem Menschen identisch. Alles, was er mit dem Foto anstellt, geschieht auch in Wirklichkeit mit der abgebildeten Person. Auch Puppen, die das Opfer darstellen, finden häufig Verwendung. Dieses Prinzip gilt gleichfalls für Gegenstände, die sich eine zeitlang im Besitz einer bestimmten Person befunden haben, sowie für deren Haare, Nägel oder Blut. Dies sind die klassischen Utensilien der Sympathiemagie.

Das Prinzip der Sympathiemagie ist folgendes: Falls der Magier etwas zerstört, das mit dem Opfer auf irgendeine Art in Verbindung steht, wird auch dieser Person ein entsprechender Schaden zugefügt. Sobald ein feindlich gesinnter Magier in den Besitz von Dingen gelangt, die in enger Beziehung zu einem Gegner stehen – wie etwa ein häufig getragenes Kleidungsstück – ist es ihm möglich, den ehemaligen Besitzer anzugreifen. Er kann auf diese Weise Zwietracht säen, Benommenheit und Erstickungsgefühle hervorrufen oder Krankheiten und Tod verursachen.

Spiegelmagie

Manche Geister kann man nur im Spiegel sehen.

Zu einem der rätselhaftesten Gebiete der praktischen Magie zählt die Spiegelmagie. Für diese Art der Magie ist ein Spiegel geeignet, bei dem die eine Seite das realitätsgetreue Abbild wiedergibt, während die andere Seite eine Vergrößerung zeigt. Empfohlen wird dabei die Verwendung eines Hohlspiegels aus geschliffenem Glas. Von Anfang an zeigen sich unerklärliche Resultate und Wirkungen. Eine Verkehrung von links nach rechts bspw. weist auf einen Unterschied hin. Auch scheint sich das Ich im reflektierenden Glas vom ‚echten Ich' subtil zu unterscheiden.

Spiegelmagie zählt zu den am besten gehüteten Ritualpraktiken in magischen Gemeinschaften und Logen.

Grob betrachtet existieren zwei symmetrische Welten:

◉ Die materielle Welt und

◻ Die Spiegelwelt.

Durch Anwendung eines Spiegels gelingt es geschulten Mitgliedern magischer Orden, Visionen und Wissen aus höheren Sphären einzufangen. Häufig ist es kein Spiegel, sondern lediglich eine gefüllte Schale mit Wasser, die den Geist in eine leichte Trance versetzt und ihm zu einer erweiterten Wahrnehmung verhilft.

Magische Spiegel werden für verschiedene Zwecke eingesetzt:

► Sie sind ein telepathisches Verbindungsmittel zu lebenden oder verstorbenen Personen.

► Sie dienen als Sender für die Behandlung von Krankheiten sowie für Fernheilungen.

► Sie werden als magisches ‚Fernsehgerät' benutzt, um Hellsehen in Vergangenheit, Gegenwart und Zukunft zu ermöglichen.

► Sie werden zur Divination (Vorhersage) verwendet.

► Auch als Sender zur Imprägnierung von Räumen kommen sie infrage.

► Sie dienen als Hilfsmittel zur Kontaktherstellung mit übernatürlichen Mächten durch Anrufungen.

► Sie dienen der magischen Abwehr unerwünschter Einflüsse. Angeblich kann man mit Spiegeln Dämonen abwehren, denn diese erschrecken vor ihrem eigenen Spiegelbild.

► In der schwarzen Magie werden Spiegel missbraucht, um Fremdbeeinflussung auszuüben. Sie werden für Schadenszauber und sogar zur Tötung anderer eingesetzt. Dabei wird auch eine so genannte

Spiegelfalle eingesetzt, bei der eine Seele in einen Spiegel hineinge-
bannt und darin gefangen wird.

Vorbereitungen, um Spiegelmagie auszuüben:

◘   Der Spiegel erzeugt eine Brücke zu astralen Ebenen. Er sollte
frei von Kratzern und Verunreinigungen sein.

◘   Konzentration ist der Schlüssel zum Erfolg. Der Seher muss lernen, alle äußeren Einflüsse aus seinem Denken zu verbannen und
sich meditativ zu versenken.

◘   Besonders gut geeignet ist die Zeit des zunehmenden Mondes.

◘   Rituelle Reinigungen und Räucherwerk sind eine gute Vorbereitung.

◘   Die Spiegeloberfläche darf nicht ins Sonnenlicht oder in elektrisches Licht gehalten werden.

◘   Hat jemand über Monate hinweg das ‚Sehen' im Spiegel geübt,
kann er jede beliebige glatte Oberfläche dafür verwenden. Das kann
eine gefüllte Kaffeetasse sein, eine Schale mit Wasser, der Spiegel
eines Sees oder eine polierte Tischplatte.

Übung der Spiegelmagie:

◉   Zu Beginn reinigt man den Spiegel unter fließendem Wasser und
lässt ihn gegebenenfalls in Vollmondnächten vom Mondlicht be-
scheinen. Dem Sonnenlicht darf er nicht ausgesetzt werden. Auch
sollte keine fremde Person in den Spiegel schauen, um eine Vermi-
schung mit fremden Energien zu vermeiden.

◉   Es gibt verschiedene Blicktechniken. Bewährt hat sich folgende:
Bei Kerzenschein richtet man den Blick nicht direkt in den Spiegel,
sondern einige Zentimeter darüber. Oder man blickt unverwandt,
ohne zu blinzeln, auf die Nasenwurzel.

◉ Nach einiger Zeit wird sich die Spiegelfläche in eine weiße bzw. graue Scheibe verwandeln, in der sich nach und nach wolkige Gebilde zeigen.

◉ Verharrt man eine Weile in einem tranceartigen Zustand, werden nach einiger Zeit bei regelmäßiger Übung Gestalten, Landschaften, Orte, Astralwesen und dgl. Mehr sichtbar.

Spiegel werden auch dazu gebraucht, die Anderswelt sichtbar werden zu lassen, falls es dem Magier nicht gelingt, selbst hinüberzugehen. Je stärker die Spiegeloberfläche mit Energien aufgeladen ist, desto wirkungsvoller ist seine Verwendung. Sind in einem Spiegel magische Energien gespeichert, dann scheint er fast unmerklich zu pulsieren. Werden Energiestrahlen durch einen Spiegel reflektiert, durchziehen sie den Raum in merkwürdigen Winkeln und bilden ein Zickzack-Muster aus weißem Licht. Die Strahlen werden hierdurch – ähnlich wie Laserstrahlen – intensiviert und können einem unbefugten Eindringling gefährlich werden.

Doch wie alle magischen Ritualgegenstände ist auch der Spiegel lediglich ein Werkzeug, das den Praktizierenden das Arbeiten erleichtert. Nicht die Anwendung eines Spiegels sichert den gewünschten Erfolg, sondern entscheidend sind die sensitiven und mentalen Fähigkeiten des Anwenders. Um Erfolge beim Sehen zu erzielen, bedarf es vor allem einer besonderen Sensibilität.

Geschulte Magieanwender können kraft ihrer Konzentration bestimmte Personen im Spiegel erscheinen lassen und auf diese unter Umständen durch Bildmagie einen Einfluss ausüben. Spiegel unterstützen praktizierende Magier bei ihren Ritualen, denn sie sind dazu geeignet, dämonische Wesen oder Verstorbene aus anderen Ebenen anzulocken. Der Experimentator strahlt – aufgrund magischer Praktiken und insbesondere durch spiegelmagische Techniken – ähnlich einem Radiosender Wellen in die Astralsphäre aus, welche die Wesen dieser Ebene anlocken und herbeiziehen. Daher sollte er nach Beendigung eines Spiegelexperiments eine magische Entlassungsformel sprechen, um die evozierten Kräfte wieder zu bannen.

Das dunkle Gebiet der Spiegelmagie birgt eine Fülle von Gefahren. Spiegelmagische Meditationen fördern oftmals rätselhafte Ergebnisse zutage. Wenn jemand eine zeitlang Spiegelmagie betrieben hat, kann es geschehen, dass im Spiegel statt des eigenen ein fremdes Gesicht erscheint, das den Betrachter anstarrt. Astrale Kräfte sowie Archetypen aus dem subjektiven und kollektiven Unbewussten drängen an die Oberfläche und zeigen sich dem erschrockenen Seher im Spiegel. Bei spiegelmagischen Experimenten handelt es sich um eine Form der magischen Beschwörung. Ein geschulter Magier kann mithilfe eines Spiegels anderen Menschen suggestive Anweisungen erteilen, welche diese zu einem erwünschten Verhalten zwingen.

Der Spiegel kann unter Umständen als eine Art Tor, als Durchgang zwischen den Lebenden und den Toten benutzt werden. Manchmal werden die Toten in einem Spiegel gesehen, es sei denn, ihr Ego ist auch in der Spiegelwelt gestorben. Die Magiern Ulla von Bernus berichtet aus eigener Erfahrung: „Bei den Übungen fängt der Spiegel meistens an, sich zu verschleiern, Nebel ziehen vor, bis schließlich wechselnde Gesichter auftauchen, oftmals von verstorbenen Menschen." (In: Flensburger Hefte Nr. 33, S.157f.) Die Astralkörper der Toten drängen sich heran und wechselnde Bilder erscheinen. Diese sind meist harmlos, doch manche Leute bekommen einen gehörigen Schreck, wenn sie Verstorbene sehen.

Als nächstes sind im Spiegel Augen zu sehen, erzählt von Bernus. „Entweder man bekommt einen totalen Schock oder man ist davon fasziniert. Beides ist für einen Anfänger gleich schlecht, denn wenn die Augen im Spiegel auftauchen, kann diese Geistwesenheit auch aus dem Spiegel heraustreten", behauptet sie. Dies sei einem Maler geschehen, der sich von den Augen im Spiegel angezogen gefühlt habe.

Allabendlich praktizierte er konzentriert Spiegelmagie, bis das geisterhafte Wesen eines Abends aus dem Spiegel heraustrat, sich auf den Maler stürzte und versuchte, ihn zu erwürgen. Nur mit knapper Not entkam er einem schrecklichen Tod. Bei den Kreaturen handelt es sich oftmals um gefährliche Astraldämonen, die über große Kräfte verfügen und die sehr aggressiv reagieren können. Ein magischer Kreis, den Praktizierende ziehen, soll sie vor derartigen Angriffen schützen. Sobald der Magieanwender irgendetwas Ungewöhnliches bemerkt, dass ihm gefährlich werden könnte, sollte er sofort die Übung abbrechen. Eine fortwährende Kontrolle ist notwendig, um Gefahren vorzeitig abzuwenden.

Sobald jemand sich vor den Geistwesen, die im Spiegel erscheinen, ängstigt, geht er das Risiko ein, von ihnen angegriffen zu werden. P. Singh, die eine zeitlang nach den magischen Anleitungen von Aleister Crowley experimentiert hatte, konnte nach einiger Zeit in keinen Spiegel mehr blicken, ohne dass im Hintergrund ein fremdes Gesicht erschien. Schließlich wagte sie es kaum noch, einen Spiegel zu benutzen (vgl.: Flensburger Hefte Nr. 13, S.151). Spiegelmagie ist nicht ungefährlich, denn sie kann unter Umständen das zentrale Nervensystem schädigen. Oft werden Menschen, die eine Tür zwischen den Welten entdeckt haben, als schizophren angesehen.

Der Erlebnisbericht eines Experimentators bestätigt die Gefährlichkeit des Verfahrens. Nachdem er sich intensiv mit dem Phänomen Spiegelmagie beschäftigt hatte, praktizierte er ein Experiment bei Kerzenlicht: „Nach kurzer Konzentration schauten mich aus dem Spiegel zwei bösartige Augen an. Mein Antlitz verschwamm in vollkommener Schwärze, bis auf ein Paar grauenhafter, glühender, kohleartiger Augen. Ein schauderhaftes Empfinden machte sich in mir breit. Angstzustände stellten sich ein. Ich hatte das Gefühl, als befände sich ein dämonisches Wesen in meinem Rücken, welches mich mit teuflischen Blicken fixiert" (in: Det Morson, S.306f.). Nach Beendigung des Experiments fühlte er sich ungewöhnlich schwach und hatte dunkle Ringe unter den Augen. Das Erlebnis schockierte den Magus derart, dass er eine zeitlang von Experimenten Abstand nahm.

Das Zeichnen einer Schutzglyphe mit schwarzer Tinte auf ein Blatt Papier, welches er bei nachfolgenden Versuchen auf seiner Brust befestigte, verhinderte fortan den Schwächezustand und die damit einhergehenden Schwindelanfälle. Allerdings ließen nun die Resultate zu wünschen übrig.

Selbst das eigene Spiegelbild kann mit Unheil verkündenden Zeichen versehen sein. Bemerkt ein Magier, der in den Spiegel schaut, ein phosphoreszierendes Leuchten zwischen seinen Augenbrauen, ist ihm dessen Bedeutung in der Regel bewusst, falls er einer okkulten Gemeinschaft angehört und über ausreichende Erfahrung verfügt. Es ist in magischen Logen bekannt als das ‚Todeszeichen' (vgl.: Frabato, S.68). Die Flamme wird bei genauem Hinsehen langsam größer, bis sie endlich die gesamte Spiegelfläche einnimmt. Dem Seher ist klar, dass seine Stunde geschlagen hat und er dem Tode geweiht ist.

In einigen Ländern existiert der Brauch, nach einem Todesfall alle Spiegel im Haus zu verhängen. Dahinter steht der Glaube, dass spiegelnde Reflexionen eine Projektion der Seelen sein könnten. Die Seele eines kürzlich Verstorbenen wäre möglicherweise imstande, nach einem Lebenden zu greifen und ihn zu beherrschen, falls er immer noch begierig nach Gesellschaft ist. Angehörige von Naturvölkern reagieren sehr vorsichtig, sobald sie sich an einem Fluss aufhalten. Sie geben darauf Acht, dass ihre Reflexionen nicht im Wasser eingefangen werden, damit dieses nicht ihre Seele davonträgt.

Edelsteinmagie

Ein Edelstein ist niemals wo wichtig, wie die Suche nach der Wahrheit.

Der Glaube an die geheimnisvollen Kräfte von Edelsteinen existiert seit alten Zeiten. Den kostbaren Kleinodien werden von jeher Glück oder Unglück bringende Eigenschaften zugeschrieben. Der okkulten Lehre zufolge steht jeder Edelstein – ebenso wie jedes Metall – mit den Kraftfeldern der Fixsterne und Planeten in direkter Verbindung.

Gold und Edelsteine gelten als ideale Speicher und Leiter für magische Energien. Sie liefern ihrem Träger zusätzliche Kräfte, falls er diese benötigt. Vor allem großen Edelsteinen wird die Fähigkeit zugeschrieben, die Energien von Magiern und Hexen zu erhöhen. Magische Kraft entsteht dadurch, dass in Atomen Photonen freigesetzt werden. Ein Edelstein besitzt die Eigenschaft, die Energie in den Atomen zu erhöhen. Er stimuliert sie auf eine Weise, dass die magischen Kräfte um das Doppelte oder Dreifache verstärkt werden. Große Edelsteine sind geeignet, magische Energien zu vervielfachen, da ihre Kraft Photonen in großer Menge freisetzt.

Mondsteine werden als Verstärker von Kraftobjekten – z.B. von Ringen – betrachtet. Gleichzeitig gelten sie als unberechenbar in ihrer Wirkung und sind daher schwer zu kontrollieren. Auch *Diamanten* sagt man magische Kräfte nach, allerdings ohne nennenswerte Wirkung. Die alten Griechen hielten Diamanten für vom Himmel gefallene Sterne. Steine, die unter dem Erdboden gelagert waren, gelten als *‚Salamander-Stein'*. Sie helfen demjenigen, der ihn bei sich trägt, in Bewegung zu bleiben und das Trägheitsgefühl zu überwinden.

Ein großer Edelstein soll einem Magiekundigen Macht über Dämonen verleihen. Der sagenumwobene *‚Stein des geheimen Feuers'* wurde der Legende nach von einem persischen Magier geschaffen, um die Welt vor Dämonen zu bewahren. Er brachte sowohl Fluch als auch Segen:

◻ Er öffnete die Tür zwischen den Welten, die beidseitig geöffnet werden konnte.

◻ Man glaubte, der Stein wäre mit Seelen aufgeladen, denen einstmals ein Wunsch gewährt worden war.

Tatsächlich wird behauptet, ein Feueropal sei magisch aufgeladen mit menschlichen Seelen und würde von ihrer Angst genährt.

Edelsteine gelten als kosmisch gebundene Kräfte, die einen mystischen Einfluss ausüben. Sie absorbieren nicht nur kosmisch-ätherische Strahlen, sondern ziehen auch diejenigen Energien an, die ihnen von Menschen zugeführt werden. Gedanken sind nach okkulter Auffassung Kräfte, was die bewusste mentale Aufladung von Objekten ermöglicht. Sobald ein Magiekundiger über ausreichende Konzentrationskraft verfügt, ist er fähig, Energie in einen Edelstein einzuschließen. Wird die Aufladung mit entsprechender Intensität und Imagination durchgeführt, kann damit Unglaubliches vollbracht werden.

Edelsteinmagie kann nach Ansicht von Heilern auch zu einer deutlichen Verbesserung der physischen, seelischen und geistigen Eigenschaften eines Benutzers beitragen. Mithilfe von Edelsteinmagie lassen sich latent vorhandene Kräfte, welche die Gesundheit fördern, wecken, denn die Steine wirken harmonisierend auf den Astral- und Mentalkörper. Allerdings existiert bei jedem Edel- und Halbedelstein (wie überhaupt bei fast allem) eine positive und negative Seite.

Die Edelsteinmagie wird nicht nur zur Anziehung kosmischer Kräfte angewandt, sondern auch zur Belebung der Energiezentren im menschlichen Ätherkörper. Bereits in vergangenen Zeiten wurden die Steine – vor allem der Halsschmuck – benutzt, um die entsprechenden Zentren im Körper anzuregen. Durch das Tragen von Edelsteinen auf dem entsprechenden Chakra kann eine bewusste Belebung der Energiezentren im Ätherkörper erreicht werden. Der Gebrauch der richtigen Edelsteine ermöglicht es, feinstoffliche Kräfte von außen anzuziehen und mit dem eigenen Kraftfeld zu verschmelzen.

Die Felder wirken wie eine Art Magnet, der dafür sorgt, dass die magischen Kräfte verstärkt werden. Sofern mehrere Magiekundige auf einem Kraftfeld ihre Energien vereinigen, können dabei machtvolle Wirkungen entstehen. Ein Kraftfeld entsteht auch, wenn Menschen, die im Kreis stehen, sich an den Händen halten und mit geschlossenen Augen eine gemeinsame Vorstellung visualisieren. Doch derartig erzeugte Kraftfelder bringen auch Gefahren mit sich, denn Magier mit dunklen Absichten könnten sie für ihre Zwecke missbrauchen.

Verbindet sich ein Magier zum Zweck seiner Weiterentwicklung mit einer geistigen Wesenheit, wird dabei im Laufe der Jahre ein Edelstein erschaffen. Das Juwel ist ein Schlüssel, ein unentbehrlicher Teil der magischen Verbindung. Der Stein glüht, solange die Bindung intakt bleibt, und er zerfällt, sobald der Magus das Zeitliche segnet.

Sichtmagie

Der Schein kann auch die Augen eines Magiers trügen.

Wer über die Gabe der Seelensicht verfügt, kann einem anderen Menschen in die Tiefe seiner Seele blicken. Sobald ein Blickkontakt stattfindet, schaltet sich die Seelensicht ein. Medien können ihr Talent für Seelensicht einsetzen, um in Leute hineinzuspähen, ihre seelische Verfassung auszukundschaften und ihre tieferen Gefühle zu ergründen.

Glücksgefühle wärmen ihr Herz, so als würden sie selbst diese empfinden. Doch auch die Anspannung, Ängste und Sorgen andere Menschen kommen bei ihnen an, sobald die Blicke sich treffen. Ein kurzer Augenblick reicht allerdings meist nicht aus, um die Gabe einzusetzen und in das Innerste des Gegenübers einzudringen.

Die Seelensicht kann jemanden, der sich sehr intensiv mit den traumatischen Erfahrungen seiner Vergangenheit beschäftigt, seelisch in vergangene Zeitabschnitte zurückkatapultieren. In dem amerikanischen Drama *Julia und Julia* von 1987, mit Kathleen Turner in der Hauptrolle, findet sich eine Witwe, die ihren Mann verloren hat, nach einem intensiven Gefühlsausbuch plötzlich in einen Zeitstrom hineinversetzt, in dem der Mann noch lebt.

In den Flitterwochen war ihr Ehemann gestorben. Sechs Jahre später steht der Totgeglaubte in der Wohnung vor ihr, so als wäre nichts geschehen; und nichts ist mehr so, wie es einst war. Julia, die durch den Unfall depressiv und traumatisiert worden ist, findet sich in zwei verschiedenen Welten wieder. In der einen kämpft sie mit dem Verlust ihres Mannes, in der anderen heiratet sie und lebt mit ihm zusammen. Der übernatürliche Wechsel zwischen den Existenzen bringt sie allerdings an den Rand des Wahnsinns.

Die Seelensicht kann sich auch in der Realität äußerst nachteilig für den Seher auswirken. Wenn ein Gegenüber körperliche oder seelische Schmerzen erleidet, trifft der Blick des Leidenden das Medium wie ein Stich in die Brust. Trauer und Sorge werden so deutlich gespürt, als wären es die eigenen Gefühle. Auch die kochende Wut eines anderen überträgt sich und flammt in der eigenen Brust auf, während Sorge und Angst das Herz abschnüren. Starke Ängste eines Menschen können Übelkeit erzeugen, während tiefes Entsetzen wie ein elektrischer Schlag wirkt.

Ein Sichttalent kann mächtig sein und einen Blick in die Zukunft erlauben. In Visionen werden Ausschnitte von Ereignissen sichtbar, die in naher oder ferner Zukunft stattfinden. Die visionären Bilder sind nicht immer leicht zu verarbeiten, da sie auch Unglücksfälle anzeigen.

Bei der Klarsicht hingegen wird die gesamte Umgebung, unabhängig von den Lichtverhältnissen, kristallklar erkannt.

Divinationsmagie

Prophezeien ist eine Herzensangelegenheit.

Mit Divinationsmagie ist die Kunst der Weissagung gemeint. Ein Orakel ist eine Person, die einem Menschen auf dessen Bitte hin weisen Rat erteilt, der aus übernatürlichen Quellen stammt. Vor allem warme Plätze sind für diese Art der Magie bestens geeignet. Leute, die sich mit Divinationsmagie befassen, wissen oftmals im Voraus, ob eine Unternehmung klappen wird oder nicht, ohne die Gründe hierfür zu kennen. Wenn sie in unwegsamem Gelände unterwegs sind, verirren sich nur selten, weil sie die möglichen Wege vor sich sehen und erkennen, wohin sie führen, sobald sie darauf gehen. Selbst bei Dunkelheit können sie die Umgebung ergründen und sind daher gute Pfadfinder.

Divinationsmagier haben die Fähigkeit, in die Zukunft zu sehen. Sie lernen, sich einen Überblick über die wichtigsten Ereignisse, die sie und nahe Angehörige betreffen werden, zu schaffen, indem sie ihre Wahrnehmung darauf trainieren, die Zukunft im Auge zu behalten und plötzliche Veränderungen und Gefahrensituationen vorherzusagen. Diese Vorgehensweise weist Ähnlichkeit mit dem peripherem Sehen auf: Es sind zwar keine Details zu erkennen, doch man kann spüren, ob etwas Bestimmtes geschehen wird. Das reicht meistens aus, um etwas genauer hinzuschauen.

Ein gewisses Maß an Neugier ist allen Wahrsagern zu eigen. Viele von ihnen fühlen sich berufen, ihren Mitmenschen zu offenbaren, welche Missgeschicke ihnen in naher Zukunft drohen. Dies kommt nicht immer gut an und trifft oft auch nur begrenzt zu. Divinationsmagie verrät dem Hellseher beileibe nicht alles, was er wissen möchte. Sie zeigt ihm lediglich die *möglichen* Konsequenzen einer bestimmten Handlung auf.

Etlichen Wahrsagern fällt es schwer, die vielen blitzartigen Visionen, die während einer Sitzung durch ihren Kopf irrlichtern, angemessen zu deuten. Zudem ist es manchmal nicht einfach, Prophezeiungen, die in kryptischer Weise erfolgen, zu entschlüsseln. Der Haken an vielen Prophezeiungen ist, dass sie erst dann vollends verstanden werden, nachdem sie in Erfüllung gegangen sind.

Viele Wahrsager benutzen für die bildhaften Eindrücke, in denen ihnen die übermittelten Botschaften erscheinen, die vier Elemente. Jedes der Elemente zeigt in eine Richtung:

◻ Wasser weist in die Vergangenheit.
◻ Luft betrifft die Zukunft.
◻ Erde zeigt die Gegenwart.
◻ Feuer bringt sie alle zusammen.

Um seine Gabe zu nutzen, benötigt der Seher zusätzliche Energie. Ein Wahrsager der Elemente ist zwar nicht so mächtig wie manch anderer Magier, doch es gibt kaum ein Geheimnis, das er nicht lüften kann, wenn er es nur lange genug versucht. In der Divinationsmagie ist es allerdings nicht erlaubt, sich auf materielle Güter zur persönlichen Bereicherung zu fokussieren.

Während Wahrsager mithilfe von Symbolen, Karten und Elementen arbeiten, deren Bedeutung bereits vorher festgelegt wurde, machen sich Medien eine gewünschte Information zugänglich, indem sie sich intuitiv darauf einstimmen. Sie konzentrieren sich bewusst auf eine bestimmte Frage und warten, dass ihnen von irgendwoher eine Antwort zufließt. Etliche von ihnen können die Zukunft, zumindest teilweise, vorausahnen. Diese Vorahnungen können sich als überaus nützlich erweisen, denn sie helfen dabei, gefährliche Situationen zu vermeiden. Ihre Ahnungen alarmieren Sensitive frühzeitig, so dass sie Unglücksfälle vermeiden können. Das bedeutet nicht, dass alles tatsächlich genauso passieren wird, wie es vorausgeahnt wurde, doch es besteht immerhin eine große Wahrscheinlichkeit hierfür.

Gegenstände und Menschen hinterlassen unsichtbare Spuren an Orten, an denen sie sich einmal befunden oder aufgehalten haben. Wahrsager können aufgrund dieser Spuren einiges über den betreffenden Gegenstand oder über die Person erfahren. Es ist sogar möglich, mit Divinationsmagie verschollene Menschen aufzuspüren. Sofern der Seher ungefähr das Gebiet kennt, in dem sich die gesuchte Person befindet und genau weiß, nach *wem* er suchen muss, kann er sie über kurz oder lang lokalisieren, indem er sich auf ihre Wellenlänge einstellt.

Ein großer Teil der Aufmerksamkeit eines Magiers fließt in die Kontrolle seiner Gabe, um sie zu fokussieren, zu lenken und zu nutzen. So erhält er zusätzliche Informationen, die den Dingen Bedeutung verleihen. Seine Fähigkeit verschafft ihm einen besseren Überblick. Möchte ein Seher bspw. wissen, was sich hinter eine Tür befindet, blickt er in die Zukunft, in welcher er die Tür öffnet und dahinter schaut. Viele Leute glauben, dass Divinationsmagie dem Seher alles verrät, was er wissen möchte, doch das ist beileibe nicht der Fall. Es gibt mögliche Zukünfte für jeden Menschen, und alle sind unterschiedlich. Daher sind konkrete Voraussagen für eine bestimmte Situation nur schwer zu treffen.

Ein Divinationsmagier sieht die möglichen Wahrscheinlichkeiten. Kommt er an eine Gabelung auf der Straße, überlegt er vielleicht: Wohin sich wenden; nach links oder nach rechts? In seiner Zukunftssicht geht er in die eine oder andere Richtung, um das Ergebnis auszutesten. Eine Vielzahl von Möglichkeiten, die sich ebenfalls wieder verzweigen, liegt vor ihm. Die Zukunftsstränge ziehen sich, ähnlich wie ein Flussdelta, durch die wahrscheinlichen Realitäten. Nur ein geübter Magus ist fähig, alle die sich vor ihm entfaltenden Wahrscheinlichkeiten angemessen zu deuten.

Divinationsmagiern geht es darum, auf die Geschehnisse, die sie betreffen, vorbereitet zu sein. Sie sind keineswegs mächtiger als andere Leute; ihre Magie erlaubt ihnen keinen besonderen Einfluss auf die materielle Welt. Doch sie verfügen über ein spezielles Wissen, das – richtig angewandt – zu beeindruckenden Ergebnissen führen kann.

Der größte Teil der Aufmerksamkeit eines Wahrsagers gilt den direkten und in naher Zukunft stattfindenden Ereignissen. Solange er achtsam bleibt, wird ihn kaum etwas überraschen. Da er in die Zukunft blicken kann, ist er in der Lage, unliebsamen Geschehnissen aus dem Wege zu gehen. Lange, bevor er bspw. in einen Hinterhalt gerät, sieht er diesen voraus und ist gewarnt, selbst wenn die ihn erreichenden Informationen oft übersteigert wirken. Mit Wissen gewinnt man zwar keine Auseinandersetzung, doch es steigert die vorhandenen Möglichkeiten enorm.

Um in die Zukunft blicken zu können, bedarf es allerdings großer Disziplin. Jeder Divinationsmagier entwickelt einen eigenen Code, eine Methode, um die hereinströmenden Informationen zu verarbeiten. Würde er seine Sicht auf alle möglichen Zukünfte ausrichten, würde das Wissen den Geist überschwemmen. Ein Seher muss auf der Hut sein und sich konzentrieren können, sonst entsteht Chaos oder er blockt die Sehergabe vollends ab, da sie ihn überfordert.

Manche Wahrsager verbringen Jahre damit, ihre mentale Disziplin aufzubauen, um die Sehergabe zu nutzen, ohne dabei durchzudrehen. Wenn sie in die Zukunft blicken, ist es manchmal so, als würden sie durch ein Objektiv schauen. Entweder wird ihnen ein kleiner, scharf erkennbarer Ausschnitt zugänglich, oder sie sehen einen breiten, verschwommen wirkenden Bereich. Einige Divisionsmagier benutzen eine Linse, die ihnen dabei hilft, die Informationen zu sondieren und zu ordnen. Das hilft ihnen dabei, diejenige Zukunft herauszufiltern, die sie sehen wollen, und den Rest auszublenden.

Einige Seher haben die Gabe, zwischen der Realität und der Traumwelt hin- und herzuwandern. Andere sind fähig, in den Schatten die Zukunft zu sehen. Sie können in die astrale Hülle anderer Menschen (die gleichbedeutend ist mit ihren Schatten), gleiten, sie berühren und daraus Informationen beziehen. Manche Seher verstehen es auch, nach dem astralen Schatten zu greifen und ihn festzuhalten. Mit den Händen greifen sie in die Schatten hinein, wobei sie Reime rezitieren, was sie in ihren Absichten unterstützt.

Wenn Seher nicht frühzeitig lernen, ihre Gabe unter Kontrolle zu bringen, laufen sie Gefahr, den Verstand zu verlieren. Falls sie nämlich zu tief in die Schatten blicken, könnten sie sich darin verlieren. Oder eine fremde Präsenz nistet sich bei ihnen ein und raubt ihnen die ruhige Überlegung und den Verstand.

Portalmagie

Magie erfordert, dass man seine geballte Aufmerksamkeit auf ein Ziel richtet.

Am schnellsten verreist ein Magier, indem er ein magisch erzeugtes Portal benutzt. Portalmagie schafft eine Pforte zwischen zwei Orten, indem sie Ähnlichkeiten zwischen Punkten im Raum herstellt. Dies ist eine der schwierigsten magischen Künste überhaupt, denn sie erfordert, dass der Reisende beide Orte gut kennt; und zwar denjenigen, der er verlässt und den Ort, den er als Ziel gewählt hat.

Wenn ein magisches Portal sich öffnet, flimmert die Luft und schlägt Wellen. Sobald die Energie den Reisenden erfasst, ist ihm zumute, als stiege er in einen Teich. Eben noch hat sich die Oberfläche gekräuselt – und gleich darauf ist er verschwunden. Manche Magier ziehen es vor, sich eine Art ‚Reittier' zu nehmen, einen Pegasus bzw. ein Luftelementar. Das ist zwar deutlich langsamer als Portalmagie, doch es verschafft dem Magier die Fähigkeit, Plätze zu erforschen, die er nicht kennt und erlaubt ihm, auch zu abgeschirmten Orten zu reisen. Der Nachteil ist allerdings, dass er jede Menge Aufmerksamkeit auf sich zieht, wenn er am helllichten Tag durch die Gegend fliegt.

Eine weitere Möglichkeit, magisch zu verreisen, besteht darin, so genannte ‚Portalsteine' zu benutzen. Trotz des Namens müssen es nicht immer Steine sein. Magiekundige stellen geeignete Gegenstände her, die ihnen Zugang zur Portalmagie gewähren. Jeder von ihnen funktioniert für einen bestimmten Ort. Dies ist für manche Magieanwender oft die einzige Möglichkeit der magischen Fortbewegung. Wird ein ‚Portalstein' aktiviert, indem der Magus seinen Willen fokussiert und eine magische Formel rezitiert, beginnt die Luft zu flimmern und eine Art Durchgang zeigt sich, durch den der Reisende hindurch steigt. Eile tut not, denn das Tor schimmert jeweils nur kurz, bevor es wieder verschwindet. Sobald das Portal seinen Zweck erfüllt hat, löst es sich wieder auf.

Die meisten Magier mögen Türme, denn diese gelten in der Welt der Magie als Statussymbol. Viele Magiekundige betreiben Astronomie und benutzen Türme als Aussichtsplattform. Von hohen Standorten aus ist die Sicht weniger begrenzt, außerdem sind die Störeinflüsse der erdnahen Regionen, die elektromagnetischen Ströme, geringer. Daher gelingt Portalmagie von oben leichter. Unfälle aufgrund von misslungenen Ausflügen können besser vermieden werden.

Ein Portal kann auch der Eingang zu einer Höhle sein, der hinter herabfallenden Wassermassen verborgen ist. Das Innere der Höhle ist ein Platz, an dem der Magier der schöpferischen Urkraft so nahe sein kann wie nirgendwo sonst. Es ist gleichsam ein Ort großer Gefahr und höchster Erfüllung, eine Magiespalte, in der jenseitige Kräfte nahe sind und ein Durchgang sich auftut. Mit bestimmten magischen Formeln kann das Tor zu den urzeitlichen Energien geöffnet werden. Portale dieser Art sind meist hinter einem magischen Schleier verborgen, so dass sie für gewöhnliche Augen unsichtbar sind.

Es existieren überraschend viele Portale, die in die Welt der Dämonen und anderer finsterer Mächte führen. Diese Tore werden von mächtigen Magiern, den Wächtern, überwacht und können nur mit Erlaubnis betreten werden.

Element-Magie

Magie beeinflusst die Energien der Natur.

Die meisten Magier verstehen sich auf die Magie der Elemente. Die Vorfahren des heutigen Menschen unterteilten die Materie in die vier grundlegende Elemente: Erde, Luft, Feuer und Wasser, die von einem fünften, dem Äther oder Geist, beherrscht wurden. Alles Existierende, sowohl im Mikrokosmos als auch im Makrokosmos, war durch das Zusammenwirken der vier Elemente entstanden. Jedes Element bestand dem Gesetz der Polarität zufolge aus zwei entgegengesetzten Eigenschaften:

- dem aktiven, aufbauenden Prinzip und
- dem passiven, zersetzenden Prinzip.

Nur durch das Zusammenwirken beider polaren Kräfte, die im Elementarreich wirksam sind, war Leben überhaupt möglich. In früheren Zeiten wachten die Druiden und Schamanen über die Elemente. Erfahrene Magier sahen sich als Herren der vier Elemente und repräsentierten jeden vorstellbaren Gegensatz: Dunkelheit und Licht, Mann und Frau, Gut und Böse usw., denn alles war miteinander verbunden und bildete eine Einheit.

Hinter der Magie der Druiden verbarg sich eine Lehre der Elemente. Alles auf der Welt war für sie eine Zusammensetzung aus Licht und den Elementen. Wer die Zusammensetzung der Dinge kannte, war imstande, sie zu verändern. Ohne das Licht waren die Elemente nicht wirksam; lediglich tote Masse ohne Bewegung. Jeder einzelne Druide war für ein bestimmtes Element zuständig und stand in besonderer Verbindung dazu. Einige konnten z.B. mit dem Regen kommunizieren und diesen hervorrufen, andere mit Flüssen und Quellen.

Mit dem Entstehen der modernen Chemie nahm die Bedeutung der Elemente ab, doch in der Magie und Mystik haben sie weiterhin ihre Gültigkeit bewahrt. Das Wissen um die Wirkungsweise der vier Elemente gehört ebenso wie die Kabbala und die Wissenschaft der Zahlen zu den Einweihungsschlüsseln, die dabei helfen, den inneren Aufbau des Kosmos zu enträtseln und zu verstehen. Die Sprache der Natur ist Mathematik. Hinter den Zahlen existiert ein Muster; d.h. die Zahlen stehen in einem gewissen Verhältnis zueinander. Zwischen Zahlen und Menschen existieren eigenartige Beziehungen.

Den Elementen werden unterschiedliche Eigenschaften zugeordnet:

◻ Das Element Luft zerstreut. Es steht darüber hinaus für Erfahrung.

◉ Das Element Erde absorbiert. Es verkörpert Stärke.

◻ Das Element Wasser reinigt. Es gilt als Leben spendend.

◉ Das Element Feuer vernichtet. Es bedeutet Wandelbarkeit.

Nach Auffassung von Schamanen ist alles in der Welt miteinander verknüpft. Die Naturereignisse auf der Erde geschehen nicht völlig unabhängig vom Einfluss des Menschen. Die natürlichen Prozesse finden zwar auch ohne menschliche Einwirkung statt, doch sobald Leute zugegen sind, werden sie miteinbezogen. Der Austausch geschieht auf der Grundlage menschlicher Gefühle. Die Emotionen – ob positiv oder negativ – verursachen zwar an sich keine Naturphänomene, können sie aber auslösen oder verzögern, verstärken oder abschwächen.

Elementenergien werden von dem Magier hochgeschätzt. Das jeweilige Element versorgt ihn in der Praxis mit Energien. Jeder Magus, der eine Evokation durchführen will, muss zuvor die Elementmagie beherrschen. Er breitet beide Arme aus, um die für sein Vorhaben nötigen Elemente herbeizurufen. Wird die magische Kraft aufgehoben, bedankt er sich im Stillen bei der Natur für ihre Energiegabe, welche er für die magische Anwendung benötigte.

Element-Magie eignet sich gut für die Lösung von Problemen. Die schnellste und sicherste Methode ist immer noch das Feuer. Die meisten Magieanwender können ihre Kräfte darauf verwenden, um vermisste Menschen aufzuspüren. Feuermagier nehmen die Körperwärme wahr, während Luftmagier den Atemhauch spüren. Geistesmagier erahnen die Anwesenheit bzw. die Gedanken eines menschlichen Wesens, ähnlich dem Tast- oder Geschmackssinn. Die meisten Zauber, mit denen jemand aufgespürt wird, erfordern ein gewisses Maß an Zeit. Erleichtert wird die Suche, wenn der Magier etwas in Händen hat, das einmal in engem Kontakt mit der besagten Person gewesen ist, wie z.B. ein getragenes Kleidungsstück.

Bei den in der Magie verwendeten vier Elementen handelt es sich in Wahrheit um die dahinter liegenden elementaren Energien, die sich durch die physisch sichtbaren Elemente ausdrücken. Die äußeren, sichtbaren Erscheinungen sind lediglich Kanäle für die geistigen Kräfte. Die Materie bringt ein ‚Trägheitsmoment' in die beweglichen fluktuierenden Energien ein und verschafft diesen damit die notwendige Festigkeit, um in der grobstofflichen Welt wirksam werden zu können. Durch die elementaren Energien manifestiert sich das kosmische Prinzip in der Materie.

Die Lehre der Elementmagie läuft darauf hinaus, das individuelle Ich-Bewusstsein zu transzendieren und den Lebensfunken im eigenen Innern mit dem ewigen Licht zu vereinen. Die Geister der Elemente verbinden sich gleichfalls mit dem Geist des Magiekundigen. Er versteht nun das Zusammenspiel der Elemente, nimmt Kontakt auf mit dem Geist der Wälder, spricht mit den Winden und zieht Energie aus dem Boden. Jedes der vier Elemente bietet sich für die verschiedensten Anwendungen an. Ein Magier, der Elementmagie praktiziert, transzendiert seinen Körper und sein Ich. Er wird eins mit den Elementen und bemerkt, dass sein Wille sich mit ihnen verbindet. Diese Fähigkeit kann er bspw. zu Heilzwecken oder zur Zerstörung einsetzen.

Element-Magie gibt den Anwendern Macht über die materielle Welt. Sie können ein Naturereignis bewusst verändern, da sie in der Lage sind, Elemente nach ihrem Willen zu lenken, Hexen und Magier nehmen die Wellen der Kraft, die sie umgeben, auf und beeinflussen die Energieströme der Natur. Bei genügender Praxis können sie einen Sturm entfachen, Regen erzeugen und auf Gegenstände einwirken, indem sie diese durch Gedankenkraft fortbewegen oder ganz verschwinden lassen. Luftmagier können das Wetter kontrollieren, während Erdmagier oft im Baugewerbe arbeiten. Eine verriegelte Tür stellt für den Element-Magier kein Hindernis dar; seine Kräfte reichen aus, um jedes Schloss zu öffnen.

Schamanen und Magier sind in der Lage, nach eigenem Gutdünken einen Grashalm wachsen zu lassen oder einen Zweig zum Verdorren zu bringen. Wenn sie die Hand zur Faust ballen, sich konzentrieren und die Hand langsam öffnen, erscheint auf ihrer Handfläche eine kleine Flamme, die sie beliebig vergrößern können. Sie sind imstande, bei einem Gegner heftige körperliche Schmerzen zu erzeugen oder einen üblen Hautausschlag zu verursachen. Darüber hinaus kennen sie Bann- und Heilssprüche, d.h. Elemente können dazu benutzt werden, um über eine Person einen Bann zu verhängen oder sie von einer Krankheit zu heilen.

Rituale und Zauber geben dem beabsichtigten Willen des Praktizierenden eine Form. Wirkt jemand einen Zauber, befindet er sich in der Regel in einem tranceartigen Zustand. Jede Berührung sollte in diesem Zustand unterbleiben.

Luftmagie

Ein Luftmagier kann die Vibrationen der Luft erspüren, den Wind fühlen, Luftströmungen kontrollieren und auch heftige Windböen verursachten. Eine Luftgabe ermöglicht es dem Magier, das Wetter nach Belieben zu beeinflussen. Er kann Regen, Schnee, Unwetter und Blitze willkürlich herbeirufen. Seltsame Wetterkapriolen und auch Todesfälle durch Blitzschlag können unter Umständen magische Ursachen haben. Selbst dichter Nebel kann mit einer Woge Luftmagie aufgelöst werden.

Viele Magieanwender besitzen neben heilenden Gaben auch seherische Fähigkeiten, was angesichts der Tatsache, dass sie Vibrationen in der Luft verstärkt wahrnehmen, nicht überraschend ist. Luftmagie kann sowohl zum Heilen als auch zum Verderben eingesetzt werden. Bei einem Heilvorgang ziehen Behandler die benötigte Energie aus der sie umgebenden Luft und konzentrieren sie in ihren Händen, um sie anschließend auf den Kranken zu übertragen. Eine Heilung bewirkt, dass bei Verletzungen die Moleküle wieder miteinander verbunden werden. Der Einsatz von Luftmagie zu Heilzwecken verläuft nicht ohne Komplikationen, denn der geheilte Körper muss sich anpassen und verarbeiten, dass er nicht mehr verletzt ist.

Mit dem Einatmen der Luft und dem Trinken von Wasser in einem bestimmten Gebiet können Wesensveränderungen einhergehen. Der Ort, an dem sich das Individuum gerade aufhält, ist dabei von Belang. Die atmosphärischen Einflüsse der Umgebung, die durch die Gewohnheiten vieler Menschen entstehen, können bei sensiblem Naturen Nervosität, Übelkeit und Schweißausbrüche hervorrufen, sobald sich die Schwingungen im unteren Bereich befinden.

Um einen Menschen aufzuspüren, kann ein Luftmagier mit seinen geschärften Sinnen der Lebensenergie einer bestimmten Person folgen. Falls sein Gespür fein genug ist, wird es ihn unweigerlich die Richtung weisen, die ihn ans Ziel führt.

Kälte ist ein Hindernis beim Einsatz magischer Kräfte. Auch im Dunkeln funktioniert die Kraft nicht, denn es sind Lichtquanten, welche die Luftmoleküle bewegen, sobald ein Gegenstand mental verschoben wird. Um telekinetische Operationen durchzuführen, ist zudem Sichtkontakt notwendig. Luftmagier sind zwar gut darin, selbst kleinste Bewegungen zu erspüren, haben jedoch keinerlei Gabe im Hinblick auf feste Gegenstände.

Ein geübter Luftmagier ist in der Lage, Wind aufkommen zu lassen, ihn abzuschwächen oder seine Richtung zu verändern. Der Wind trägt jedes Geräusch in die Ferne, wo es von fremden Ohren vernommen werden kann. Selbst Tornados sprechen sehr empfindlich auf Gedanken und Emotionen an, behauptet S. Kahili-King (S.161f.). Verfügt ein Magier über sehr viel Kraft, kann er einen kleinen Tornado gegen seine Feinde entfesseln. Überdies sind Luftmagier imstande, Schläge durch die Luft auszuteilen. Während eines Kampfes hebt der Magier seine Arme und stößt sie heftig nach vorn. Dabei verpasst er seinem Gegner in Gedanken einen heftigen Stoß. Die ausgesandte Kraft kann sich anfühlen wie ein Ball, der den Widersacher hart trifft oder wie tausend Nadelstiche, die in seinen Körper eindringen.

Dunkle Magier sind nicht nur fähig, Gegner mit Sturmwind anzugreifen, sondern können sogar den Erstickungstod eines Opfers herbeizuführen, indem sie ihm die Luft zum Atmen entziehen. Doch ein Magier ist gerade dann am schwächsten, wenn er seine Kräfte gegen einen anderen Magier wendet. Damit wird er selbst angreifbar und muss besonders auf der Hut sein, denn die magische Kraft, im Kampf eingesetzt, kann von einem geschulten Gegner aufgefangen werden und sich gegen den Angreifer richten. Der Kontrahent wird somit nicht geschwächt, sondern im Gegenteil gestärkt, sofern er es richtig anzufangen weiß.

Wassermagie

Wasser gilt als das ‚Blut der Erde'. Ein Magieanwender, der Wasser herbeirufen will, nimmt die um ihn herum pulsierende Energie in sich auf und benutzt sie für seine Zwecke. Als ersten Schritt lernt der Wassermagier, den Regen zu rufen, wobei er mit dem ‚Geist' des Regens eins wird. Indem er seine Willenskraft auf einem einzigen Gedanken konzentriert, wird er bald die ersten Tropfen fallen sehen. Er kann bewirken, dass Regenströme trockenes Land befruchten. Auch kann er kühle Flüssigkeit bei Bedarf in heiße Brühe verwandeln.

Wasser, in ein Gefäß gegossen, ist geeignet für einen Kommunikationszauber. Die Flüssigkeit absorbiert magische Energien und erfüllt damit ihren Zweck. Falls der Wassermagier über entsprechende Talente verfügt, erscheint binnen weniger Momente im Wasserspiegel das Gesicht des Angerufenen, mit dem nun Informationen ausgetauscht werden können. Rosenwasser ist für diese Aufgabe besonders gut geeignet. Auch im verwesten Zustand wird Wasser besonders effektiv manipuliert.

Mit ausreichender Konzentration und Kraft kann ein Magieanwender sogar eine Teilung von Wassermassen bewirken. Wenn es hart auf hart kommt, kann Wassermagie einen Gegner in vernichten. Fällt ein Magieanwender ins feuchte Element und erhält zu allem Unglück gleichzeitig einen Stromschlag, verliert er all seine Kräfte.

Magiekundige, die das Element Wasser beherrschen, neigen zu künstlerischer Betätigung, indem sie bspw. Eisskulpturen erschaffen. Auch mit dem Feuer geht eine kreative Tätigkeit einher, indem die Hitze des Elements dazu verwendet wird, Keramik oder andere Dinge zu formen.

Erdmagie

Während Geistwesen dem feurigen Element zugeordnet werden, gehören Menschen dem Erdelement an. Indigene Völker sehen die Erde als heilig an. Sie gilt sowohl als das Land der Toten als auch als Quelle des Lebens. Die Erde trägt sämtliche Elemente in sich. Jedes Element, jede Farbe und jeder Ton kann aus den Schichten der Erde projiziert werden (vgl.: B.O. Hodapp, S. 128). Das Erdreich saugt – ebenso wie die Luft – negative Energien auf und speichert sie. Erdmagier sind in der Lage, innere Festigkeit und Stärke aus den Tiefen der Erde zu ziehen und damit ihre körperliche Widerstandskraft zu erhöhen.

Ein Magieanwender hat das Talent, dem Element, mit dem er arbeitet, zu lauschen, in welcher Form es auch immer auftritt. Große Magier sind empfindsam genug, um die Stimme der Erde zu hören. Ein dumpfes, rhythmisches Pochen ist aus dem Erdinneren zu vernehmen. Es ist ein tiefer, urtümlicher Laut, der schon existiert hat, ehe es Menschen gab. Jemand, der sich mit diesem Rhythmus im Geiste verbindet und ihn wie seinen eigenen Herzschlag spürt, ist in der Lage, die Kraft der Erde zu nutzen. Die Stimme der Erde gilt als vertrauenswürdig, zumindest solange, wie der Magier sie tatsächlich hört und keinem Hirngespinst seine Aufmerksamkeit leiht.

Vor allem in Zeiten großer Erregung kommt es Magiekundigen so vor, als schlüge in der Erde ein gewaltiges Herz, dessen Pochen sie deutlich spüren. Sie gewinnen den Eindruck, als pulsierten auch die Steine ringsum fast wie ein Herzschlag. Die Erde unter ihren Füßen scheint sich zu bewegen. Menschliche Gedanken stehen mit der Erde in Beziehung. Erdbeben, so wird behauptet, hängen unmittelbar mit gesellschaftlichem Druck zusammen. Sobald in einem Erdbebengebiet der soziale Druck extrem hoch ist, kann jede plötzliche Veränderung im Zusammenleben, von der viele Menschen betroffen sind, ein Erdbeben auslösen.

Die Magier früherer Zeiten wussten, dass alles, ob belebt oder unbelebt, ein Bewusstsein und eine Seele besitzt. Die alten Magier waren fähig, die Erde anzurufen, um große Taten zu vollbringen. Die Erde war für sie das größte und mächtigste Wesen, auch wenn sie ihnen seltsam fremd erschien. Manche legten ihre Menschlichkeit ab und verbanden sich ganz und gar mit der Erde, indem sie in einen Stein hinein traten und mit diesem verschmolzen.

Erdmagie ist im Stein besonders ausgeprägt. Ein Stein ist in gewisser Weise lebendig; seine äußere Gestalt verkörpert lediglich das Energiemuster, das ihm innewohnt. Ein Steinmagier spürt die Vibration der Steine, sobald er sie berührt. Er kann, indem er mit der Hand eine Wand entlang tastet, die Schwingungen der darin verarbeiteten Steine wahrnehmen. Da auch menschliche Gefühle und Handlungen sich mit der Zeit ihrer Umgebung einprägen, können die Vibrationen an einem bestimmten Ort einiges verraten. Das reicht vom Temperament einer Person, die ein Haus bewohnt, bis zu der Frage, ob in den vier Wänden in der Vergangenheit eine Gewalttat stattgefunden hat.

Ist das Stein-Element in großen Mengen vorhanden, hallt der Klang, den die Steine erzeugen, im Kopf des Erdmagiers wider. Der Untergrund, auf dem er steht, vermittelt ihm ein Gefühl von Macht, die er einsetzen kann, indem er sich auf die Vibrationen konzentriert. Mit Erdmagie kann ein fortgeschrittener Magier auf festes Gestein einwirken und – falls er über sehr viel Kraft verfügt – jemandem durch herabfallende Ziegel das Lebenslicht ausblasen und sogar Gebäude zum Einsturz bringen. Etliche Magieanwender sind fähig, Erdbeben auszulösen und Wassermassen zu dirigieren. Schwarzmagier richten spitze Kristalle wie Wurfgeschosse auf einen Feind, um ihn zu zerstören. In der Regel wissen sie selbst nicht genau, was genau passieren wird. Doch wenn ihre Willenskraft groß genug ist, können sie sicher sein, dass dem Feind etwas zustößt. Er hat entweder einen Unfall, eine schwere Krankheit sucht ihn heim oder er wird bei einem Überfall getötet.

Die Errichtung der Pyramiden und anderer kolossaler Bauwerke des Altertums geben der Wissenschaft bis zum heutigen Tage Rätsel auf. Für den Magiekundigen sind diese Rätsel erklärbar, denn seiner Auffassung nach waren die Menschen frühere Zeitepochen in geheime Naturkräfte eingeweiht. Sie konnten das Gewicht eines tonnenschweren Objekts reduzieren oder sogar völlig aufheben. Dabei kamen Tonfrequenzen zum Einsatz. Auch in der Gegenwart lässt sich durch das Zusammenwirken von Ton und Gebärde oder unter Anwendung von Runenmagie das Gewicht von Objekten deutlich verringern.

Steinmagier sind imstande, ihre Haut hart wie Stein werden zu lassen und dadurch unangreifbar werden. Die aufsteigende Luft können sie nach außen dirigieren, auf ihre Haut, die Haare und Augen, bis sie hart und unnachgiebig werden wie der Kies, auf dem sie stehen.

Magier, die imstande sind, Elemente zu kontrollieren und zu beeinflussen, können auch über Elektrizität und Metall Kontrolle ausüben. Silber nimmt jede Art von Energie auf. Häufig wird es benutzt, um kleine Teile von Magie zu speichern. Silber wirkt so ähnlich wie eine Batterie, die aufgeladen wird, um zu einem späteren Zeitpunkt angezapft zu werden. Auch Kristalle lassen sich sehr gut mit Energie aufladen, die sie anschließend über einen längeren Zeitraum abstrahlen. Manche Kristalle besitzen elektrische Eigenschaften; sie sind daher besonders zur Übertragung elektrischer Energie geeignet, von der ein

Teil in Wärme und Magnetismus umgewandelt wird. Kristalle können Energie absorbieren, reflektieren, ausstrahlen und in andere Energieformen umwandeln. Bergkristall (= Siliziumdioxid) wird häufig für Solarzellen verwendet, in denen Licht auf direkte Weise in Energie verwandelt wird.

Beim Anwender löst Kristallenergie unter Umständen Stresssymptome aus. Diese ähneln den bekannten Symptomen, die auf starke Belastung oder Anspannung zurückzuführen sind. In derartigen Fällen wirkt eine Massage oder warme Dusche der Stressreaktion entgegen.

Feuermagie

Ein Feuermagier hält jeder Kälte stand, denn die Kraft erwärmt ihn von innen heraus. Eines der Dinge, die Magier lernen, ist das Erhitzen der Elemente. Ein Magiekundiger, der sich auf das Feuerelement spezialisiert hat, bringt seine Fingerspitzen zum Glühen und lässt kleine Flammen aus seinen Handflächen hervor schießen. Die Empfindung von Hitze in den Adern umfängt ihn und durchläuft jede Zelle seines Körpers. Magier, die das Feuerelement beherrschen, können sich in kalten Nächten warm halten oder jemanden, der sich mit ihnen anlegt, mit einem Flammenstoß auf Abstand bringen.

Das Glühen lässt der aktive Magier von seinem Herzen aus durch seinen Körper strömen. Es gilt der Grundsatz: *Magische Kraft strömt aus dem Herzen.* Die Energie wird von der Herzgegend hin zur Schulter geleitet und reicht über die Arme bis zu den Fingerkuppen. Die Kraft durchzieht den gesamten Körper, pulsiert in den Adern und belebt jede Zelle.

Ein geschulter Magieanwender ist imstande, eine Kugel aus reiner Energie zu erzeugen. Zuerst ist da nur ein Funke zwischen Zeigefinger und Daumen, der über die Finger wie ein Irrlicht tanzt. Eine Flamme schlängelt sich um die Hand und wächst zu enormer Größe heran. Wenn der Funke zu einem Ball herangewachsen ist, beginnt er, hell zu strahlen und bildet eine Kugel, die den Raum erhellt. Wird die Kugel auf eine gegnerische Person geworfen, fühlt diese sich wie ,vom Blitz getroffen'.

Um ein Feuer löschen zu können, muss der Magieanwender erst einmal lernen, eines zu entfachen. Bei der Übung, ein Feuer zu entzünden, konzentriert er sich auf die Beschaffenheit und das Wesen einer Flamme. Anfangs stellt er sich nur das Wesen eines nicht entzündeten Feuers vor, dann visualisiert er eine kleine Flamme, die zunehmend größer wird.

Übung: Feuer entfachen

▶ Um ein Feuer zu entfachen, visualisiert der Anwender ein lebendiges Rohr, das sowohl Energie aufnehmen als auch kanalisieren kann.

▶ Entspannt steht er breitbeinig da und achtet auf seinen Herzschlag. Die rechte Hand hält er an den Körper, die Handfläche nach vorn gedreht und die Finger gespreizt.

▶ Er spürt die Energie in seinem Körper und nimmt gleichfalls die Energie im Raum wahr.

▶ Mit geschlossenen Augen stellt er sich vor, wie die Holzscheite im Ofen zu rauchen beginnen und das Holz sich mehr und mehr entzündet.

▶ Dann hebt er den Arm, ballt die Hand zur Faust und formuliert in Gedanken den Befehl: Los! Sein Geist ist auf den Rauch konzentriert.

▶ Er lässt den Arm sinken und wiederholt die Bewegung, bis sich das Holz entzündet und eine Flamme sichtbar wird.

Ein Feuermagier kennt verschiedene Arten von Feuer. Mit dem ,heißen Feuer' oder dem ,Feuer durch Reibung' ist das ursprüngliche Feuer gemeint. Doch es gibt auch das ,feine Feuer', das in jedem Menschen brennt; sein ,Seelenfeuer'. Die magischen Feuerkräfte stammen aus diesem feinen Feuer; es ist dasjenige, was dem Feuermagier zur geistigen Macht über die Dinge verhilft. Ein Feuermagier ist fähig, die Kraft in seinem Innern auf dasjenige zu konzentrieren, was er erreichen will. Doch es gilt, das Seelenfeuer zu beherrschen, sonst wird man sein Sklave.

Der Magier muss lernen, die Feuerkraft mit Bedacht und Verantwortung einzusetzen, da er andernfalls großen Schaden damit anrichtet. Hat ein Magier eine Feuergabe, ist er imstande, Gegenständen und auch Menschen durch Feuer großen Schaden zuzufügen, indem er sie in Brand setzt. Es gibt Zauber, die einen Menschen in Flammen aufgehen lassen oder von innen heraus in Eis verwandeln können. Ein Feuermagier, der über sehr viel Kraft verfügt, ist fähig, einen glühenden Strahl auszusenden, scharf wie ein Rasiermesser. Damit kann er eine Person in Brand setzen und ihren Körper einäschern. Er kann sogar einen ganzen Raum, in dem sich Feinde von ihm aufhalten, in Flammen aufgehen lassen.

Feuermagier können Hitze in ihren Adern und in ihrem restlichen Körper beschwören. Gerät dies außer Kontrolle – z.B. infolge innerer Hitzewallungen, hervorgerufen durch intensive Gefühle – kann es zu Unfällen kommen, bei denen die Feuermagie sich verselbständigt. Innere Verbrennungen deuten auf magische Feuerkräfte hin. Etwas ist aus den Fugen geraten. Es gibt merkwürdige Unfälle, bei denen Menschen sich von innen heraus entzünden. Durch den gesamten Körper ziehen sich Verbrennungen bis hin zu den Knochen, die ebenfalls von dem mysteriösen Feuer betroffen sind. Unter der Haut befindet sich verkohltes Muskelgewebe. Dieser Vorgang widerspricht allen bekannten Naturgesetzen und ist ein Zeichen für magischen Einfluss.

Dunkle Magier sind imstande, einen feurigen Ball zu erschaffen und damit ihre Gegner zu attackieren. Diese werden von magisch erzeugten Flammen eingeschlossen und verbrennen elendiglich, sofern sie nicht über genügend Kraft verfügen, um der glühenden Hitze etwas entgegenzusetzen.

Für Nicht-Eingeweihte ist die Anwendung der Feuermagie unsichtbar. Der Schleier der Unsichtbarkeit ist ein Schutzschild, der es für Außenstehende unmöglicht macht, zu erkennen, wann ein Magier seine Kräfte einsetzt. Ein Feuermagier gebietet über jedes Feuer, unabhängig davon, ob es sich um echte oder magische Flammen handelt. Wenn er es befiehlt, verwandeln sich lodernde Flammen in Rauch. Indem der Magier das Element Feuer kontrolliert, kann er unversehrt durch ein brennendes Gebäude laufen. Doch er läuft Gefahr, von innen heraus zu Asche zu verbrennen, wenn er die Kräfte nicht ausreichend kontrolliert. Kalte Temperaturen, Gedanken an Eis und Schnee und das Eintauchen der Finger in ein kühles Wasserbad helfen ihm dabei, die Temperaturen zu senken.

Etliche Magieanwender sind fähig, eine Lichtkugel heraufzubeschwören, um die Dunkelheit zu erhellen. Oder sie senden aus der gestreckten Hand einen Feuerstrahl nach außen, der so stark ist, dass er ein Loch in die gegenüberliegende Wand brennen kann. In Erregungszuständen sind sie imstande, einen Abdruck auf der Haut, ein Brandmal, beim anderen zu hinterlassen.

Feuermagier müssen frühzeitig lernen, die Hitze, die in ihren Adern pulsiert, zu zähmen. Die meisten Leute können nur mit einem gewissen Maß an magischer Energie in ihrem Körper umgehen. Bei einem energetischen Übermaß besteht die Gefahr, dass der Herzschlag aussetzt und die Körperfunktionen zum Erliegen kommen. Um einem solchen Fall vorzubeugen, müssen Feuermagier frühzeitig etwas unternehmen, um die überschüssige Energie abzuleiten.

Mitunter ist es nicht einfach, diese beklemmende, das Feuer nährende Kraft wieder abzustellen. Die Handflächen heizen sich manchmal ungewollt auf; Funken breiten sich, vom Herzen ausgehend, im gesamten Körper aus. Heiße Luft umhüllt den Magier. Ehe er sich's versieht, geht eine Tischdecke oder eine Gardine in Flammen auf. Es steht zu vermuten, dass manche Brände von Feuermagiern ausgelöst werden, welche die Flammen zwar rufen, aber nicht ausreichend kontrollieren können.

Ist die magische Kraft voll entfaltet, sind auch ernstzunehmende Unfälle möglich. Brände können ein Ausdruck menschlicher Gefühle sein. Die Flammen schöpfen ihre Energie aus starken Emotionen, aus Wut, Schmerz und Trauer. Bei extremen Belastungen und heftigen Gefühlsausbrüchen kann es geschehen, dass die feurige Energie sich verselbständigt und der Magier sich und andere in Gefahr bringt. Das Feuer schießt unkontrolliert aus dem Herzen bis in die Schulter und in die Fingerspitzen. Im Extremfall gerät der Magier selbst in Lebensgefahr, da das Feuer ihn von innen heraus verbrennt. Das Löschen eines Feuers hat auf jene Gedanken und Emotionen, die es nähren, beruhigende Auswirkungen.

Doch in Zuständen höchster Erregung kann die Kontrolle verloren gehen; Flammen werden ohne direkte Absicht erzeugt und fügen dem Magier selbst oder den Umstehenden empfindlichen Schaden zu. Sofern ein Magieanwender sehr viel Hass und Wut in sich trägt, wird dies zu einer ernsten Gefahr. Falls er sich immer mehr in den Zorn hineinsteigert, kann er womöglich selbst in Flammen aufgehen. Ein Luftmagier würde im ähnlichen Fall einen Sturm erzeugen; ein Erdmagier ein Erdbeben verursachen und ein Wassermagier eine Überschwemmung hervorrufen.

Ein magischer Heiler ist bei jedem intensiven Kontakt auch den feurigen Energien seines Gegenübers ausgesetzt, besonders dann, wenn das Seelenfeuer sehr hell lodert. Die Hitze rast wie ein Flächenbrand durch die magische Verbindung. Magiekundige können sich dagegen wehren, indem sie eine Vakuumsphäre erschaffen und sich, solange die Attacke dauert, darin verschanzen.

Erfahrene Magier wissen, dass Feuer ein Tor ist, das sie in jenseitige Bereiche führen kann. Feuer symbolisiert die Grenze zwischen der materiellen und der ätherischen Welt. Durch die Flamme kommt er somit leichter mit der unsichtbaren Welt in Verbindung. Mithilfe visueller Vorstellungen kann eine Flamme zu einer Lichtschranke werden, die unreine Elemente zurückhält. *Dort wo Licht ist, weicht die Finsternis zurück.*

Einige Yoga-Praktiken zielen darauf ab, sich dem ‚Geist des Feuers' anzunähern. Tag für Tag sitzt der Yogi vor den Flammen, bis er einen solchen Zustand der Furchtlosigkeit erreicht hat, dass er das Feuer berühren und hindurch schreiten kann, ohne Schaden zu nehmen. Manche Yogis verfügen den Gerüchten zufolge über genügend Macht, um sogar die Zeit zurückzudrehen.

Ein Feuermagier muss wissen, wie man das Feuer kontrolliert, damit es keinen Schaden anrichtet. Er darf nicht riskieren, die falsche Art von Feuer zu beschwören und andere leichfertig zu verletzen. Magie ist keine Spielerei, auch wenn es interessant sein mag, sie zu benutzen. Das gilt für Feuermagier ganz besonders.

Blitzmagie

Etliche Magieanwender verstehen sich darauf, künstlich Blitze zu erzeugen. Sie strecken die Hände aus und stellen sich dabei vor, wie sie die elektrische Ladung ihrer Umgebung bündeln. Falls sie fähig sind, ihre Energie ausreichend zu konzentrieren, können sie einen Blitz von enormer Stärke auf ein Ziel abfeuern, das sie zuvor wie mit einem unsichtbaren Laserstrahl angepeilt haben. Mit nur einer Bewegung der Hand schicken sie einen weiß leuchtenden Blitzstrahl in Richtung eines Angreifers. Aus den Fingerspitzen zucken weiße Blitze; gezackte weiße Strahlen schießen aus den Handflächen, die dem Gegner einen Stromsstoß versetzen, der mitunter tödlich ist. Dagegen kann nur ein Käfig aus Metall Schutz bieten.

Erfahrene Magier fokussieren sich auf eine Lichtkugel zwischen ihren Händen, um die geballte elektrische Ladung unter Kontrolle zu halten, bis sie diese auf das von ihnen ausersehende Ziel schleudern. Sobald sie die Hand ausstrecken und eine Kugel aus weißen Blitzen visualisieren, entsteht diese auf ihrer Handfläche, leuchtend und knisternd, als wäre sie ein lebendiges Wesen. Sie können den Ball aus Blitzen in ihrer Hand wie eine Waffe benutzen, indem sie ihn als Wurfgeschoss auf ihre Feinde schleudern.

Es gibt Magier, denen es gelingt, ein Elementarwesen zu bannen und in ihre Dienste zu zwingen. Handeln es sich dabei um ein so genanntes *Blitzelementar*, kämpft und tötet dieses mit schwarzer Energie, die blitzähnliche Formen annimmt.

Bei Auseinandersetzungen kann ein Hellsichtiger leuchtende Blitze in den Augen der Kämpfenden flackern sehen. Gerät ein Magier in unbändigen Zorn, ist es, als flammte Höllenfeuer in seinen Augen auf und die Iris verfärbt sich rot. Seine Hände umgibt ein Glühen, das sich während des Kampfes in magische Flammen verwandelt, die über die Haut züngeln. In kurzer Zeit kann sich das Feuer zu einem weiß funkelnden Ball aus magischer Energie entwickeln, die wie ein Leuchtfeuer zwischen den Fingern brennt. Auf dem Höhepunkt des Kampfes ist der Magier von einem glühenden Lichtkranz umgeben. In diesem Zustand kann er heftige Explosionen verursachen.

Etliche Magiekundige verführen ihre Kenntnisse dazu, gefährliche Risiken einzugehen in dem Glauben, sie seien unverletzlich. Sie werden unvorsichtig, indem sie unbedacht ihre magischen Kenntnisse bei jeder sich bietenden Gelegenheit anwenden und sich dadurch angreifbar machen. Es ist weitaus schwieriger, die Wirkung von Magie rückgängig zu machen, als sie zu aktivieren.

Falls Magieanwender ihre Wünsche nicht mit Geld durchsetzen können, greifen sie nicht selten auf ihre magischen Kenntnisse zurück, oft mit verheerenden Folgen. Wird die magische Kraft zu häufig eingesetzt, brennt der Anwender innerlich aus oder er wird durch Elementmagie in den Wahnsinn getrieben. Auf manche wirkt Magie wie ein Rausch; sie werden abhängig von ihren magischen Kräften. Dabei sind sie gefährlicher als Junkies, da bei Kontrollverlust immer noch die elementare Kraft durch ihre Adern fließt und große Zerstörungen anrichten kann.

Magie fordert immer ihren Tribut. Im Nachhinein fühlen sich die Magieanwender erschöpft und geschwächt, was ein Grund dafür ist, weshalb viele ihre Kräfte nur sehr vorsichtig einsetzen. Zudem lässt Magie niemanden unbesiegbar werden. Konventionelle Gefahren, wie z.B. Autounfälle, schaden einem Magiekundigen ebenso wie allen anderen auch. Zudem reicht die magische Kraft nicht aus, wenn Schusswaffen zum Einsatz kommen. Selbst mächtige Magier sind verletzlich, sobald sie mit konventionellen Waffen angegriffen werden.

Eismagie

Ein Eismagier ist in der Lage, im Nu seine ganze Umgebung mit Raureif zu überziehen. Er ist imstande, das feuchte Element gefrieren zu lassen und sogar in eine beliebige Form zu bringen. Mit Eismagie können Eiswürfel und andere Gegenstände aus Eis erschaffen werden. Einige aktive Magier können die Gesetze der Thermodynamik manipulieren und ein Tasse warmen Tees mit Eis überziehen.

Ein Eismagier ist fähig, im Nu alles mit Raureif zu überziehen. Eiskristalle wachsen auf der Haut eines Opfers; Kälte kriecht in Windeseile an den Füßen hinauf und überzieht nach kurzer Zeit den gesamten Körper mit einer dicken glasigen Schicht, die ihn zu einer Statue erstarren lässt.

Eismagier, die sich bedroht fühlen sind imstande, binnen kurzer Zeit eine Mauer aus Eis zu manifestieren, um damit bspw. Eingänge zu versiegeln. Im Kampf erzeugen sie kristallene Klingen, mit denen sie schmerzhafte Hiebe austeilen können. Während Blitze schleudern zum Talent eines Feuermagiers gehört, können Eismagier den Gegner zum Erstarren bringen. Sie sind fähig, einen Lähmungszauber zu verhängen, der den Kontrahenten bewegungsunfähig macht, oder eine tödliche Kälte erzeugen, die den Körper einfriert. Eiskristalle wachsen auf der Haut des Opfers; Kälte kriecht in Windeseile an seinen Füßen hinauf und überzieht den gesamten Körper mit einer dicken glasigen Schicht, die ihn zu einer Statue erstarren lässt.

Eis und Kälte, symbolisiert durch die Farbe Weiß, steht für Totenenergie. Winterkälte bedeutet Absterben und Tod. Nekromanten, die sich mit Totenbeschwörung befassen, benutzen daher vorwiegend Eismagie.

Es gibt einen Zeitpunkt, an dem erfahrene Magier soviel magische Energie angesammelt haben, dass ihre Macht über rein magische Fähigkeiten hinausgeht. Irgendwann nimmt die Kraft physikalische Formen an und kann in jeder erdenklichen Weise verwendet werden. Und sobald drei Magier zusammen arbeiten und ihre Kräfte vereinen, bilden sie ein so genanntes *Triumvirat*, eine mächtige Formation, die weitreichende magische Wirkungen erzielen kann. Werden Energien gebündelt, wird ihre Kraft um ein Vielfaches potenziert. Ein *Triumvirat* lenkt die Energien, die es ausströmt, gezielt in eine Richtung und setzt sie erfolgreich, ihren Absichten entsprechend, ein.

Kampfmagie

Der entscheidende Kampf wird nicht auf der Straße ausgetragen, sondern im Verstand, im Gehirn. Er wird um die Seelen der Menschen geführt.

Die Beziehungen zwischen Leuten mit magischem Potenzial sind oft spannungsgeladen. Die Möglichkeit, die eine solche Macht mit sich bringt, kann immer Fluch und Segen zugleich sein. Um Magier zu bekämpfen, braucht es andere Magiekundige, denn ein gewöhnlicher Mensch hat kaum eine Chance gegen sie.

Die mächtigste Waffe, über die ein Magier verfügt, ist sein Verstand, denn Magie hat keine Bedeutung, wenn man sie nicht auf die richtige Weise nutzen kann. Ein erfahrener Magier durchschaut von vornherein jeden Zug seines Gegners, noch während dieser ihn plant. Er überwacht dessen Gedanken und dringt sogar in seine Träume ein. Wenn ihm dies gelingt, macht er sich selbst unangreifbar. Doch viele Magiekundige neigen dazu, sich zu sehr auf ihre magischen Fähigkeiten zu verlassen und werden unvorsichtig.

Die Fähigkeit, Kräfte an sich zu binden und zu formen, erfordert stetige Übung. Ein Magier, der seine geballte Kraft in seine Hand leitet und mit dem Finger auf jemanden zeigt, kann seinen üblen Einfluss verstärkt geltend machen. Bei der Beeinflussung eines Gegners wird dieser entweder mit destruktiver Energie angegriffen oder der Magiekundige zapft ihm Energie ab und entkräftet ihn dadurch. Bei Auseinandersetzungen muss sich ein Magieanwender vor allem auf sich selbst verlassen können; bestenfalls hat er Mitstreiter, die ihn unterstützen.

Einfache, schlichte Kämpfe werden von geschulten Magiern gemieden. Die meisten Magier verwenden bei Auseinandersetzungen keine Schusswaffen, da sie diese Art von Auseinandersetzung für minderwertig halten. Sie wollen partout auf außergewöhnliche Weise siegen und den Gegner demütigen, wo es irgend geht. Manche Konfrontationen ziehen sich endlos wie eine Schachpartie dahin.

Mit Zaubersprüchen kann sogar eine Schusswaffe unschädlich gemacht werden, falls genügend Zeit zur Verfügung steht. Doch gegen plötzliche Überraschungsangriffe ist auch ein erfahrener Magier nicht gefeit. Unter Magiekundigen existiert ein Kodex für Duelle, der besagt, dass ein Herausforderer seinem Gegner eine ernsthafte Mahnung zukommen lassen muss, bevor er zur Tat schreitet.

Magier, die ein Duell austragen, verwenden die meiste Energie darauf, den Gegner von einem richtigen Treffer abzuhalten. Sie vermeiden, wenn irgend möglich, einen Nahkampf, denn sie verlassen sich vor allem auf ihr magisches Können. Es kommt nicht oft vor, das ein kämpfender Magier den Gegner mit aller Kraft trifft, doch wenn das geschieht, endet es meist tödlich.

Versierte Magier können in Gefahr oder auf der Flucht einen künstlichen Nebel erzeugen und sich damit tarnen. Von einem Moment zum anderen sind sie nicht mehr zu erkennen. Rivalen, die leicht in eine Falle tappen, da es ihnen an Voraussicht mangelt, leben meist nicht sehr lange. Hellseher sind dagegen in der Lage, einen Hinterhalt frühzeitig zu erkennen, um gegebenenfalls das Weite zu suchen, ehe es zu spät ist.

Wenn es hart auf hart kommt, setzt ein Magier Kampfmagie ein, wobei jedes Element für

▶ Mit Erdmagie kann ein fortgeschrittener Magier auf festes Gestein einwirken und jemandem durch herabfallendes Erdreich das Lebenslicht ausblasen. Er kann, falls er über genügend Kraft verfügt, sogar Gebäude zum Einsturz bringen.

eine spezielle Form des Angriffs und der Verteidigung genutzt wird:

▶ Ein Luftmagier kann Regen, Schnee, Unwetter und Blitze willkürlich herbeirufen. Seltsame Wetterkapriolen und auch Todesfälle durch Blitzschlag können von ihm verursacht werden.

▶ Ein Wassermagier kann jemanden ertränken oder ihn in seine Einzelteile zerlegen.

▶ Eismagier sind in der Lage, sich mit einer Art kristallenem Schild zu umgeben, während kristallene Wurfgeschosse aus Eis dem Gegner ernsthafte Verletzungen zufügen. Oder sie überziehen den Gegner mit Frost und lassen das Blut in seinen Adern gefrieren.

▶ Ein Lebensmager vermag ein Herz mit nur einer Berührung anzuhalten.

Die Technik des *Freeze* bedeutet ein Einfrieren der Zeit. Jede Bewegung stoppt wie auf Kommando; Personen bleiben wie angewurzelt stehen, auch in den absurdesten Stellungen. Dies dauert solange, bis das *Freeze* aufgehoben wird. Danach geht alles seinen normalen Gang weiter, als wäre nichts geschehen.

▶ Ein Feuermagier kann aus seinen Händen eine Stichflamme gegen Angreifer schießen. Er ist imstande, einen Feuerstoß zu entsenden, der heiß genug ist, um Metall zum Schmelzen zu bringen. Hochrangige Magier sind fähig, einen Körper vollständig einzuäschern. Sie können einen Gegner verbrennen, so dass nichts als ein Häufchen Asche von ihm übrig bleibt. Oder sie töten ihn mit einem Blitz.

Trifft ein Feuermagier auf einen gleichstarken Gegner, wird die Angelegenheit brenzlig. Ist dieser in der Lage, sich gut zu schützen, ist er nicht so leicht zu besiegen. Er rollt sich aus den Flammen heraus und geht zum Gegenangriff über. Ein Kontrahent, der Abwehrtechniken beherrscht, beschwört einen Schild zwischen sich und den Flammen. Eine Wand aus Glut schützt ihn vor dem Angriff. Oder er erzeugt einen roten Feuerball zwischen seinen Handflächen und schleudert ihn auf den Angreifer. Feuerbälle und Blitze fliegen zwischen den Kämpfenden hin und her. Die entfachte Wut verstärkt den Zauber auf beiden Seiten. Das geht solange, bis einer der Gegner unterliegt oder beide zu erschöpft sind, um den Kampf fortzuführen.

Ein Feuermagier ist fähig, Häuser bis auf die Grundmauern niederzubrennen und Feinde einzuäschern. Er kann eine Feuerwand erzeugen, durch die Flammen hindurchgehen und der Hitze standhalten, oder Flammen, die vor ihm auflodern, zurückstoßen. Manche sind imstande, mit magischer Kraft in das Feuer hineinzugreifen und auf einen Gegner zu schleudern. Der Angegriffene hingegen kann, wenn seine Magie stark genug ist, die Flammen, die ihn umzüngeln, beiseite schieben und das Feuer löschen.

Bei kämpferischen Auseinandersetzungen wird der gebündelten Kraft eine Gestalt verliehen, die gegen angreifende Widersacher geschleudert wird. Heftige Energieströme können einen kleinen Wirbelsturm entfachen und erhebliche Zerstörungen anrichten. Es ist fast unmöglich, einer solchen Zusammenballung von Kraft etwas entgegenzusetzen, vor allem dann, wenn die Energien von einer finsteren Macht bezogen werden. Ein übersinnlicher Energiestrahl erfasst den Feind und fügt ihm Verletzungen zu. Er wird von einem heftigen Energiestoß getroffen, der ihm höllische Schmerzen bereitet und ihn umherwirbelt. Auf diese Weise können selbst starke Gegner überwältigt werden.

Eine tyrannische Psyche, die mit genügend Magie ausgestattet ist, kann jede Drohung wahr machen, falls die persönliche Kraft ausreicht, um einem Gegenangriff standzuhalten. Bei Kämpfen untereinander benutzen einige Magieanwender ihre Fähigkeit, um sich rohe, wilde Energie entgegenzuschleudern und ihre Stärke an der Kraft des

Gegners zu messen. Hochspezialisierte Kampfmagier verstärken den tierischen Anteil in sich; man könnte sie fast als ‚Tiermenschen' ansehen. Die Kontrahenten setzen ihre Elementmagie ein. Solche Duelle können sehr kurz sein, sich aber auch über Stunden hinziehen. Irgendwann siegt die magische Kraft des einen und überwältigt den Gegner. Wenn das geschieht, stirbt der unterlegene Magier unter dem Ansturm der Macht des anderen. Der Besiegte erleidet nicht selten einen grausamen Tod: Er wird entweder von Luftmagie erstickt, von Eismagie erfroren, von Feuermagie verbrannt oder von Steinmagie zerquetscht. Im magischen Krieg gewinnt in der Regel der Stärkere; derjenige, der mehr Kraft zum Einsatz bringen kann, es sei denn, der Schwächere macht seinen Mangel durch Schnelligkeit und Raffinesse wett.

Manche Magieanwender haben gelernt, nicht nur okkulte Angriffe erfolgreich abzuwehren, sondern die magische Kraft, die ihnen entgegengeschleudert wird, zu absorbieren und für eigene Zwecke einzusetzen. Auch gegen Unfälle und Witterungseinflüsse sind sie gefeit. Der Kälte können sie trotzen, indem sie sich mit Seelenkräften wärmen. Um einen Sturz abzufangen, beschwört ein Magier einen Wirbelwind herauf und landet heil und unversehrt.

Seit Jahrtausenden bekämpfen sich die Mächte der Dunkelheit und des Lichts. Sie hetzen ganze Armeen aus menschlichen Soldaten aufeinander, alles um der großen Ziele willen. Doch erfahrene Magier schicken nicht nur Armeen in den Tod, sondern sind auch selbst an vorderster Front mit dabei. In historischen Duellen zwischen hochrangigen lichten und dunklen Magiern kamen nicht selten am Schluss beide um. Sie schafften es am Ende nicht, die Astralsphäre, wo der Kampf stattgefunden hatte, zu verlassen und starben am Kräfteverschleiß.

Schwarzmagier sind bei derartigen Streitigkeiten ihren weißmagischen Gegnern oftmals überlegen, denn sie scheuen sich nicht, auch niederträchtige Methoden anzuwenden. Dabei legen sie mitunter eine beängstigende Zerstörungswut an den Tag. Zudem sind sie sehr erfahren in diversen Kampftechniken. Eine verbreiteter Wahlspruch unter Weißmagiern lautet, den Dunklen besser aus dem Wege zu gehen, denn die Erfahrung lehrt, dass diese früher oder später untereinander in Gefechte verwickelt werden, und jemand anderer bringt sie zur Strecke.

Tiefenmagie

Magie bewegt Energien.

Magische Kräfte beeinflussen Energiefelder und bewirken darin eine Veränderung, eine Reaktion. *Tiefenmagie* geht über einfache magische Praktiken hinaus, denn sie befördert die Kraft aus unsichtbaren Orten, die sich unterhalb der Grenze des Wahrnehmbaren befinden, an die Oberfläche. Mithilfe dieser Kraft bewirkt die Magie nicht lediglich zukünftige Effekte, sondern eine Veränderung, die sich sofort manifestiert.

Tiefenmagie wird gemeinhin nur als letztes Mittel angewandt, wenn schnelles Handeln erforderlich ist. Einmal befreit, lässt sich die Energie nur noch schwer kontrollieren. Darüber hinaus hat Tiefenmagie auf einige Magier und Hexen eine berauschende Wirkung. Sie finden immer neue Gründe, um die unmittelbar wirkende Kraft anzuwenden, oft zum eigenen Schaden. Eine gewaltige Menge an Energie wird durch Tiefenmagie herbeigezogen, mit der die meisten Hexen und Zauberer überfordert sind.

Die unmittelbare Wirksamkeit der Tiefenmagie verändert das Sein, und die Folgen werden sogleich sichtbar. Während bei magischen Verrichtungen die Veränderungen langsam und gleichmäßig vonstatten gehen und in angemessener Zeitspanne noch Spielraum bleibt für Korrekturen, können bei der Tiefenmagie die Bedingungen des Handelns im nachhinein nicht mehr geändert oder rückgängig gemacht werden, denn sie wirkt auf eine direkte Weise.

Todesmagie

*Wer andere tötet, egal aus welchem Grund, tötet dabei
auch sich selbst.*

Nutzt ein Magiekundiger Lebens- oder Todesmagie, kann er jemanden ausschalten, indem er seine Lebensfunktionen anhält, bis das Opfer bewusstlos wird und stirbt. Todesmagie wirkt ‚schnell wie der Blitz', dessen Gestalt sie auch häufig annimmt.

Während eines Kampfes senden Magier Energie-Blitze in einen Gegner, der ihn von den Beinen fegen. Sie können einem Widersacher auch elektrische Schläge zufügen, die zu einer Überlastung seines Nervensystems führen und das Opfer vorübergehend bewegungsunfähig machen. Eine massive blitzartige Entladung stellt eine tödliche Gefahr dar und kann einen Menschen ins Jenseits befördern.

Bei der Anwendung dieser vernichtenden Art der Magie schleudern dunkle Magier schwarze Blitze; eine Art negativer Energie, die einen Menschen tötet, indem sie seine Körperfunktionen abschaltet. Vor allem das Gehirn und das Herz werden davon betroffen. Der dunkle Magier streckt seine Hand aus und richtet die Handfläche gegen das Opfer. Ein blauer Blitzstrahl verlässt seine Handfläche und schlägt in die Brust des Gegners ein. Dieser wird daraufhin bewusstlos oder bricht tot zusammen.

Feuermagier setzen sich gegen derartige Angreifer zur Wehr, indem sie ihnen mit Energieblitzen begegnen und sie buchstäblich in Brand setzen. Oder sie erzeugen ein Flammenschild, mit dem sie den Gegner davon abhalten, treffsicher sein Ziel zu erreichen. Waffen können auf schwarzmagische Weise mit Energie aufgeladen werden. Stößt ein Magier einem anderen Menschen eine Klinge ins Herz, strömt die magische Kraft aus dem Verwundeten heraus und in den Angreifer hinein. Die magische Kraft ergießt sich in den Körper des Gewinners, während der Kontrahent alles verliert. Eine Übertragung von Kraft findet somit statt, die dem Gewinner mehr Macht verleiht.

Etliche Schwarzmagier töten Lebewesen mit der Absicht, ihre Energie zu stehlen und für eigene Zwecke einzusetzen. Nimmt ein Schwarzmagier jemandem das Leben, kann er dessen Energie einem seiner Kraftobjekte einverleiben. Auch ist er imstande, unermesslichen Schmerz im Kopf und im Körper eines Opfers erzeugen, denn Leid und Schmerzen erzeugen energetische Phänomene, die Magier sich zunutze machen können.

Todesmagie hinterlässt unverkennbare Beweise im Zellgefüge und im Gehirn des Opfers, die von Eingeweihten erkannt werden können. Das Gleiche gilt für Geistes- und Bannmagie. Auch in einer Leiche steckt noch magische Kraft. Wird sie von einem Lebenden berührt, saugt dessen Körper sie auf. Diese Kraft reizt seine Sinne und bringt das Blut in Wallung.

Todesmagie ist der Beweis dafür, dass neben der rein materiellen Welt noch eine andere Realität existiert. Sie ist eine magische Energie, die während eines gewaltsam herbeigerufenen, rituellen Todes gewonnen wird. Schwarzmagier nutzen die Energie der Transition, d.h. des Übergangs. Das Ritual ermöglicht es dem praktizierenden Magier, die Energie, die beim Übergang einer Seele vom Leben ins Jenseits frei wird, aufzunehmen und zu speichern.

Weiße und schwarze Magie

Wahre Magie ist weder schwarz noch weiß; sie ist beides.

Es gibt, grob gesagt, zwei Typen von Magiern, die entweder hohe oder niedere Magie praktizieren. Zur niederen Magie gehört die Suche nach Wegen, mithilfe der Beherrschung geistiger Kräfte finanzielle Vorteile zu gewinnen und Macht über Mitmenschen auszuüben. Um einer magischen Beeinflussung größere Wirksamkeit zu verleihen, werden Gegenstände, z.B. häufig getragener Schmuck oder Kleidungsstücke einer Person, verwendet. Je länger und unmittelbarer der Kontakt war, desto besser ist die Eignung.

Magier und Hexen wurden allezeit mit Argwohn betrachtet, da die Grenzen zwischen schwarzer und weißer Magie nicht immer scharf gezogen werden können. Doch bereits sehr früh zeichnete sich eine Unterscheidung zwischen den unterschiedlichen Magieformen ab. Ob magische Praktiken heller oder dunkler Natur waren, wurde nicht in erster Linie von den verwendeten Mitteln bestimmt, sondern in erster Linie von dem damit verfolgten Zweck. Schwarzmagier, die Krankheit und Tod bringen konnten agierten als Widersacher der magischen Heiler. Sie arbeiteten mit Verwünschungen und Zauber-

116

tränken, fertigten Bilder oder Puppen, die ihren Opfern ähnlich waren und misshandelten sie an deren Stelle bzw. ließen sie symbolisch sterben.

Bereits die bewusste Auseinandersetzung mit okkulten Inhalten könnte man im weitesten Sinne als magischen Vorgang bezeichnen. Einige menschliche Eigenschaften, die schon fast als normal gelten, könnten der schwarzmagischen Seite zugerechnet werden. Dazu gehört jede Beeinflussung des freien Willens anderer Menschen; manipulatives Verhalten, Hypnose, letztendlich sogar die egoistische Vorteilsnahme auf Kosten anderer.

Motive und Zielsetzungen

Man muss die Konsequenzen fürchten, wenn man lernen will,
das Gleichgewicht zu halten.

Magie ist vom Ansatz her neutral. Es hängt von den jeweiligen Intentionen und Vorstellungen einer magisch arbeitenden Person ab, in welche Richtung sich die Praxis entwickelt. R. Steiner sieht den Unterschied zwischen weißer und schwarzer Magie in der Art der Anwendung. Während der weiße Magier in selbstloser Weise in Naturzusammenhänge eingreift, steht beim Schwarzmagier ein egoistisches Ziel im Vordergrund, wobei moralische Bedenken keine Rolle spielen (vgl.: Flensburger Hefte So 12, S.45f.).

Die Entwicklung ist so gelagert, dass ein Mensch sich sowohl in die helle als auch in die dunkle Richtung bewegen kann. Wenn dies nicht so wäre, gäbe es keine Wahlfreiheit und keine Selbstverantwortung. Alles das, was sich in der Welt positiv auswirkt, kann auch in sein Gegenteil verkehrt werden. Durch weißmagische Kräfte kann eine Person zu einem Mitgestalter in der Erdentwicklung werden, während er durch schwarzmagisches Wirken ein Zerstörungspotential in die Welt entsendet.

Wer geistige Interessen hegt, aber die Anstrengung eines Studiums und die Auseinandersetzung mit geistigen Fragen vermeiden will, greift nicht selten zu magischen Praktiken, um sich auf schnellere und einfachere Weise Fähigkeiten und Erkenntnisse anzueignen. Jemand, der nicht auf dem Umweg über Einsicht und Wissen die inneren Kräfte der Natur verstehen lernt, ist versucht, durch magische Verrichtungen ans erwünschte Ziel zu gelangen. *„Wenn ein Zauberer seine Kräfte auf kleinliche, selbstsüchtige Art benutzt, dann schlägt die Magie immer auf ihn zurück"* warnt in diesem Zusammenhang Anne Rice. Maria Szepes schreibt: „Der Magier ist ein Krieger. In welche Richtung er sich auch wendet, zieht er stets die aktive Gegenwirkung der anderen Richtung auf sich. Er ist Versuchungen und Angriffen ausgesetzt, in schier unvorstellbarer, unvorhersehbarer und überraschender Form" (1993, S.267).

Schwarze Magie ist die Richtung des Egoismus, welche die Erfüllung persönlicher Wünsche und Leidenschaften im Vordergrund stellt, allerdings auf Kosten anderer, da nur der Selbstzweck zählt. Oftmals kommt Gewalt mit ins Spiel. Schwarze Magie bedeutet, Kräfte für egoistische Zwecke zu missbrauchen. Sie beruht auf der Mitwirkung dämonischer Mächte, die angerufen werden, um z.B. einer bestimmten Person Schaden zuzufügen. Dazu werden gewisse Worte oder Objekte verwendet, die ein äußeres Zeichen für die dunklen Absichten des Schwarzmagiers sind. Unheil und Verderben des dazu ausersehenen Opfers werden an bestimmte Objekte geknüpft.

Die meisten schwarzmagischen Praktiken entspringen dem auf analogem Denken gründenden Prinzip der Nähe, der Sympathie: So könnte eine Person bspw. dasselbe Schicksal erleiden wie ein Objekt, mit dem sie ehemals eng verbunden war. Diejenige Handlung oder Verwünschung, die stellvertretend an dem Gegenstand ausgeübt wird, wird anschließend die betreffende Person erfahren, falls der Zauber fehlerfrei ausgeführt wird. Auch Bildzauber wird dazu verwendet, eine Person magisch zu beeinflussen. Dahinter steckt der

Glaube, dass dem Opfer ein gleiches Schicksal beschieden ist wie dem im magischen Ritual verwendeten Abbild.

Die weiße Magie hingegen ist ein Pfad der Selbstlosigkeit; ein Kampf gegen das vergängliche, egoistische Ich, wobei die Anwendung von Gewalt ausgeschlossen ist. Der weiße Magier muss über außerordentliche Tugenden verfügen, um nicht in den Strudel des schwarzmagischen Abgrundes gezogen zu werden. Darüber hinaus müssen sein Wissen, seine Weisheit und Kritikfähigkeit ausreichen, um jede geheime Strategie, jede heimtückische Falle in dem erbitterten Kampf zwischen schwarzen und weißen Kräften zu entlarven. Das Ziel ist letztendlich die Vereinigung des Selbst mit allen Wesen und mit der göttlichen Übernatur.

Weiße Magier können durch verschlossene Türen gehen. Manche haben auch gelernt, ins Zwielicht einzutreten und die Natur der Dinge zu verändern. Sie halten das Gleichgewicht zwischen Gut und Böse aufrecht und bewahren die Welt vor den Anfeindungen aus dem Dunkel. Weißmagier vermeiden sinnloses Debattieren und lernen, gütig und weise zu sein und mehr zu geben, als sie erhalten.

Ein Schwarzmagier, dessen oberstes Bestreben darin liegt, allein den höchsten Gipfel zu erreichen, wird alles daransetzen, seine Rivalen, Feinde und auch Mitstreiter zu beseitigen. Ein weißer Magier hingegen erlangt die höchste Einheit, indem er sich beständig mit anderen vereinigt und sich in jedem Teil der Existenz wieder findet. Es ist der Unterschied zwischen Liebe und Hass, wie A. Crowley ganz treffend bemerkt.

Nach Auffassung H.-D. Leuenbergers gleicht der Magier „einem Wellenreiter, der sich anschickt, die Energie einer aus den Weiten des Ozeans heranrollenden Welle zu handhaben. Der weiße Magier setzt sein ganzes Können ein, um sich im richtigen Moment mit seinem Brett auf den Kamm der Welle zu schwingen und ihre Dynamik zu seiner Fortbewegung zu nutzen. Der schwarze Magier konzentriert seine Kräfte darauf, sich der Welle entgegenzustellen und deren Lauf aufzuhalten oder umzukehren" (S.167f.).

Eine alte mystische Weisheit besagt, dass sowohl der weiße als auch der schwarze Weg letztendlich zum gleichen Ziel hinführt. Doch wer die schwarze Route wählt, läuft Gefahr, sich zu verirren und abzustürzen. Mag sie auch anfangs reizvoll erscheinen, so ist sie doch voller trügerischer Fallstricke und unvorhersehbarer Risiken

Tatsächlich sind beide Wege mit Hindernissen gepflastert, die nicht von vornherein erkannt werden. Der dunkle Weg kann zu einer Ego-Inflation führen, die schließlich in Größenwahn und Isolation endet, wahrend beim lichten Weg die absolute Unterwerfung unter eine nicht hinterfragte Autorität zum Stolperstein werden kann. „Die bedingungslose, kritiklose Unterwerfung unter seinen Willen, die der schwarzmagische Guru oft von seinen Schülern fordert, leistet der Weißmagier in diesem Falle freiwillig und verzichtet damit auf selbständiges Wollen", bemängelt Leuenberger. Und er fügt hinzu: „Mit jeder esoterischen Praxis und vor allem mit der Magie ist immer auch ein Risiko verbunden. Wer dieses Risiko nicht eingehen will, sollte sich besser nicht mit Esoterik einlassen."

Während ein weißer Magier die Verbindung mit dem schöpferischen Prinzip, mit seinem höheren Selbst, sucht, verneint der schwarze Magier die Existenz eines höheren Selbst, da für ihn die Omnipotenz seines Egos an höchster Stelle steht. „Wer den Weg des schwarzen Magiers beschreiten will, muss deshalb als erstes die Verbindung zu seinem Höheren Selbst unterbrechen", erklärt Leuenberger (S.189f.). Ein dunkler Meister versucht, die Verbindung eines Schülers zum höheren Selbst so bald wie möglich zu unterbrechen. „Ist die Verbindung zum Höheren Selbst unterbrochen, kann der Guru an dessen Stelle treten und es entsteht Abhängigkeit."

Bevorzugt werden Verhaltensweisen, die für die Gemeinschaft als schädlich angesehen werden. Schwarzmagier beabsichtigen, Chaos an die Stelle des schöpferischen Prinzips treten zu lassen, da dies in ihren Augen einen positiven Stellenwert einnimmt. Das wirksamste Mittel hierzu ist die Überscheitung von Grenzen und das Brechen von Tabus. Wer z.B. einem Mitmenschen absichtlich Schaden zufügt, begeht einen Tabubruch und erschafft damit ein Einfallstor für dunkle Mächte. Auch in den Fällen, in denen Blut und Sperma rituell verwendet werden, ist die Grenze zur schwarzen Magie überschritten. Die Substanzen werden zweckentfremdet angewandt, wodurch das kosmische Ordnungsprinzip verletzt wird.

Während die weiße Magie konstruktive Ziele anstrebt, betreiben Schwarzmagier vorwiegend Schadenszauber. Alle Rituale, die darauf abzielen, kranken Menschen oder Tieren zu helfen oder die Fruchtbarkeit zu erhöhen, zählen zu weißmagischen Verrichtungen. Rituale hingegen, die egoistische Ziele anstreben und Schaden bringen oder sogar den Tod eines Opfers herbeiführen sollen, zählen zur dunklen Seite. Schwarzmagische Praktiken werden fast immer im Geheimen vollzogen und in den Mantel des Schweigens gehüllt. Die geheimen Formeln und Riten werden nur mündlich an Eingeweihte weitergegeben.

Es gibt Magier, die schwarze und weiße Magie miteinander verbinden, doch nur Wenige wissen damit umzugehen. Magische Kräfte sind vom Wissen eines Anwenders abhängig, der entscheidet, was geschehen soll. Dabei gilt der Grundsatz: *Was immer man aussendet, bekommt man dreifach zurück.* Magische Formeln, Gebete und Zaubersprüche sollen die Menschen vor Krankheiten, Dämonen und Hexerei schützen. Doch jeder Zauberspruch hat seine Grenzen. Allen magischen Formeln liegen bestimmte Parameter zugrunde. Mehr als das, was mit ihnen beabsichtigt wurde, können sie nicht bewirken. Sie kennen weder moralische noch ethische Grundsätze. Magie ist zwar lebendig und beweglich, verfügt aber nicht über ein eigenständiges Urteilsvermögen.

Die Erde ist ein Schauplatz zweier einander widerstrebender Mächte; sie ist der Kampfplatz der weißen und schwarzen Seite. Während die weiße Macht bestrebt ist, die Erde aus der materiellen Dichte herauszuheben; sie mehr und mehr zu vergeistigen und zu vereinheitlichen, strebt die schwarze Seite danach, die Vereinzelung zu stärken und damit die Dichte und Festigkeit der Materie zu untermauern.

Der Missbrauch magischer Kräfte

Jedes Mal, wenn ein Zauberer Magie betreibt,
verliert er Lebenszeit.

Magische Kräfte können in den Dienst der Heilung und geistigen Entwicklung gestellt werden oder niederen Leidenschaften und kriminellen Absichten Vorschub leisten. Die Energien, die Magier nach außen projizieren, können zu Heilungszwecken, aber auch zur Schädigung und Irreführung von Personen benutzt werden. Dies hängt von der Grundhaltung, den jeweiligen Absichten der Praktizierenden ab. Einige Arten der Fernbeeinflussung werden im Folgenden näher beschrieben.

Destruktive und eigensüchtige Gedanken und Ziele können eine Wirkung zeigen, die der schwarzen Magie sehr nahe kommt, denn das Dunkle bevorzugt den schädlichen Gebrauch der natürlichen und geistigen Kräfte. „Die schwarze Magie der Gedanken fängt nicht erst dort an, wo sie Wirkung beim Betroffenen zeigt!" erklärt P. Gilgen (2007, S.213).

Wer seinen Willen und seine geistigen Kräfte dafür einsetzt, um sich einen ungerechtfertigten Vorteil zu verschaffen, befindet sich bereits in der Nähe schwarzmagischer Prozeduren. Die ‚Errungenschaften' der schwarzen Magie basieren auf Ausbeutung und sind auf der Knechtschaft anderer aufgebaut. Für H.P. Blavatsky ist schwarze Magie *„der Missbrauch geistiger Kräfte, der Missbrauch von Naturgeheimnissen, der Gebrauch geistiger Kräfte zu falschen Zwecken"* (in: Schlüssel der Theosophie). Schwarze Magier sind bestrebt, auf Kosten der Mitmenschen persönlichen Nutzen aus ihren Manifestation zu ziehen.

Die vorherrschende Motivation des praktizierenden Magiers ist es, welche die Anwendung einer Kraft zur schwarzen oder weißen Magie macht. Werden geistige Kräfte angewandt, darf keine ichbezogene Haltung dabei mitschwingen. Sofern die Absichten nicht uneigennützig sind, wird der spirituelle Wille umgeformt in den psychischen Willen und zeigt auf einer astralen Ebene Wirksamkeit. Dabei können unvorhergesehene und zerstörerische Ergebnisse zustande kommen. Magie ist kein Gebiet, mit dem spielerisch und sorglos umgegangen werden darf.

Während weiße Magie das Dunkel durchlichten will, um das ‚Blei' in ‚Gold' zu transmutieren, beherrscht bei dem dunklen Gegenstück der Machttrieb und das Gewinnstreben die Motivation, was nicht immer auf den ersten Blick erkennbar ist. Schwarze Magie ist jede okkulte Betätigung, die den Zwecken des Eigennutzes und der Egodominanz dient. Teilweise wird bereits jede gewollte und bewusst herbeigeführte Disharmonie als schwarzmagisch bezeichnet.

Zu den schwarzmagischen Wirkungen gehört die Fernbeeinflussung, die in dem Bestreben durchgeführt wird, andere zu unfreiwilligen Handlungen zu veranlassen, zu benachteiligen oder zu schädigen. Benutzen Magieanwender diese Kräfte zum Schaden anderer, müssen sie damit rechnen, dass die schädliche Wirkung letztendlich auf sie selbst zurückfällt. Das Prinzip der Rückwirkung der ausgesandten Kräfte ist so alt wie die Magie selbst. Derjenige, der okkulte Kräfte nicht im Einklang mit der höheren Welt benutzt, sondern zu eigennützigen Zwecken und zum Schaden anderer, schädigt letztendlich sich selbst.

Magische Übungen setzen Verantwortungsgefühl voraus. Sie können zu geistigen Höhen und Erkenntnissen führen oder den Sturz in die Vernichtung bewirken, je nachdem, welche Kräfte genutzt werden. Magier verwandeln die universelle Kraft in weiß und schwarz – in Gut und Böse. Der spirituelle Lehrer Sri Chinmoy hält Okkultismus in seiner niederen Form für schwarze Magie, während Okkultismus im reinen Sinne der dynamische Aspekt der universalen, göttlichen Kraft ist (vgl. Internet: Okkulte Kraft).

Schwarze Magier konzentrieren sich vor allem auf Unreinheit und Dunkelheit. Sie benutzen u.a. ihre Macht, um anderen Okkultisten ihre Kräfte zu stehlen. Nach Sri Chinmoys Auffassung kann ein

Schwarzmagier einem spirituellen Menschen, der selbst über Kräfte verfügt, nichts anhaben, sondern ganz im Gegenteil: „Ein verwirklichter spiritueller Mensch jedoch hat die Macht, die Okkultisten und die schwarzen Magier zu bedrohen, aber gewöhnlich wird er es nicht tun." Sobald ein Adept von einem ernsthaften Angriff bedroht ist oder in die Gefahr gerät, einen ernsthaften Unfall zu erleiden, der ihn vom spirituellen Pfad abbringen würde, wird sein geistiger Mentor sich nicht scheuen, okkulte Kräfte anzuwenden, um dem Bedrängten beizustehen.

Magische Kräfte kommen oft in destruktiver, zerstörerischer Weise zum Einsatz. Ungesteuerte Aggressionen, frisches Blut oder der Todeskampf eines Menschen wirken auf dunkle Seelen ungemein anziehend. Bei einem unlauteren Charakter wird magisches Wissen zum konzentrierten Gift der schwarzen Magie, weil der Mensch all seine Kraft in den Dienst seiner eigenen Leidenschaften, seiner Selbstsucht und egoistischen Interessen stellt. In der Hand eines Schwarzmagiers wird Wissen zur Waffe oder zu einem Einbruchswerkzeug. Er ist an die Welt der Formen gekettet; die Fesseln der Anziehung werden aus Selbstsucht und Überheblichkeit geschmiedet. Menschliche Beziehungen, die auf Liebe beruhen, sind als Ablenkung verpönt, da die magische Praxis volle Konzentration erfordert.

Die Waffen, mit denen der dunkle Magier kämpft, können weitaus schrecklicher sein als sichtbare Waffen, da sie nicht sogleich bemerkt und heimtückisch angewandt werden. Magie kann allerdings nur solche Menschen verletzen, denen es an innerer Stärke mangelt, die ohne geistigen Schutz sind oder leidenschaftlichen Anwandlungen unterliegen. Doch wer kann schon von sich behaupten, gegen jegliche Anfeindung gerüstet zu sein?

Schwarzmagische Praktiken, die in den Stunden der Dunkelheit – besonders um Mitternacht – ausgeübt werden, wirken noch mächtiger als tagsüber. Nekromanten, die Totenbeschwörung betreiben, besitzen die Macht, eine verstorbene Seele aus dem Jenseits zu rufen und mit ihr zu kommunizieren. Dunkle Seelen können in Menschen- oder auch Tiergestalt erscheinen. Manche haben groteske Formen angenommen und sehen aus, als wären sie einem Horrorfilm entsprungen. Einige erscheinen als missgestalteter Zwerg in Menschengestalt oder als ein hilfloses, weinendes Kind, das seine wahre Gestalt hinter einer unschuldigen Fassade verbirgt. Andere haben zotteliges Fell an den Beinen. In ihren Gesichtern verbinden sich oft die Züge von Mensch und Tier in abstoßender Weise. Manche haben ein Raubtiergesicht und Hände, deren Finger in scharfe Krallen auslaufen. Grausames Verhalten zu Lebzeiten und ein gewaltsamer Tod sind der Nährboden für die Entstehung dunkler Seelen, die unter Umständen auch für Menschen sichtbare Gestalt annehmen können.

Die Kräfte der schwarzen Magie wachsen dem Zauberlehrling, der sie beschwört, nicht selten über den Kopf, denn sie erwachen zu selbständigem Leben. Eine ganze zeitlang scheint es so, als würden sie dem Beschwörer zu Diensten sein, doch in Wahrheit sind sie es, die jeden seiner Schritte lenken und sich schließlich gegen ihn kehren.

Auf dem Weg, den ein Magier einschlägt, gibt es oft kein Halten mehr, weil dieser Weg abschüssig ist. Falls bittere Erfahrungen und Leiden im Vordergrund stehen, wecken diese den inneren Widerstand, weshalb das zukünftige Leben dann in völlig anderen Bahnen verläuft, als ursprünglich vorgesehen. Der Schwarzmagier will oft nicht glauben, dass sich die finsteren Mächte schließlich gegen ihn selbst kehren und all das Üble, das er anderen zugefügt hat, ihm reichlich zurückzahlen. Die Opfer, die er tötet, werden zu seinen ständigen Begleitern, seinen Schatten, die sich von seinen Kräften nähren. Jeder zieht das Dunkel an, sobald er Übles tut.

Alle diejenigen, die seine üblen Absichten ins Verderben gestürzt haben, umdrängen den schwarzen Magier nach dem Hinscheiden und scheinen lebendiger und schrecklicher denn je. Sie beschuldigen ihn, erschrecken ihn und quälen ihn Tag und Nacht. Oft versucht er, magische Barrieren zu errichten, um den Phantomen zu trotzen, doch die magische Pforte öffnet sich immer wieder aufs Neue. Bis zum letzten Heller muss er für das bezahlen, was er anderen angetan hat. Persönliches Leid ist die Abzahlung der Schuld, wobei Blut nur mit Blut abgewaschen werden kann.

Okkulte Kräfte anzuwenden ist ähnlich, wie auf einem Drahtseil balancieren; gefährlich und riskant. Mithilfe magischer Symbole kann ein Magier dunkle Seelen zwingen, sich zu erkennen zu geben. Wer die Kräfte gefahrlos anwenden will, muss zuerst seine tief liegenden Ängste besiegen und Leidenschaften beherrschen, denn okkulte Kräfte sind sehr dynamisch in ihren Auswirkungen. Sie haben keineswegs von vornherein negative Auswirkungen; es kommt darauf an, wie sie angewendet werden. Es ist ähnlich wie mit dem Feuer: Man kann sich daran verbrennen oder eine Mahlzeit damit zubereiten. Einige Autoren vertreten die Auffassung, dass Magie nichts anderes als ist die Anwendung von Kräften, die der Wissenschaft bislang unbekannt sind und die zu Unrecht als ‚übernatürlich' bezeichnet werden.

Schüler des ‚linkshändigen Pfades'

„Wenn man nicht mit dem dunklen Aspekt der Kraft umgehen kann, kann man es auch nicht mit dem hellen. "
Dion Fortune

Von schwarzer Magie geht für viele Menschen ein faszinierender Reiz aus. Doch auf der anderen Seite tun sich tiefe Abgründe auf, die an Destruktivität kaum zu überbieten sind. Die Vertreter der schwarzen Magie sind Anhänger dunkler Mächte. Die Ausübung der so genannten ‚schwarzen Kunst' gehört der dunklen Sphäre des Planeten an. Sie verdunkelt das Bewusstsein, bis keine lichtvollen Strahlen mehr durchzudringen vermögen. In gewissen religiösen Orden, in denen einseitig die Willenskräfte und der Verstand trainiert werden, finden sich die meisten Schüler dieser Richtung.

Okkulte ‚Bruderschaften der Linken' wenden ihr okkultes Wissen egoistisch für eigene Zwecke, zum Nutzen kleiner Gruppierungen oder einzelner Volksgemeinschaften an, während ‚Bruderschaften der Rechten' die okkulten Kenntnisse zum Vorteil aller Menschen verbreiten wollen. Sobald magische Kenntnisse dazu verwendet werden, um einer Rasse die Oberherrschaft über andere zu verschaffen, ist das schwarze Magie in großem Maßstab, kritisierte seinerzeit Rudolf Steiner. Er betonte dies zu einem Zeitpunkt, als das Dritte Reich noch nicht in Sichtweite war.

In der dunklen Zunft steht die Machtausübung im Vordergrund, während positive Gefühle abgetötet werden. Eine Hierarchie der Stärke und Satansverehrung kennzeichnet einen schwarzen Kult. Hass und Grausamkeit, in Verbindung mit perversen Sexualpraktiken, werden zum Teil exzessiv ausgelebt. Der Kern satanischer Lehren ist Zerstörung: Menschen werden willkürlich attackiert, Ritualmorde an Tieren und teilweise auch an Menschen sind keine Seltenheit. Doch der okkulte Grundsatz: *Der Jäger wird eins mit seiner Beute*, ist den wenigsten bekannt. Wer jemanden tötet, aus welchem Grund auch immer, tötet im Grunde sich selbst.

Geheimnisse dürfen den Kult um keinen Preis verlassen, denn sie bilden das Fundament seiner Macht. Verräter werden hart bestraft (wie das ja auch von den Freimaurern bekannt ist). Seine Brutalität voll auszuleben ist ganz im Dienste Satans, während jegliches Gemeinschaftsgefühl verpönt ist.

Zu den Praktiken schwarzmagischer Kulte gehören:

▶ Satansanbetung;

▶ positive Reaktionen auf jegliche Form von Zerstörung;

▶ keine Bindungen oder Freundschaften, sondern Betonung des Egoismus;

▶ Machtgewinnung und Machtausübung über andere Menschen;

► Hass und Grausamkeit; Abtötung positiver Gefühle wie Freude, Achtung, Liebe;

► abartige Sexualpraktiken;

► das Quälen und Töten lebendiger Wesen;

► Verkehrung christlicher Kultelemente in ihr Gegenteil.

Es gibt diejenigen Schwarzmagier, die allein für sich wirken und solche, die mit Medien, Verstorbenen oder in einer Loge operieren. Viele, die Schüler und Meister der schwarzmagischen Richtung werden, waren vormals von den besten Absichten beseelt, meint H. Rudolph: „Sie strebten in vergangenen Zeiten nach dem Licht, das ihre Seele erfüllte, aber sie waren nicht stark genug, das Licht vor der Beschmutzung durch die Selbstsucht zu bewahren; so wurden sie Sklaven, anstatt freie, selbstbewusste Menschen." Jeder Schüler, „der die Antipathie nicht aus der Seele vertreibt und nicht jeden Wunsch ausrottet, läuft Gefahr, ein Schüler der dunklen Mächte unseres Planeten... zu werden..." (in: Der Antichrist, S.15f.). Der geistige Tod und Verlust des Menschseins erwartet solche, die den Antikräften in sich Raum geben.

Praktizierende Magier stehen mit Dämonen und Göttern in Verbindung, deren Unterstützung sie erhoffen oder die sie sich mit Hilfe magischer Rituale zu unterwerfen trachten. Sie sind darin erfahren, gewisse okkulte Kräfte zu handhaben und bestrafen diejenigen schwer, die sich ihnen widersetzen. Geht ein Jünger eine Verbindung mit einem niederen Magier ein, dann läuft er Gefahr, selbst ein Opfer der dämonischen Kräfte zu werden, die diesen für gewöhnlich umgeben.

In der Bhagavad-gita steht geschrieben: „Zwei Arten von erschaffenen Wesen gibt es in dieser Welt. Die einen nennt man göttlich (daiva) und die anderen dämonisch (asura)" (16.6). Menschen, Dämonen und Engel haben dieser Auffassung zufolge denselben Ursprung. Dämonen waren anfangs Engelwesen, die sich verwandelt haben. Etliche okkulte Gruppierungen betrachten Dämonen immer noch als eine Art Gottheit. Es sind die Götter der Vorzeit, die selbst in der Gegenwart noch Anhänger finden und angebetet werden. Die Grenze zwischen dämonischen Wesen und Göttern ist fließend und es liegt im Ermessen der menschlichen Gefolgschaft, zu welcher Kategorie die verehrten Geistwesen jeweils gehören.

Magische Rituale werden zelebriert, um bestimmte Geistwesen zu beschwören, auf dass die Teilnehmer von ihnen erfüllt werden. Die Gefahren magischer Praktiken, die für Anfänger besonders brisant sind, werden bei W. Brjussow eindrucksvoll geschildert. Der Protagonist in seinem Roman trachtet danach, einige Kenntnisse und Geheimnisse der verbotenen Wissenschaft zu ergründen, um praktische Ziele zu erreichen. Ihm wird zuvor eine eindringliche Warnung zuteil: „Der Magier lebt unter der ständigen Drohung eines qualvollen Todes; nur durch rastlose Tätigkeit und höchste Willensanstrengung vermag er die rasenden Geister zu bannen, die jeden Augenblick bereit sind, ihn mit ihren tierischen Zähnen zu zerfleischen. Ein ganzes Heer feindseliger Ungeheuer überwacht jeden Schritt des Magiers und wartet darauf, dass er irgendeine kleine Vorsichtsmaßregel vergisst oder außer Acht lässt, um sich hinterrücks auf ihn zu stürzen..." (S.124). Der Weg des Magiers ist, so gesehen, mit Schrecknissen übersät.

„Und als Lohn für diese endlose Folter sind ihm allein auch nur erzwungenermaßen die kleinen Teufel zu Diensten, die nur weniges wissen und durchaus nicht allmächtig sind, dagegen aber hinterlistig und stets zu jedem Verrat und zu jeder Gemeinheit bereit." Der angehende Zauberlehrling versäumt es trotz vorheriger Studien, die Gefahren, die ein Heraufbeschwören dämonischer Mächte mit sich bringt, richtig einzuschützen und kommt bei seiner ersten Beschwörung nur mit knapper Not mit dem Leben davon.

Neben Schwarzmagiern, die als menschliche Individuen auf der Erde leben, existieren auch Wesenheiten der unsichtbaren Welt, die während unbewusster Phasen des Bewusstseins in Personen eindringen und ihnen Schaden zufügen können, berichtet Sri Chinmoy (s. Internet: Okkulte Kraft). Sobald ein Mensch seelische Schwächen zeigt, indem er z.B. andere Menschen hasst oder übertrieben starke Eifersuchtsgefühle hegt, können dunkle Kräfte in ihn eindringen.

Magische Kräfte werden immer dann zum Fluch, wenn sie sich vorwiegend mit niederen astralen und mentalen Praktiken beschäftigen. Magier, die den linken Pfad bevorzugen, handeln nach Auffassung von H .Rudolph entgegen dem Entwicklungsgesetz. Sie ziehen das Geistige ins Materielle herab und werden daher letztlich selbst in die niederen Naturreiche zurückgeworfen. „Die astralen und mentalen Kräfte sind Kräfte der vergänglichen, niederen Natur des Menschen, seiner Persönlichkeit, nicht aber der unsterblichen Individualität, und sind in Wahrheit nicht geheim, sondern der jetzigen Menschheit nur u n b e k a n n t und können leicht erworben werden...", erklärt der Autor (in: Mystik und Okkultismus, S.29f.).

Der ,wahre' Okkultismus hingegen bestehe in der Betätigung höherer magischer Kräfte auf der Grundlage der Selbsterkenntnis zum Wohl der Menschheit. Diese Kräfte seien rein geistiger Natur und ließen ihre Besitzer immun werden gegen jedwede Beeinflussung und Fremdbestinnung. Sie offenbaren sich nur in denjenigen Individuen, die hierfür empfänglich sind.

Das Entwicklungsgesetz lautet, das Niedere durch das Höhere zu überwinden, um keinen Rückfall zu erleiden. In der Naturmagie aber führt der Weg zum Kern eines *luziferischen Feldes*, wie J.V. Rijckenborgh mitteilt. (In: Der kommende neue Mensch, S.90f.) Die Tätigkeit der Magier verstärkt diesen luziferischen Kern, ja sie werden wesenseins mit dem Inferno; sie gehen darin auf und können sich nicht mehr davon befreien. Denn sie sind eins geworden mit dem *luziferischen Feld*, welches der Autor mit der Natur gleichsetzt. In dieses ,höllische Feuer' gehen aber nur diejenigen ein, die sich selbst hineinwerfen.[3]

---

[3] Die komplexen Zusammenhänge und Besonderheiten des *luziferischen Feldes* können hier nicht ausführlich dargestellt werden. Verwiesen sei aber auf das Werk des Autors. Es beinhaltet esoterisches Geheimwissen, welches für den Laien nicht immer klar verständlich ist.

Okkulte Schüler werden von H. Rudolph davor gewarnt, die Wesen der höheren Welten, die ‚Götter' oder ‚Devas', mit den ‚Meistern der Weisheit' zu verwechseln und sich in deren Dienst zu stellen. Diese Wesen teilen den Schülern zwar gern ihr erweitertes Wissen und ihre größere Macht mit. Doch sie ergreifen auch Besitz vom ‚Kausalkörper', der seine Individualität verliert und damit die Möglichkeit, durch Vereinigung mit dem Göttlichen Unsterblichkeit zu erlangen. [4]

Schwarze Magier wählen nach Auskunft von E. Haich einige Jünger aus, um sie dann als blinde Werkzeuge gebrauchen, die den Willen des ‚Meisters' ohne Widerstand ausführen: „Diese Jünger werden von dem Schwarzmagier besessen, verlieren ihre Selbständigkeit vollkommen und gehen schließlich zugrunde" (in: Einweihung, S.418). Über die Jahrhunderte hinweg wurden Menschen von Schwarzmagiern oder nicht-physikalischen Wesenheiten besessen. In unglücklichen Fällen, wenn sich die Wesen bösartig gebärdeten, glaubte man an eine Inbesitznahme durch Dämonen oder Teufel. Führte der angewandte Exorzismus nicht zum Erfolg, fanden die Besessenen häufig den Tod.

Okkulte Kenntnisse sollten grundsätzlich zum Wohle der gesamten Menschheit eingesetzt werden, und nicht dem einseitigem Nutzen einzelner Volksgruppen dienen, schreibt W. Weihrauch (in: Flensburger Hefte So 12, S.51). Magie sei in der Gegenwart zu einer Gefahr geworden, die ständig wächst, mahnen besorgte Kritiker. Mittlerweile seien alle Ebenen der Gesellschaft und auch die Regierungen von Magie durchdrungen. Offenbar gehören geheime Zusammenkünfte, bei denen Kinder geopfert werden, zu den Ritualen bestimmter Gruppierungen, über die Ronald Bernard – der selbst Mitglied in einem Geheimorden der Hochfinanz gewesen ist – als Augenzeuge berichtet. Der Ex-Banker erzählt im Internet auf *youtube*, er selbst sei bei der Opferung eines Jungen dabei gewesen. Dies

---

[4] Kausalkörper = Teil des Mentalkörpers, der den Mittelpunkt des Ego-Bewusstseins bildet; auch Ursachenkörper genannt.

habe ihn derart schockiert, dass er anschließend auf Distanz gegangen sei.

Hilfestellung für okkulte Jünger, die der schwarzen Magie verfallen sind, erweist sich im Nachhinein als sehr schwierig. Wer mit unlauteren Absichten den geistigen Pfad betritt, weckt durch seine Übungen geistige Kräfte in seiner Seele. Diese missbraucht er zu seinen besonderen Zwecken und erzeugt dadurch in der Astralwelt entsprechende Wesenheiten oder zieht solche aus der ihn umgebenden Astralwelt an. Diese Wesen sind bestrebt, ständig seinen Ehrgeiz, sein Machtstreben und seine Begierden anzustacheln. Damit erzeugen sie einen Teufelskreis, aus dem ein Entkommen nur schwer möglich ist.

Schwarzmagischer Einfluss

Je voller der Mond, desto stärker die Magie.

Falls der Erwerb paranormaler Kräfte nicht parallel zu einer geistigen Weiterentwicklung erfolgt, verfällt jemand leicht der schwarzen Magie, warnt der griechische Heiler Daskalos. Eines Tages kam zu ihm die Frau eines Geschäftsmannes, die sich fürchtete, verrückt zu werden. Sie hörte Stimmen, litt an undefinierbaren Schmerzen und wurde zunehmend aggressiver. Eines Nachts verspürte sie ein Flattern in der Magengegend. Sie hatte die Vermutung, dass mit schwarzer Magie auf sie eingewirkt wurde. Wiederholt fand sie seltsame Gegenstände auf ihrem Hof: eine Plastiktüte mit einer Hühnerleber, die von Nadeln durchbohrt war oder einen weißen Schleier, an dem Papierblumen mit Stecknadeln befestigt waren.

Daskalos gelang es, *Elementale* zu identifizieren, die von einem Schwarzmagier mit der Absicht ausgesandt worden waren, dem Empfänger Schaden zuzufügen. *Elementale* sind Gedankenformen, die – anders als gewöhnliche Gedanken – ein eigenständiges Bewusstsein besitzen, das in der Mentalsphäre Wirkungen hervorbringt. Die Beeinflussung anderer Menschen mittels Elemental-Magie kann einen erfahrenen Magus in die Lage versetzen, willensschwache Menschen völlig dem eigenen Willen zu unterwerfen.

Doch das Opfer, gegen das ein Schwarzmagier ein negatives *Elemental* richtet, wird nur in dem Maße davon betroffen sein, wie es sich auf der gleichen Frequenz befindet wie der Absender. Andernfalls wird das *Elemental* an seiner Aura abprallen und kehrt mit dem siebenfachen seiner ursprünglichen Kraft zu dem Erzeuger zurück.

Daskalos erklärt, die *Elementale* seien gegen die Chakren, die Energiezentren, der betroffenen Opfer gerichtet. Die Geister bzw. *Elementale* nähmen Besitz von den Zentren, um von hier aus den physischen und feinstofflichen Körper zu überfallen. Ein Hellseher könne die Wesen sehen, die an den Energiezentren hängen. Er empfiehlt einen Exorzismus bei Vollmond, da dieser den Vorgang begünstigen würde. (Vgl.: Heimat im Licht, S.216.)

In einem anderen Fall klagt eine verheiratete Frau über Schlaflosigkeit, Hitzeempfindungen, ‚Rieseln' in der Wirbelsäule, sowie kreisende Bewegungen im Sexualchakra. Auch hat sie immer wieder das unangenehme Empfinden, aus ihrem Körper verdrängt zu werden. (Vgl. Internet: Fremdeinflüsse durch Magie, Hexerei, Zauberei.) Vermutet werden schwarzmagische Einflüsse, da solche Symptome dafür typisch sind.

Für die Annahme, dass die ungewöhnlichen Empfindungen auf einer tieferen okkulten Ebene angesiedelt sind, spricht eine bestimmte Vision während einer Meditationsübung, bei der sie „auf einmal auf ihrem Bett eine kleine Person in fremdartiger Bekleidung mit kaukasischer Kopfbedeckung... gesehen (hat). Sie sei wahnsinnig erschrocken, bekam dann das Gefühl, hochgehoben zu werden, zu schweben und nicht mehr im physischen Körper zu sein... Dabei habe sie ein Glücksgefühl empfunden und Licht gesehen. Ein Gefühl wie von Strom sei Richtung Herz geflossen."

In der Folgezeit leidet sie unter massiven Ängsten und fürchtet, „ins Nichts zu fallen und verrückt zu werden. Sie spüre öfters ein hochgezogen-werden im Scheitel-Chakra. Nachts schlafe sie wie bewusstlos. Je aktiver sie werden wolle, desto kraftloser werde sie." Jede Tätigkeit türmt sich vor ihr auf wie ein Berg, der unüberwindlich scheint. „Sie erlebe es öfters, dass sie das Haus nicht verlassen könne und darin festgebannt sei, wenn sie raus wolle. Öfters gäbe es Spukgeräusche im Haus, Schritte seien über ihrem Kopf zu hören, es knalle immer wieder mal am Fenster." Elektronische Geräte funktionieren nicht mehr. Beim Lesen wird ihre Konzentration gestört. Alle diese Vorkommnisse rauben ihr den Schlaf und zerren an ihren Nerven.

Die Frau verdächtigt ihren Schwiegervater, der sich zu Lebzeiten mit Magie beschäftigt hatte. Vor drei Jahren war er gestorben und sie glaubt, er wirke aus dem Jenseits weiterhin auf sie ein. Ihre Gebete um Schutz und Beistand werden nicht erhört. Die vom Arzt verschriebenen Psychopharmaka verschlimmern die Situation, denn sie erzeugen noch mehr Ängste und vermitteln ihr das Gefühl, die Herrschaft über die eigenen Gedanken zu verlieren. Auch dämpfen sie ihre Leistungsfähigkeit dermaßen, dass sie kaum noch das Haus verlässt.

„Erfahrungsgemäß gibt es kaum hartnäckigere Fremdeinflüsse als die von Schwarzmagiern, weil sie meist mit großer Ausdauer ihre Ziele verfolgen", heißt es in dem Bericht. Gewarnt wird davor, sich mit magischen Mitteln zur Wehr zu setzen, da in einem solchen Fall „beide Seiten unter höllischem Einfluss bleiben." Magisch verfolgten Personen zu helfen, ist eine heikle Angelegenheit, denn jeder, der sich hierzu bereit findet, muss mit magischen Attacken und Rachehandlungen seitens der gegnerischen Kräfte rechnen.

Ein 19-jähriger Schüler wird im Verlauf magischer Übungen hellhörig. Er leidet bald unter lauten Stimmen in seinem Kopf, die ununterbrochen durcheinander reden und ihn Tag und Nacht belästigen (s. Internet). Er kann mehrere Stimmen unterscheiden. Hin und wieder bekommt er einen Tobsuchtsanfall. Einmal hebt er mit übernatürlich scheinender Kraft einen schweren Tisch in die Höhe.

Er leidet unter Alpträumen, in denen er sich besessen fühlt. Bösartige Stimmen fordern ihn auf, sich umzubringen; entweder durch Erhängen, Pulsöffnung, Sturz von einem Hochhaus und dgl. Bereits eineinhalb Jahre nach Beginn der magischen Experimente unternimmt er – vermutlich unter Zwang – zwei Suizidversuche. Die Anamnese ergibt eine Beschäftigung mit magischen Zauberbüchern seit seinem 16. Lebensjahr. Sein Vater hat sich ebenfalls mit Magie beschäftigt und in Rom an Schwarzen Messen teilgenommen.

Die von einem Psychiater verordneten Psychopharmaka verstärken noch die Zwangsgedanken. Zwei Einweisungen in eine psychiatrische Klinik bleiben ohne Erfolg. Verschiedene Behandlungen bei Geistheilern sorgen ebenfalls für wenig Besserung. Neben den Zwangsimpulsen treten visuelle Schreckensbilder auf, die seine Ängste noch verstärken.

In seiner Not sucht der junge Mann eine seelsorgerische Beratung auf, wo ihm zu Beginn so schwindelig wird, dass er dem Gespräch kaum folgen kann. Er wird auf die Tragweite und Risiken okkulter Praktiken hingewiesen, doch der in Bedrängnis geratene Jugendliche weist alle Mahnungen von sich. Sein Denken ist blockiert und nicht aufnahmebereit für diese Art von Intervention. Er will nicht einsehen, dass er sich die Probleme aufgrund magischer Praktiken sowie durch eine kritische und feindselige Haltung selbst zugezogen hat. Wütend verlässt er die Beratungsstelle.

In den darauf folgenden Tagen werden die Mitarbeiter durch schwarzmagische Angriffe behelligt. Eine der Frauen dort fühlt sich derart verfolgt; dass sie plötzlich unter asthmatischen Beschwerden und einer Gesichtsschwellung leidet. Angriffe dieser Art sind noch eine ganze zeitlang deutlich zu spüren. Anscheinend hatte der Jugendliche seinem Ärger in dieser Weise Luft gemacht.

Die Folgen von magischen Beeinflussungen treten nicht immer in deutlich sichtbarer Form zutage, berichtet H.-D. Leuenberger:

„Schwarzmagische Einflüsse und fehlgeleitete magische Kräfte äußern sich meist darin, dass sie einen subtilen Mechanismus der
Selbstzerstörung in Gang setzen, der oft lange Zeit nicht erkannt wird
und zudem kaum mit magischen Kräften in Verbindung gebracht
wird" (S.191). Das Resultat kann sich als Drogensucht oder die Gesundheit schädigendem Verhalten zeigen.

Die helle Seite der Magie

Magisches Handeln ist immer mit Wagnis und Risiko verbunden.
Hans-Dieter Leuenberger

Magisches Können und Wissen wird in der weißen Magie dazu verwendet, um anderen Wesen hilfreich zur Seite zu stehen und die
Harmonie in der Welt zu fördern. Jede dogmatische, religiöse oder
moralische Bindung lehnt der weiße Magier ab, denn er ist sein eigener Herr und steht auf dem Gipfel menschlicher Erkenntnisstufen.
Experimentelles Studieren und magische Praktiken, bei deren Ausübung vorwiegend Wissens- und Erkenntnisdrang vorliegt, gelten als
weißmagisch. Das Opfern von Blut lebender Wesen ist bei Weißmagiern in keinem Fall zulässig, auch nicht zu Studienzwecken.

Weiße Magie hat die Aufgabe, die irdische Ebene in eine harmonische Verbindung mit höheren Geistsphären zu bringen, um den
‚Himmel auf Erden' zu verwirklichen. Sinn der Erdentwicklung und
letztendliches Ziel der weißen Magie ist die Vergeistigung der Erde
und aller Lebewesen, die auf ihr leben. Während schwarzmagische
Experimente Geistiges in die Materie herabziehen, ist die Absicht der
weißen Magie eine Anhebung der Materie auf ein höheres geistiges
Niveau. Anstatt egozentrische Interessen in den Vordergrund zu stellen, dehnen weiße Magier ihre Intentionen auf die gesamte Menschheit aus. Das Schicksal anderer Menschen ist ihnen ein wichtiges
Anliegen, da sie das Leid anderer als ihr eigenes Leid empfinden.

Weiße Magier sind in der Regel sensible Naturen. Sie entwickeln ein Bewusstsein, das die gesamte Erde und die auf ihr existierenden Lebewesen umfasst. Dadurch, dass sich ein Individuum in der weißen Magie mit anderen Wesen geistig verbindet und identifiziert, wird er selbst ein Teil dieser anderen; er denkt und handelt durch sie (vgl.: F. Hartmann, S.33). Durch ihre mitfühlende Geisteshaltung ziehen Weißmagier Wesen der höheren Sphären an, die sich mit ihnen verbinden, ihnen Kräfte zuströmen lassen und sie damit stärken.

Diejenigen, die sich Adepten des ‚wahren Pfades' nennen, werden letzten Endes die unumschränkte Macht verkörpern, denn wahre Macht kommt nicht bloß davon, mit einer Gabe geboren worden zu sein. Wahre Macht kommt aus dem inneren Selbst jedes Einzelnen. Stärke, Entschlossenheit und Willenskraft unterscheiden einen echten Magier von einem Laien. Bereit zu sein, sich höher zu erheben oder tiefer zu sinken als andere; zu wissen, dass niemand über einen steht; das sind einige der Kennzeichen des wahren Pfades. Niemand wird sich letztlich gegen einen weißen Magier stellen können, und seine Stimme wird sein ‚wie die Stimme Gottes'.

Auch der schwarzmagische Pfad zielt darauf ab, Macht zu erlangen: die Macht, etwas zu erschaffen und die Macht, etwas zu zerstören. Doch dunkle Magie wird letzten Endes niemals so mächtig und dynamisch sein wie helle Magie. Die von Wesen einer höheren Entwicklungsstufe ausgeübte Magie kann sich gegenüber niederen Geisteinflüssen immer behaupten. Während weiße Magier sich als Werkzeug höherer geistiger Mächte begreifen, schließen Schwarzmagier mit dunklen Gewalten einen Pakt und wähnen sich im Bunde mit diesen Mächten. Den ‚Fürsten der Finsternis' betrachten sie als ihren Gebieter, dem sie sich zu unbedingtem Gehorsam verpflichten.

Selbst die katholische Kirche ist nicht frei von magischen Riten. Einige der katholischen Sakramente sieht A.M. DiNola als magisch an und somit als geeignet, äußerst wirksam das menschliche Handeln zu ergänzen (S.281.) Bei der Taufe eines Kindes sprachen noch vor wenigen Jahrzehnten Priester die Bannformel: „Ich beschwöre dich, Satan, fahre aus!" (*Exorcicate vade, satane!*) Auf die Zusammenhänge kirchlicher Sakramente mit der Magie deutet auch J.M. Verweyen. Er spricht von einer „geweihten, vergeistigten Magie, von einer Magie höherer Ordnung". Die Segnungen, die Weiheformeln beruhen auf der metaphysischen Überzeugung vom Eintritt entsprechender magischer Wirkungen.

Hinter dem religionsgeschichtlichen Wandel der Formen existiert eine ‚magische Grundform', die besonders innerhalb des katholischen Kultes breite Anwendung findet. Schon die Messgewänder der Priester besitzen eine magische Ausstrahlung und Kraft. Der Träger eines solchen Gewandes hat die Empfindung, umgewandelt zu sein. Selbst das Tragen von Uniformen erzeugt einen ähnlichen Effekt, nur in anderer Art und Weise. Das Falten der Hände, auch das Handauflegen, geht vermutlich auf altes medizinisches Wissen zurück, das darin ein magisches Mittel zur Kraftansammlung sah.

In der Magie der Naturvölker stehen die weiblichen und männlichen Schamanen als Mittler zwischen der sichtbaren Welt und den unsichtbaren Mächten. Ihnen sagt man nach, mit besonderen magischen Kräften ausgestattet zu sein, die ihnen Einblicke in andere Realitäten gewähren und Zugang verschaffen zu tieferem Wissen. Ein stechender Ausdruck der Augen kennzeichnet sie. Ihre besonderen Fähigkeiten verwenden sie zu Heilzwecken und insbesondere auch zu exorzistischen Ritualen, zur Befreiung Hilfesuchender von dem Einfluss dunkler Geister.

Dunkle Energien, die der Geist eines Menschen in die Finsternis projiziert hat, müssen durch Menschen auch wieder ins Licht zurückgeführt werden, so lautet das Gesetz. Alles das, was Individuen an dunklen und grobstofflichen mentalen Erzeugnissen geschaffen haben, soll auch durch Menschen wieder umgewandelt und verfeinert werden. Spirituelle Menschen entwickeln besondere Fähigkeiten, zu denen die Macht des geistigen Erzeugens gehört, die Fähigkeit der

Verwandlung. Diese Gabe entsteht im Zuge einer geistigen Entwicklung ohne forcierte magische Übungen.

Geistige Wesenheiten dürfen nicht ohne weiteres in dasjenige, was in der Verantwortung des Menschen liegt und seine Entscheidungsfreiheit betrifft, eingreifen, betont P. Gilgen. Sie sind zwar befugt, einen gewissen Einfluss auf die Gedanken und Handlungen einer Person auszuüben, im guten wie im schlechten Sinne, doch die letztendliche Entscheidung, die Freiheit der Wahl, liegt immer beim jeweiligen Individuum (vgl.:2002, S.136).

Das Ziel vieler Magier und Hexen liegt darin, den Willen der höheren Macht zu ergründen und danach zu handeln. Im Hexenbuch findet sich der Hinweis: „Die Götter zeigen uns den Wahren Willen, mal sehr eindeutig, mal recht subtil durch Omen und schicksalhafte scheinbare Zufälle. Es ist nicht immer leicht, den Wahren Willen zu erkennen und ihm zu folgen, ja es ist meist sogar eine Lebensaufgabe" (S.38). Erst die Erkenntnis des wahren Willens und die Identifizierung mit ihm macht Individuen zu Magiern und Hexen. Den wahren Willen zu erkennen und danach zu handeln bedeutet aber keineswegs, absoluten Gehorsam und Unterwerfung zu leisten unter Anweisungen, die aus geistigen Sphären kommen. Andernfalls würde der ahnungslose Magier sich womöglich der Gewalt von Astralgeistern ausliefern, die ihn zu eigenem Vorteil benutzen und denen nur schwer wieder zu entkommen ist.

Magie bedeutet fundiertes Wissen um die uralten Gesetzmäßigkeiten des Kosmos. Es liegt an jedem selbst, ob er diese Urkräfte zum Gedeih oder zum Verderb, zum Auf- oder zum Abbau verwendet. Für den weißen Magier ist der Weg die Erlangung höherer Kräfte und die Vereinigung mit dem göttlichen Ursprung.

Die dunkle Seite der Magie

Jede Magie benötigt ein Gegengewicht.

Der Beweggrund für die Anwendung schwarzmagischer Praktiken ist vor allem das Streben nach Macht, Reichtum und Ansehen. Das höchste Ziel besteht darin, die persönliche Macht immer weiter auszudehnen und in die tiefsten Geheimnisse des Kosmos einzudringen. Schwarze Magie ist weit mehr als eine Vorliebe für das abgrundtief Böse; sie entspringt dem Wunsch des Menschen, sich selbst zu erhöhen und übernatürliche Kräfte zu erlangen. Ein Schwarzmagier will sich persönliche Vorteile verschaffen, und dazu ist ihm nahezu jedes Mittel recht. Um seine Ziele zu verwirklichen, vereint er das Böse und das Gute, Grausamkeit mit Barmherzigkeit, Schmerz und Lust zu einer eigenartigen Symbiose.

Beschwörungen, Opferungen und Zaubergesten sind die Grundlagen schwarzmagischer Praktiken. Schwarzmagisch handelt derjenige, der das Blut lebender Wesen vergießt oder der Wesen anderer Sphären zwingt, ihm zu Willen zu sein. Das Ziel ist zumeist, sich materielle Vorteile zu verschaffen oder die eigene Machtposition zu vergrößern. Etliche Magier haben den ‚Teleskopblick', d.h. sie können durch menschliche Haut hindurch sehen. Andere können einen Organismus von innen heraus zerstören. Manche wiederum sind imstande, die Schatten zu befehligen und sich selbst bei Bedarf unsichtbar machen. So können sie ungesehen unter den Lebenden wandeln. Vor Krankheiten sind sie gefeit und die Naturgewalten können ihnen nichts anhaben. Dennoch sind sie imstande, unter gegebenen Umständen den eigenen Tod herbeizuführen.

Ein erfahrener Magieanwender ist imstande, mit seinen Kräften über große Entfernung hinweg einem anderen Schaden zuzufügen. Viele Schwarzmagier kennen fernwirkende Praktiken, mit denen sie

Menschen ihrem Willen unterwerfen oder ihnen die Lebenskraft rauben. Sie können einem Opfer die Erinnerungen aussaugen und damit seine Persönlichkeit, seine Seele, zerstören. Auf ähnliche Weise werden Verräter von magisch arbeitenden Logenbrüdern bestraft, indem das zuvor ergangene Urteil durch Fernwirkung vollstreckt wird.

Beim Zelebrieren einer schwarzen Messe, die als Ritual zur Verehrung des dunklen Prinzips abgehalten wird, führt ein geweihter, abtrünniger Priester oder der Meister eines okkulten Ordens den Vorsitz. Das Dunkle wird als eine Substanz beschrieben, eine kontrollierte, intelligente Kraft, die nach außen gerichtet ist. Sie kann Objekte bewegen, sowie Dinge beeinflussen und verändern. Manche beschreiben die dunkle Essenz als eine Flüssigkeit, die nur einfache Organismen kontrollieren kann, wie z.B. Ameisen. Um ihre Macht auszuweiten, benötigt sie komplexere Organismen. Sie kann zum Parasiten werden, der in einem Wirt heranwächst.

Ähnlich den Ritualen in Kirchen vollzieht sich der Satansdienst. Auf dem Altar liegt meist der nackte Körper einer Frau, die sich für schwarzmagische Handlungen zur Verfügung gestellt hat. Wie bei den meisten dunklen Ritualen wird das Blut von Tieren oder neugeborenen Kindern vergossen. Durch das Blutopfer werden Dämonen der Astralsphäre angelockt, die sich mit den versammelten Satanisten seelisch verbinden.

Von Laien wird die Exstenz schwarzmagischer Orden oftmals in Frage gestellt. Doch schwarze Magie existiert tatsächlich, betont der spirituelle Lehrer und Philosoph O.M. Aivanhov (1990,1). Falls jemand schwarzmagischen Angriffen ausgesetzt ist, sollte er nicht mit gleichen Mitteln dagegen ankämpfen. Besser wäre es, seine Klagen der unsichtbaren Welt vorzubringen, um eine gerechte Beurteilung und Strafe des Übeltäters sowie Wiedergutmachung zu fordern. Auf den geistigen Ebenen wird dann zur rechten Zeit eine Entscheidung getroffen werden.

Auch für den Ausführenden selbst sind schwarzmagische Praktiken nicht ungefährlich. Es ist eine in der magischen Tradition bekannte

Tatsache, dass, sobald ein Magier seinen Willen dazu gebraucht, Unheil anzurichten, die ausgesandte Energie, das *Elemental,* nicht immer sein Ziel erreicht. In einem solchen Fall kehrt es wieder zurück zum Sender und richtet dort dementsprechenden Schaden an. Es besteht somit die Möglichkeit, durch das Gesetz der ‚Reperkussion' seiner eigenen Magie zum Opfer zu fallen.[5] Das kann geschehen, wenn die Zielperson sich zu wehren weiß und die ausgesandten Kräfte abweist, so dass sie den Initiator letztendlich selbst treffen. Zudem kehrt jede ausgesandte Kraft – dem kosmischen Gesetz des Ausgleichs zufolge – irgendwann zu seinem Urheber zurück.

Darum sollte sich jeder Magieanwender genau überlegen, wieweit er mit seinen magischen Experimenten gehen will, warnt Det Morson, denn: „Die Herren des Karmas, die ewigen Richter der Saturnsphäre sind ohne Gnade" (S.378). Jeder hat das von ihm geschaffene Karma zu tragen, das nach dem Gesetz des Ausgleichs mitleidlos ohne Ansehen der Person jedes Vergehen ahndet.

---

[5] Reperkussion: Die Gefahr, dass sich die willentlich ausgelösten magischen Wirkungen oder die rituell herbeizitierten Wesen gegen den Magier selbst wenden.

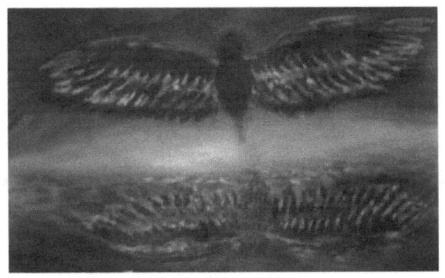

Mentale Beeinflussung aus der Ferne

Magie wirkt in Träumen am stärksten.

Alles Existierende auf der Erde bildet Muster. Ein erfahrener Magieanwender kann die Ereignismuster auf subtile Weise so manipulieren, dass genau dasjenige geschieht, was in seiner Absicht liegt. Magier, die diese Gabe hervorragend beherrschen, sind in der Lage, eine ganze Anzahl von Ereignissen gleichzeitig zu manipulieren.

In der schamanischen Tradition existiert die Vorstellung, dass alles Seiende miteinander verbunden ist, was mit dem Symbol eines Spinnennetzes veranschaulicht wird. Jeder Teil des Lebens steht mit jedem anderen in Verbindung; und was den einen betrifft, beeinflusst in unterschiedlichem Grad auch andere. Eine solche gegenseitige Verbundenheit beinhaltet auch die Möglichkeit der Einflussnahme auf Distanz, die sich bspw. Geistheiler zunutze machen.

Auch die Gedanken und Wunschvorstellungen ganz gewöhnlicher Personen schweifen ohne ihr Wissen in die Ferne und beeinflussen andere Menschen, die sich in einer analogen seelischen Verfassung befinden. Sie rufen bei den Empfängern möglicherweise einen Impuls zu bestimmten Handlungen hervor, die den ursprünglichen Motiven entsprechen. Empfindet jemand Zuneigung für eine andere Person, so werden seine Gedanken und Gefühle auf sie projiziert. Sie dringen in ihr Bewusstsein ein und üben einen entsprechend positiven Einfluss aus. Schon ein Blick, ein Lächeln, Düfte und Gesten rufen eine gewisse Wirkung hervor. Die Zuwendung, die ein Mensch anderen zukommen lässt, wird eines Tages zu ihm zurückkehren und ihm Freude bereiten. Andererseits fallen die Folgen destruktiver Gedanken und Wünsche auf denjenigen zurück der sie ausgesandt hat.

Fremdeinfluss

Man lässt sich nie die Zügel aus der Hand nehmen;
weder von Lebenden noch von Toten.

Psychische Beeinflussung zu verstehen, ist nicht ganz einfach. Dies hängt mit den unterschiedlichen Möglichkeiten, ein Bewusstsein zu manipulieren, und den Ursachen der Beeinflussung zusammen. Neben den eigenen psychischen Erzeugnissen, die unbewusst oder mit bewusster Absicht in die Umgebung gelangen, kommt es daneben auch naturgemäß zu Fremdbeeinflussung. Freunde und Bekannte üben einen mehr oder weniger starken Einfluss aus, einfach durch die Tatsache des bestehenden geistigen Kontakts. Darüber hinaus kommt es bei einigen Individuen zu mentalen ‚Überschattungen' und gegen sie gerichteten magischen Attacken, die in der Regel schwer nachweisbar sind (vgl.: M. Huber).

L. Kin schreibt: „Genauso wie man fremdes Gewebe in einen Organismus einpflanzen kann, kann man ebenso – unter Verwendung der Kombination von Schmerz, Drogen, Hypnose oder elektronischen Mitteln – einen Gedanken in den Geist einer Person implantieren. Dies bedeutet, die Selbstbestimmtheit der Person zu überwältigen und sie zum Roboter zu machen" (S.404).

Menschen werden auf zweierlei Arten zu Handlungen veranlasst: Entweder durch Impulse von innen, die von persönlichen Wünschen und Absichten ausgehen, oder von Personen sowie Ereignissen außerhalb des eigenen Selbst. Das Reagieren auf Unwelt- und Sinnesreize kann freiwillig oder unbewusst, d.h. unfreiwillig, erfolgen. Auf einige Methoden der Manipulation, die in der magischen Praxis Anwendung finden, soll im Folgenden näher eingegangen werden.

Praktizierende Spiritisten, die sich mit Tischrücken, automatischem Schreiben, Wahrsagen oder spiritistischen Séancen beschäftigen, öffnen sich für astrale Energiewesen, die sich mit ihnen verbinden und in sie einnisten. Dann kann es geschehen, das sie plötzlich unsinnige ‚Befehle' aus dem Jenseits erhalten, die bei leichtgläubigen Leuten zu gefährlichen Verirrungen führen können. Spuk- und Geistererscheinungen treten auf; Gegenstände werden verrückt, das Licht geht an und aus, Fratzen erscheinen, Schritte werden hörbar. Manche Teilnehmer berichten im Nachhinein, dass tagsüber immer wieder unsichtbare Hände an ihnen ziehen und zerren oder dass sich nachts schwere Körper auf sie legen. Andere beklagen, dass sie aus ihrem Bett gezogen und verschleppt werden.

Es ist oftmals nicht einfach, bei Mitteilungen aus der Geisterwelt zu entscheiden, von welcher Seite sie kommen. Es gibt absolute Wahrheiten, die sowohl von der schwarzen als auch von der weißen Seite in ähnlicher Weise übermittelt werden. Andererseits versuchen Wesen der niederen Ebenen, auf diese Weise einen Kontakt mit leichtgläubigen Menschen herzustellen.

Die von außen kommenden Fremdimpulse können allerdings auch von einer Person ausgehen, die sich ein bestimmtes Wissen angeeignet hat und es versteht, sich dieses geschickt zunutze zu machen, berichtet W.E. Butler. Es sei möglich, den „Mann auf der Strasse zu allen nur möglichen Arten von seltsamen, ja oft absurden Gedanken und Handlungen zu führen – oder zu verführen" (S.148). Möglicherweise wird er dazu aufgefordert, sich oder anderen Menschen Schaden zuzufügen

Erfahrene Magier können einer fremden Psyche Gedanken eingeben, die nicht die eigenen sind und sie zu Handlungen veranlassen, die nicht den persönlichen Absichten entsprechen. Magier, die sich in ein fremdes Bewusstsein einklinken, können ihm mentale Befehle erteilen und gegen seinen Willen zu Aktionen veranlassen. Sobald es jemandem gelingt, die Bewusstseinsbarrieren seines Opfers zu durchdringen, kann sich dieses den fremden Befehlen nicht wirksam widersetzen. Ein infiltriertes Bewusstsein kann sich im gegebenen Fall nicht dagegen wehren, geheime Informationen preiszugeben. Ein Magiekundiger kann jemanden psychisch derart unter Druck setzen, dass er gezwungen ist, die Wahrheit zu sagen. Zudem kann der Mensch zu Handlungen getrieben werden, zu denen er normalerweise nicht imstande wäre und die ihm zuwider sind. Im Extremfall wird er dazu getrieben, sich umzubringen oder andere zu töten. Morde und Selbstmorde aufgrund destruktiver Anweisungen von außen sind keine Seltenheit.

Zudem sind etliche Magier bestrebt, nicht nur Einflüsterungen vorzunehmen und in fremde Gedanken einzudringen, sondern eine gewisse Kontrolle über den Organismus einer Person zu erlangen. Es geht dabei nicht lediglich um Gedankenkontrolle, sondern auch um physische Kontrolle; d.h. das Steuern eines fremden Körpers mithilfe des eigenen Willens. Dunkle Magier lernen darüber hinaus, nicht nur mit einem Einzelbewusstsein Kontakt aufzunehmen, sondern mit mehreren gleichzeitig zu kommunizieren.

Physischer Kontakt vereinfacht die Bewusstseinmanipulation. Um jemandem einen mentalen Befehl zu erteilen, genügt es oft, eine Hand auf seinen Arm zu legen und sich dabei auf das zu konzentrieren, was er tun soll. Ein mentaler Anstoß tut ein Übriges. Erfahrene Magier sind fähig, mit einer einfachen Berührung die Kontrolle über das Nervensystem einer Person zu übernehmen. Sie können es lähmen, die Sinneswahrnehmungen abschalten oder das Opfer fühlen lassen, was immer sie wollen. Auch sind sie in der Lage, jede Bewegung der Person zu steuern. Durch eine einfache Berührung kann jemand sogar farbenblind werden. Die Ausübung dieser Fähigkeit erfordert allerdings direkten Hautkontakt. Auch eine subtilere Kontrolle ist möglich, indem der Magieanwender neue Empfindungen in die Wahrnehmung streut oder spezielle Fähigkeiten aktiviert.

Steht jemand unter dem unmittelbaren Einfluss eines Magiers, kann er fremdgesteuert werden wie eine Marionette, an deren Fäden gezogen wird. Jeder noch so unsinnige Befehl wird befolgt, auch gegen die bewusste Absicht des Empfängers. Inneres Sträuben hilft wenig, da das Individuum die Gewalt über seinen Eigenwillen verloren hat. Ein erfahrener Magier ist imstande, den Körper eines Menschen mit seinem Willen zu kontrollieren und seine Funktionen lahm zu legen, so dass dem Opfer nur Stimme, Sehkraft und Gehör zur Verfügung stehen. Einige Magieanwender können Geist und Körper eines anderen aus der Ferne kontrollieren, während andere hierzu direkten Körperkontakt brauchen. Auch durch einen Blick kann ein magisch Geschulter sein Gegenüber beeinflussen und ihn z.B. an jeder Bewegung hindern. Das Opfer verfällt in eine katatone Starre, ohne dass von außen der Grund hierfür ersichtlich ist. Mit einem mentalen Eingriff können sogar der Herzrhythmus und die Lungenfunktion beeinflusst werden.

Wenn das Opfer nicht gleich zu Beginn Widerstand leistet, wird es zum Sklaven eines fremden Willens, der mit ihm tun und lassen kann, was immer ihm beliebt. Er hat kaum Möglichkeiten, sich von außen Hilfe zu suchen, da er in der Regel nur dann sprechen darf, wenn es ihm erlaubt ist. Nicht selten entbrennt ein Kampf um die Vorherrschaft im Körper. Ein dunkler Magier ist imstande, den Willen einer Person zu brechen, sie mental zu vernichten und nichts als eine leere Hülle zurückzulassen. Fortgeschrittene Schwarzmagier können ein Opfer sogar zwingen, eine Waffe in die Hand zu nehmen und diese gegen sich selbst zu richten.

Gelingt es einem Magiekundigen, in die Träume einer Person einzudringen, kann er nicht nur in das Traumgeschehen eingreifen, sondern auch die Körperfunktionen manipulieren. Selbst Schlafwandeln kann durch Bewusstseinskontrolle eines fremden Geistes zustande kommen. Der Magier kann den Körper zum Aufstehen bewegen und ihn Handlungen ausführen lassen, die sich der Kontrolle des Schläfers entziehen. Dies kann mitunter gefährlich sein, falls der Schlafwandler in Situationen gerät, in denen er entweder sich selbst oder andere verletzt.

Fortgeschrittene Magier mit übernatürlichen Fähigkeiten weisen zuweilen einen völligen Mangel an Mitgefühl auf. Sie sind unfähig, mit anderen Leuten zu kooperieren und sich auf einer mitmenschlichen Ebene auszutauschen. Derartige Individuen sind hervorragend geeignet für Agenten- und Spionagetätigkeiten. Allerdings macht ihre Sensitivität viele Magieanwender selbst anfällig für das Wirken fremder Einflüsse. So kommt es vor, dass Geistwesen in sie eindringen und sich ihrer Seele bemächtigen, falls es ihnen nicht gelingt, sich ausreichend davor zu schützen.

Ausgebildete Adepten lassen niemanden ohne Erlaubnis in ihr Bewusstsein eindringen. Ihre Gedanken vor anderen zu schützen ist eine der ersten Aufgaben, denen sie sich stellen müssen. Ein gewöhnlicher Mensch hingegen ohne besondere Gaben ist einem erfahrenen Magieanwender schutzlos ausgeliefert.

Suggestiver Zwang

Alle Wirkungen und Taten in der Sinneswelt gehen von den geistigen Welten aus.

Eine Form der Telepathie ist der suggestive Einfluss, die durch geistige Manipulation Wirkungen erzielt. Magisch geschulte Personen sind in der Lage, mithilfe von mentaler Einwirkung einen Raum von ungünstigen Schwingungen zu befreien; gleichzeitig können sie Räume vor unwillkommenen Menschen schützen. Letztere werden, sobald sie den Raum betreten, unruhig und ängstlich und fühlen sich äußerst unwohl.

Die Mitglieder schwarzmagischer Logen sind befähigt, einen Menschen – oft mithilfe eines Mediums – auch aus größerer Distanz zu beeinflussen. Sie können ihn bspw. einschläfern, indem sie bei ihm ein unüberwindliches Schlafbedürfnis wecken. Dies gelingt ihnen dann besonders leicht, wenn das Opfer allein ist. Hinweise dieser Art finden sich bei F. Bardon. Die gestaute Lebenskraft der Magier ist *„eine materialisierte, d.h. verdichtete grobstoffliche Kraft, die mit der Elektrizität verglichen werden kann"* (S.109f.). Setzt jemand diese Kraft zu Heilzwecken ein, hat er oder sie *„die Möglichkeit, während des Schlafes des Patienten sich mit dessen Geist zu verbinden und im Körper des Kranken so manche Behandlungsmethode geltend zu machen...".* Umgekehrt kann die gleiche Kraft auch zum Schaden einer Person eingesetzt werden.

Auch magische Spiegel, die mittels Imagination ‚aufgeladen' wurden, können als eine Art ‚Sender' benutzt werden. Der Spiegel dient dazu, „Gedanken, Worte und Bilder auf nicht magisch geschulte Personen zu übertragen, die nicht die geringste Ahnung haben, dass auf diese Art etwas gesendet wird und sie eventuell beeinflusst werden könnten. In diesem Falle braucht der Magier nur in den mit Akasha geladenen Spiegel sein Vorhaben mit dem Befehl zu bannen, dass auf diese oder jene Person dies oder jenes übertragen werden solle", schreibt Bardon (S.252f.).

Beim Empfänger stellen sich verschiedene Reaktionen ein, abhängig von der mentalen Stärke des Senders: Meist wird er unruhig werden und intensiv an den Sender denken. Oder er wird die Botschaft den eigenen Gedanken zuordnen. Falls er sensitiv veranlagt ist, wird er den Unterschied bemerken und den Eindruck haben, dass die Mitteilung von einer anderen Person kommt. An diesem Beispiel wird ersichtlich, wie schwer es in Einzelfall sein kann, der Fremdbeeinflussung auf die Spur zu kommen.

Magier sind infolge ihrer mentalen Überlegenheit imstande, einem jeden Menschen, der nicht über einen ähnlichen Entwicklungsstand verfügt wie sie, Suggestionen in das Unterbewusstsein einzupflanzen. Für einen Magier ist es eine Leichtigkeit, auch über große Entfernungen hinweg Suggestionen zu erteilen. Er kann bspw. mit seinem Geist die betreffende Person aufsuchen, um sie – vorzugsweise in einem herab gedämpften Bewusstseinszustand oder im Schlaf – suggestiv zu beeinflussen. Nicht nur für die gegenwärtige Situation, sondern auch für die entfernte Zukunft können derartige Suggestionen erteilt werden, wobei der Zeitpunkt der suggestiven Wirkung in das Unterbewusstsein der betreffenden Person verlegt wird.

Erfahrend Magier können anderen Menschen fremde Erinnerungen einpflanzen. Sie sind imstande, paranoide Gedanken in ihnen wecken, sie erschreckende Visionen sehen zu lassen und eine psychische Zerrüttung bewirken, welche die Opfer nicht selten in die Psychiatrie befördern. Sie können ihre Opfer hypnotisieren, auf ihren feinstofflichen Ätherkörper einwirken und ihnen bestimmte Impulse einpflanzen. Auf diese Weise sind sie imstande, sich willige Diener zu schaffen. Psychiater neigen leider dazu, die Verursachung der Probleme ausschließlich in der Psyche und im Unterbewusstsein der Patienten selbst zu suchen und so gut wie nie andere Möglichkeiten in Betracht zu ziehen. Dies ist ein Mangel, welcher die Ursachen psychischer Probleme stark vereinfacht darstellt und keine echte Handhabe für eine adäquate Behandlung bietet.

„Wenn man das Leben nicht wie ein blinder Materialist, sondern wie ein sehender Mensch auffasst, dann kann man überall die geistigen Einflüsse spüren, und wer die Einflüsse kennt, der versteht erst das Leben", erklärt Rudolf Steiner (in: Flensburger Hefte, So 12, S.152). Seelischer Zwang, der darauf abzielt, in die freien Entscheidungen anderer Menschen einzugreifen, sie zu hypnotisieren und zu bezwingen, gehört zu den schwarzmagischen Praktiken. Es geht – ähnlich wie in der modernen Technik – darum, auf unbewusste Schichten in der Psyche anderer Menschen einzuwirken.

Auch die Mainstream Medien und etliche Politiker verwenden Methoden der suggestiven Beeinflussung. Regionale und globale Krisen werden dazu benutzt, Menschen in willige Befehlsempfänger zu verwandeln, die klaglos bereit sind, auf einen großen Anteil ihrer Freiheitsrechte zu verzichten, um einer vermeintlichen oder inszenierten Gefahr vorzubeugen. Halbwahrheiten lassen sich manchmal kaum von echten Wahrheiten unterscheiden und nicht viele Leute sind kritisch genug und in der Lage, sich ein realitätsgetreues Bild zu machen.

Telepathische Übertragung

Aus großer Kraft erwächst große Verantwortung.

Telepathischer Einfluss ist ein der Suggestion verwandtes Gebiet. Für geschulte Magier ist es ein Leichtes, ihre Gedanken telepathisch auf eine andere Person zu übertragen. „Dabei bleibt es dem Magier überlassen, ob er es dem Subjekt eingeben will, dass es sein – also des Magiers – Gedanke ist oder der irgendeiner anderen Person, oder aber er lässt den Empfänger in dem Glauben, dass es dessen Gedanke ist", berichtet F. Bardon (S.310).

Auch gegen den Willen eines Menschen können Gedanken einsuggeriert werden. Der Magier kann „in der telepathisch zu beeinflussenden Person die Gedanken ausschalten und ihr Gedanken einprägen, die dem Magier wünschenswert erscheinen." Selbst Gefühle lassen sich auf andere übertragen. Damit sie ihren Gesprächspartner besser einschätzen können, dringen Magiekundige nicht selten in dessen Gedanken ein, um herauszufinden, welche Absichten er hegt und ob er den Übergriff bemerkt. Geübte Telepathen können den Geist anderer Menschen infiltrieren, um an geheime Informationen zu kommen. Sie zapfen, ähnlich wie bei einem Telefon, unmittelbar den fremden Geist an und kommunizieren mit ihm, so als befände sich die Person am anderen Ende einer Leitung. Ein Magiekundiger ist zudem imstande, im Spiegel des fremden Bewusstseins diejenigen Gedankenbilder und Vorstellungen hervorzurufen, die für seine Pläne günstig sind.

F. Bardon äußert die Überzeugung, dass kein wahrhaft ,Wissender'
sich dazu hergeben würde, mit seinen Kenntnissen derartigen Missbrauch zu treiben. Dunkle Magier hingegen streben die mentale Kontrolle anderer Person an, in deren Geist sie eindringen.

Telepathie ist so etwas wie ein siebter Sinn, nur viel feiner als die
normalen Sinneswahrnehmungen. Die Worte eines Gesprächspart-
ners tauchen plötzlich im Kopf eines Empfängers auf, zusammen mit
einer Vorstellung, einem Bild des Senders. Oftmals er weiß intuitiv
um die Botschaft, die ihn gerade erreicht Telepathen können sich
darüber hinaus in Gedanken etwas ,zurufen', sofern eine Mittelung
besonders dringlich ist. Das so genannte ,laute Denken' kann für
Sensitive, die sich auf telepathische Übertragungen verstehen, unangenehm sein. Sobald der andere laut denkt, dröhnen die Worte im
Kopf des Empfängers. Dies kann ein erschreckendes Erlebnis sein,
wenn es den Sensitiven unvorbereitet trifft.

Magische Schulung

In der magischen Schulung geht es darum, die telepathischen Fähigkeiten des Anwärters zu verbessern. Telepathie erlaubt es ihm nicht
nur, die Gedanken eines Menschen aus der Ferne zu beeinflussen, er
vermag zudem, die geheime Gedankenwelt eines Menschen zu ergründen und von seinem Tun und Lassen Kenntnis zu erlangen. Unter Umständen kann er das Leben des anderen lesen wie ein aufgeschlagenes Buch.

Die Jünger lernen, nicht nur mit einem einzelnen Bewusstsein Kontakt aufzunehmen. Geschulte Magier können in mehrere Köpfe
gleichzeitig blicken. Während ein Anfänger sich in der Nähe einer
Person aufhalten muss, um ihre Gedanken zu ergründen, kann ein
erfahrener Magiekundiger auch auf größere Distanzen hinweg Gedanken lesen und das Gedachte entschlüsseln. Aufgrund des starken
mentalen Lärms der Umgebung, der besonders im städtischen Bereich sehr störend sein kann, kann es schwierig sein, sich auf einen

einzelnen Gedanken zu konzentrieren. Eine andere Möglichkeit, in das Bewusstsein eines Menschen einzutauchen besteht darin, die Spitze des Zeigefingers auf die Stelle zwischen die Augen zu legen, wobei sich eine Flut von Empfindungen überträgt.

Vielen Magiern geht es darum, nicht allein durch magische Erkundungen, sondern auch mit schlichter Menschenkenntnis die geheimen Gedanken ihres Gegenübers in Erfahrung zu bringen. Ein Magiekundiger kann oft aus der Art, *wie* jemand einer Frage zuhört, mehr schlussfolgern als aus den Worten, mit denen dieser antwortet.

Geistige Lehrer und Helfer kommunizieren oftmals telepathisch mit ihren Jüngern, ohne eine direkte Kontrolle auszuüben. Die gedankliche Verständigung ist für den Schüler mehr oder weniger deutlich wahrnehmbar. Geistlehrer sind sehr treffsicher darin, dasjenige in Gedanken zu formulieren, was vorgefallen ist und auf die Punkte hinzuweisen, die noch verbesserungswürdig sind. Dabei spüren sie mehr von dem, was im Innern des Jüngers vorgeht, als diesem manchmal lieb ist.

Ein intensiver telepathischer Kontakt ist gekennzeichnet durch das Erlebnis, jemanden in seinem Verstand zu haben, der sich wie ein Fremdkörper anfühlt; so als wäre man das Selbst und gleichzeitig ein anderer. Die Vorstellung, jemand anders könne mühelos die persönlichsten Gedanken lesen, kann sehr verstörend sein, zumal es nicht immer leicht ist, die eigenen Gedanken von den fremden zu unterscheiden.

Telepathie zwischen Lebenspartnern

Manche Leute können Gedanken hören, so als würden sie laut ausgesprochen. Wenn jemand die Gedanken eines anderen empfängt, kann dieser in der Regel im Gegenzug auch die eigenen lesen. Eine persönliche Verbindung, wie sie unter Verwandten und Freunden besteht, erleichtert den telepathischen Austausch. Wenn zwei Freunde miteinander in telepathischem Austausch stehen, denken sie sich manchmal ein Fantasiewort aus, um die Aufmerksamkeit des anderen zu erregen. Dabei handelt es sich meist um eine Abfolge von Silben, die niemand sonst in der Welt benutzt. Der Empfänger hört die Stimme in seinem Kopf oft so deutlich, als käme sie von außerhalb.

Liebespaare, die sehr eng miteinander verbunden sind, lassen den Partner gewöhnlich an allem teilhaben, was sie empfinden. Eine innige Verbindung zwischen Paaren ermöglicht direkte telepatische Übertragungen, so dass der jeweils andere die Stimmungen und Gedanken des Partners auffängt. Oft ist es gar nicht nötig, dem Gegenüber seine Empfindungen mitzuteilen; er kann im anderen lesen wie in einem offenen Buch. Vor allem während des intimen Beisammenseins öffnet sich das Bewusstsein, und die Gefühle und Gedanken der Partner sind eins. Die intensiven Gefühle des einen hüllen den anderen ein und vermischen sich mit seinen eigenen, bis er nicht mehr zwischen den eigenen Gefühlen und denen des Partners unterscheiden kann.

Schutz vor mentalen Angriffen

Nicht nur Gedanken, sondern auch bildhafte Vorstellungen können ausgekundschaftet werden. Ein fähiger Magier ist imstande, sich jedwedes Wissen ohne große Schwierigkeiten aus den Köpfen anderer Leute anzueignen. In der Magie Bewanderte wissen sich meist vor derartigen Angriffen zu schützen, indem sie mentale Barrieren errichten.

Es empfiehlt sich auch für den Laien, gegen das fremde Eindringen in die eigene Gedankenwelt Schutzmaßnahmen zu ergreifen. Empfehlenswert ist folgende visuelle Übung:

▓ Man stellt sich einen Turm mit massiven Mauern vor, welche die eigenen Gedanken umgeben und fremde Eindringlinge ausschließen.

Verfügt der Sender allerdings über starke Geisteskräfte, wird es für einen Ungeschulten schwierig sein, ihn abzuwehren. Unverblümt sendet er seine Gedanken in den Kopf des Empfängers, ohne dass dieser etwas dagegen unternehmen kann.

Erfahrene Hexen und Magier entwickeln ein untrügliches Gespür dafür, ob jemand mental in ihren Geist einzudringen versucht. Sie lassen niemanden ohne ihre Erlaubnis in ihr Bewusstsein vordringen, da sie bereits sehr früh lernen, ihre Gedanken von anderen abzugrenzen.

Für Wesenheiten, die nicht von dieser Welt sind, gelten gewisse Grenzen. Eine dieser Einschränkungen besteht darin, dass Geister in der Regel mit niemandem in der irdischen Welt Kontakt aufnehmen können. Für diesen Zweck benötigen sie ein telepathisch begabtes Medium, das ihre Botschaften verstehen kann und ihre Anweisungen befolgt.

Die Fernwirkung der Gedanken

„Wahre Energie ist die Energie des Bewusstseins."
P.D. Ouspensky

Es gibt eine verborgene Seite im Leben: Jedes Wort, jeder Gedanke und jede Empfindung hinterlässt eine Wirkung in der unsichtbaren Welt. Diese nicht sichtbaren Wirkungen sind oft von größerer Bedeutung als die offensichtlichen.

Die Zeitspanne vom Aussenden eines Gedankens und dem Zeitpunkt, in dem sich eine Gedankenform bildet und zum Urheber zurückkehrt, beträgt in etwa drei Tage. Eine Gedankenform wird verstärkt durch die Reflexion ähnlicher Gedanken, die sich mit ihr verbinden. Fröhliche Gedanken ziehen ebensolche an. Aufbauende Gedankenformen besitzen die Kraft, Kranken und Schwachen zu helfen oder Einsame und Trauernde zu trösten, während destruktive Gedanken sich mit gleichartigen verbinden und Wutausbrüche oder trübsinnige Verstimmungen zur Folge haben.

Manipulation des Bewusstseins

Geschulte und geübte Magier verfügen über die Fähigkeit, in der Psyche anderer Leute Veränderungen herbeizuführen. Sie können das Bewusstsein einer Person mit magischen Kräften dirigieren, um ihr Denken in die von ihnen gewünschte Richtung zu lenken. Dabei übernehmen sie die Kontrolle nicht durch physische Gewalt, sondern durch die Kraft und Macht ihres Verstandes und indem sie sich mental mit dem fremden Nervensystem verbinden.

Will jemand eine andere Person telepathisch beeinflussen, benutzt er häufig keine Worte, sondern konzentriert sich auf die Zielperson und übermittelt ihr einen Befehl, eine Empfindung, verknüpft mit dem Bedürfnis, eine bestimmte Handlung auszuführen, sich an einen bestimmten Ort zu begeben, etc. Doch nicht bei allen Menschen funktioniert die Fernbeeinflussung reibungslos. Falls jemand einen starken Widerwillen gegen diese Art der Einflussnahme entwickelt, kann er sich dem fremden Diktat entziehen.

Viele Magier experimentieren mit der Kraft des Denkvermögens, um aus der Entfernung auf Menschen, Tiere und Gegenstände einwirken zu können oder geheime Informationen aufzufangen. Magiekundige können mit jeder Person, die mit einem bestimmten Gegenstand in enge Berührung gekommen ist, in Verbindung zu treten. Ein persönlicher Gegenstand, wie etwa ein Schal oder ein Ring, kann als Fokus verwendet werden, um Einfluss auf den ehemaligen Besitzer auszuüben. Selbst die Gedanken des betreffenden Menschen können mithilfe des Gegenstandes gelesen werden. Er kann sogar dazu dienen, die Person geistig, seelisch und auch körperlich zu manipulieren.

Magisch geschulte Personen können geschäftliche Abschlüsse ganz nach ihren Wünschen gestalten. Sie sind imstande, einen bestimmten

Menschen mit einem Zauber zu belegen, der aufkommende Zweifel unterbindet. Oder sie beschäftigen sich damit, gewisse Gegenstände mit negativen Energien aufzuladen, um sie anschließend bestimmten Leuten zukommen zu lassen in der Absicht, sie für eine Sache einzunehmen oder sie zu schädigen. Mit großem Geschick können sie um ein Bewusstsein ein magisches Netz weben, wodurch jegliches Misstrauen verhindert wird.

Beherrscht jemand die Kunst der magischen Illusion, hat er in den meisten Fällen leichtes Spiel. Zwar kann ein magischer Zauber wieder aufgehoben werden, doch dies gestaltet sich überaus schwierig. Es ist für geschulte Magier stets leichter, ein menschliches Bewusstsein zu manipulieren, als elementare Materie zu beschwören. Auch eine feindselig eingestellte Person kann theoretisch auf ein manipuliertes Bewusstsein einwirken und es seinen Zwecken dienstbar machen.

Die Gedankengänge und Bilder im Unterbewusstsein anderer Leute können von fortgeschrittenen Okkultisten wahrgenommen werden. Sie können sogar ins Unterbewusstsein eingreifen und die Bilder abschwächen oder gar auslöschen. Besorgt notiert F. Bardon: „Da der Magier die Möglichkeit hat, auf diese Art einer jeden Person das Gedächtnis zu rauben, wird vor Missbrauch gewarnt und niemand, dem es um die ethische Entwicklung geht, wird sich zu einer solchen Tat verleiten lassen" (S.316f.). Mittels der Beherrschung elementarer Kräfte gelingt es der magischen Fernbeeinflussung, jedermann „ob Mensch oder Tier, augenblicklich zu lähmen." Denn: „Ein vollkommener Eingeweihter, ein Adept, kann alle und noch größere magische Phänomene... auf Grund der Universalgesetze vollbringen."

F. Bardon gestattet bedeutsame Einblicke in magisches Wirken, die einige Erklärungen für schwer fassbare Symptome liefern bei Patienten, die früher als ‚hysterisch' galten und die mittlerweile als ‚psychotisch' eingestuft werden. Magische Übungen implizieren immer die Möglichkeit, die erlangten Kräfte für oder gegen andere Menschen einzusetzen und diese, auch gegen ihren Willen, massiv zu beeinflussen.

Fortgeschrittene Okkultisten erlangen die Fähigkeit, mentale Befehle zu erteilen, denen sich die Empfänger nur schwer widersetzen können. Eine gewisse Methode der Kontaktaufnahme besteht darin, sich eine Person gedanklich vorzustellen und diese beim Namen zu rufen. Verfügt dieselbe nicht ebenfalls über okkultes Wissen, wird sie mehr oder weniger stark auf den ‚Anruf' reagieren. Die Okkultisten „können mit einer bestimmten Person in Kontakt treten; mit einer vorgegebenen Idee in den Geist einer anderen Person eindringen, um deren Handlungsweise in einer bevorstehenden Situation zu beeinflussen", erklärt F. Bardon. Diese wenig bekannten Mittel kommen insgeheim auch dort zum Einsatz, wo bedeutende Entscheidungen getroffen werden.

Selbst die Gedächtnisleistung eines Individuums vermögen geübte Magier auf direkte oder indirekte Art zu beeinflussen. Sie können „bestimmte Ideen, Gedanken und Erinnerungsbilder mittels Imagination im Bewusstsein und somit auch im Gedächtnis abschwächen, verwischen oder ausschalten", erklärt W. Butler (S.316). Menschen sind zwar selbst die Erzeuger ihrer Gefühle, die Intensität des Fühlens kann jedoch von außen beeinflusst werden. Manche Magieanwender dringen sogar in fremde Träume ein und verändern diese. Sie sind imstande, dem Träumer hypnotische Befehle einzupflanzen, in ganz ähnlicher Manier, wie das beim Programmieren von Computern geschieht. In dem US-Spielfilm *Manchurian Kandidat* wurde ein solches Vorgehen, das auf Tatsachen beruhen soll, in eindrucksvoller Weise geschildert.

Hypnotische Suggestion

Hypnotisierte Menschen befinden sich in einem veränderten Bewusstseinszustand, in dem das Unbewusste in andere psychische Bereiche vordringt und gegenüber dem verdrängten Wachbewusstsein seinen Einfluss geltend macht. Gedanken aus dem Unbewussten steigen ins Bewusstsein auf und legen verschüttete Informationen frei. Hypnotische Zustände können sogar auf telepathischem Wege ausgelöst werden. „Über die Hypnose sind verschiedene mehr oder weniger brauchbare Hypothesen aufgestellt worden. Eine den gesamten Komplex umfassende, befriedigende Erklärung für dieses Phänomen steht indes noch aus", schreibt E. Meckelburg (S.79f.).

D. Fortune unterscheidet verschiedene Arten der Suggestion. Während Autosuggestion ihren Ursprung in eigenen Bewusstsein hat, stammt Fremdsuggestion aus dem Bewusstsein eines anderen und wird in der Regel durch die normalen Kanäle des gesprochenen und geschriebenen Wortes sowie durch Bilder übertragen. *Telepathische Suggestion und die Anwendung hypnotischer Methoden sind der Schlüssel zu einem Grossteil der Phänomene, die durch magische Operationen erzeugt werden.*

Hypnotische Suggestion kann direkt auf das Unterbewusstsein einwirken, ohne überhaupt vom Wachbewusstsein registriert zu werden. Zur hypnotischen Suggestion zählen:

◻ Suggestion bei Personen, die durch Fixierung der Augen auf einen hellen Gegenstand oder durch magnetische Striche in Trance versetzt werden.

◻ Suggestion während der Schlafperioden.

◻ Telepathische Suggestion.

Diese Formen der Suggestion wirken, unabhängig vom normalen Bewusstsein und unter Umgehung der Zensur, auf das Unterbewusstsein der betreffenden Person ein. Vielfach werden diese Suggestionen nicht als von außen kommend erkannt.

„Wir sehen den unsichtbaren Samen nicht, der in unser Bewusstsein durch das Bewusstsein eines anderen gesät wurde, aber nach einiger Zeit beginnt er zu keimen...", bemerkt D. Fortune (S.46f). Sofern einer Suggestion unkontrollierter Spielraum über einen langen Zeitraum gegeben wird, sind die Einflussmöglichkeiten sehr weitreichend. Um mit einer fremden Willenskraft den Willen anderer zu beherrschen, wird die Person mental ‚umzingelt', regelrecht eingesponnen, um sich ihrer zu benächtigen. Wie eine Schlange wickelt sich der Angreifer mental um seine Beute. Das Opfer fühlt sich zunehmend gebannt, sogar besessen, und kann sich nur schwer den fesselnden Banden entziehen.

Diese Art von Beeinflussung wird in den Zeremonien des ‚Pfades zur Linken' gelehrt.   Spirituelle Lehrer wie R. Steiner und H .Rudolph lehnen hypnotische Beeinflussung kategorisch ab, denn diese schränkt den Eigenwillen ein, überwältigt den Menschen, und vergreift sich somit an der Freiheit der Person. Dem Ätherkörper werden fremde Impulse eingeimpft, was vor allem dann möglich wird, wenn sich der physische Körper in Lethargie befindet.

In der gegenwärtigen Zeitepoche bahnt sich allgemein eine Lockerung der feinstofflichen Körper vom materiellen Körper an. Als Folge davon üben die Eindrücke der Umwelt einen zunehmend stärkeren Einfluss auf das Unterbewusstsein aus. Den ‚Flensburger Heften: Schwarze und weiße Magie' ist zu entnehmen: „Auch wenn man meditiert, also eine okkulte Entwicklung anstrebt, lockert sich der Astralleib vom Ätherleib und physischen Leib und ist von daher nicht mehr durch diese beschützt, d.h. er ist beeinflussbar. Bei entsprechender Veranlagung können natürlich auch andere Menschen auf ihn einwirken. Dass ein Magier, der über ausgeprägte Fähigkeiten verfügt, mit seinen Willenskräften einen Menschen mit gelockertem Astralleib beeinflussen kann, versteht sich von selbst" (S.66).

Der Astralkörper eines geschulten Magiers ermöglicht die Entfaltung von Kräften, welche die Beeinflussung schwächerer Naturen erlauben. Dauert eine Beeinflussung an, dann trägt die schwächere Persönlichkeit die Bilder und Phantasien der fremden Persönlichkeit in ihrem eigenen Astralkörper. Dies festzustellen, ist nur Menschen mit hellseherischen Fähigkeiten möglich. Nur sie sind fähig zu ermessen, wie tief eine hypnotische Beeinflussung gehen kann.

Hexentum und Magie

Eine Schrift von Frater Widar führt in die Praxis des Hexentums ein. *Wicca*, der Hexenkult – vom Autor als ‚die älteste Religion der Welt' bezeichnet – wird hier keineswegs als schwarzmagisch aufgefasst. Nichtsdestotrotz gibt Widar in seiner Schrift bedenkenlos Anleitungen zu magischer Fernbeeinflussung anderer Personen.

Die magische Fernbeeinflussung wird, so Widar, „im Hexentum häufig mit erstaunlichem Erfolg angewandt... Das Gedanken- und Gefühlsleben anderer lässt sich beliebig beeinflussen. Man kann Freundschaften in Feindschaften verwandeln und umgekehrt, Gefühle der Angst und Furcht oder der Freude und Hoffnung hervorrufen und jedem menschlichen Geist, der nicht willensfest ist, seinen Willen aufzwingen" (S.53). Auch der Einsatz bestimmter Symbole, die sich nicht an das bewusste Denken, sondern an unbewusste Schichten der Psyche wenden, zeitigt eine prägnante Wirkung.

O.M. Aivanhov warnt vor solchen Praktiken. Menschen seien nicht dazu berechtigt, ihre Denkkraft zu schädlichen Zwecken einzusetzen. Das sei schwarze Magie, die früher oder später zu negativen Konsequenzen für den Sender führe (1990,1, S.15). Die Macht des Denkvermögens zu ergründen ist an sich nicht schädlich. Doch viele Leute kennen weder moralische Grundsätze noch Gewissenhaftigkeit und versuchen aus allem, was ihnen in die Hände fällt, einen Nutzen zu ziehen. „Aus diesem Grund sind schon etliche Menschheiten von der Erdoberfläche verschwunden", berichtet Aivanhov. Das gleiche Schicksal bedrohe die gegenwärtige Zivilisation, wenn nicht bald ethische Grundwerte die Oberhand gewinnen.

Jede mentale Einflussnahme auf Psyche und Geist eines Menschen aber, welche von dieser nicht bewusst akzeptiert wurde, muss als bedenklich gelten, selbst wenn eine hilfreiche Absicht dahinter steckt. An Anfang muss immer die Aufklärung des betreffenden Individuums stehen. Der ‚wahre Eingeweihte' des Hexentums wird seinem Handeln keine unlauteren Motive zugrunde legen, zumal er die Rückwirkung negativer Anwendungen auf die eigene Person fürchtet.

Gedankenbotschaften in Tibet

Tibetische Lanas beschäftigten sich zu Beginn des 20. Jhdts ausgiebig mit der Fernwirkung der Gedanken, wie Alexandra David-Néel anschaulich darlegt. Für sie ist die mentale Fernwirkung eine Wissenschaft, die wie jede andere erlernt werden kann, vorausgesetzt, die Person ist dafür geeignet und erhält die nötige Schulung. Die erste Vorbedingung ist, den eigenen Geist völlig unter Kontrolle zu bringen. Eine der Hauptschwierigkeiten ist die unbeirrbare Ausrichtung der Gedanken, die solange aufrechterhalten wird, bis ein Trancezustand erreicht ist.

A. David-Néel, die als einzige Europäerin den Rang eines tibetischen Lamas bekleidete, kannte sich in den tibetischen Lehren aus wie keine Zweite: „Die ausschließliche Hinwendung des Gedankens auf einen einzigen Gegenstand muss so weit gehen, dass alle anderen Gegenstände darüber aus der bewussten Wahrnehmung verschwinden. Das ist für die Lamaisten eine der Grundfesten ihrer geistigen Schulung. Andererseits enthält die Ausbildung auch Übungen, die dazu befähigen sollen, verschiedene Strömungen der geheimen Kräfte wahrzunehmen, die das Weltall in jeder Richtung durchkreuzen." (in: Heilige und Hexer, S.225).

Fortgeschrittene Schüler der Geheimwissenschaft beweisen ihr Können durch Aussenden von Gedankenbotschaften. Sie streben danach, mittels Fernwirkung die Gedanken und Handlungen verschiedener Personen anzuregen und selbst Tiere in deren Verhalten zu beeinflussen. Besonders in Einsiedeleien werden solche geheimen geistigen Übungen trainiert. Von berühmten Einsiedlern erzählte man, sie könnten nach Belieben aus der Ferne mit ihren Schülern kommunizieren und überhaupt mit allen Lebewesen in geistigen Verkehr treten. Dies wurde als Begleiterscheinung ihrer tiefen Einsichten in die geistigen Gesetze gewertet. A. David-Néel war selbst fest davon überzeugt, Gedankenbotschaften von etlichen Lamas erhalten zu haben, mit denen sie einen mentalen Verkehr unterhielt.

Tibet war in der ersten Hälfte des 20.Jhdts hervorragend geeignet für telepathische Gedankenübertragung: Eine große Stille lag über dem Land und große Menschenansammlungen fehlten, so dass die ‚Wellenbewegungen', die dem Phänomen höchstwahrscheinlich zugrunde liegen, sich gleichmäßig, ohne Unterbrechung, ausbreiten konnten. In der Gegenwart hat sich die Situation in Tibet stark verändert und es bleibt unklar, ob Einsiedler in den Bergen heute noch geheime Botschaften nach außen senden.

Fälschung von Erinnerungen

Erinnerungen stellen eine mächtige Form von Magie dar.

Manche Magier werden mit all ihren Erinnerungen in einem neuen Körper wiedergeboren. Sie sind nun in der Lage, ihre früheren Ziele weiterzuverfolgen. Alte Freundschaften von einst werden erinnert, so wie auch die Zwistigkeiten. Gegnerschaften werden auch im neuen Körper weiter ausgetragen.

Einige fortgeschrittene Magier entwickeln eine lückenlose Erinnerung an alles, was sie je erlebt haben. Fortan sind sie außerstande, irgendetwas zu vergessen. Andere können das Gedächtnis einer fremden Person lesen wie ein aufgeschlagenes Buch. Ein Ansturm von Erinnerungen kann für ein Bewusstsein gefährlich werden. Sind die Wände zwischen den Erinnerungen durchlässig und bekommen leicht Risse, fließen die Gedanken ungesteuert ineinander, was zu Verwirrtheitszuständen führen kann.

Mit magischen Mitteln können Erinnerungen und Verstand eines Menschen manipuliert werden. Mitglieder okkulter Gemeinschaften sind in der Lage, das Wissen und das magische Talent eines Verstorbenen auf ein lebendes Mitglied des Ordens zu übertragen. Der Empfänger wird gelegentlich von Erinnerungen heimgesucht, die nicht seine eigenen sind. Es kann vorkommen, dass er plötzliche Anfälle von Zorn erlebt oder Fähigkeiten entwickelt, die er zuvor in dieser Weise nicht kannte.

Geschulte Magier kennen Methoden, sich die Erinnerungen einer anderen Person anzueignen. Sie sind imstande, anderen Menschen Zeit zu ‚stehlen', d.h. sie entziehen ihnen die Erinnerungen, so dass die Opfer anschließend nicht mehr wissen, wer sie eigentlich sind. Sie leiden anschließend unter *Blackouts* und verlieren nach und nach ihre angelernten Fähigkeiten. Sie kennen die Wege nicht mehr, die sie früher gegangen sind und verlernen selbst einfache Handgriffe. Auch die Gesichter ihnen bekannter Personen kommen ihnen nicht mehr vertraut vor.

Wird eine Person zu einer Gefahr, kann ein versierter Magier deren Kräfte blockieren und ihre Erinnerungen auslöschen. Die Gedanken werden abgesaugt, und mit ihnen die Persönlichkeit. Manchmal hört oder sieht jemand etwas, das nicht für ihn bestimmt war und das der absoluten Geheimhaltung unterliegt. Dann tritt nicht selten ein Magiekundiger auf den Plan, der die belastenden Erinnerungen aus dem Bewusstsein löscht.

Wenn jemand sein Gedächtnis verloren hat, wird er höchstwahrscheinlich niemanden angreifen oder Geheimnisse ausplaudern. Leute ohne Erinnerung sind sehr beeinflussbar; sie lassen sich leicht in einer gegebenen Situation manipulieren. Ein Magiekundiger kann anderen Leuten auch falsche Erinnerungen einpflanzen, ohne dass diese Veränderung besonders auffällt.

Mit magischen Mitteln gelingt es dunklen Magiern, in einem schlafenden Bewusstsein Operationen vorzunehmen. Dabei muss der Schlafende völlig bewegungslos verharren; bereits ein leichtes Hin- und Herdrehen des Kopfes kann alles zunichte machen. Bei der Operation werden Erinnerungen von Begriffsvermögen getrennt; die bewusste Kontrolle der Gliedmaßen von der unbewussten. Schwarzmagier verstehen es, einem fremden Bewusstsein eine Leine anzulegen und magische Operationen in dessen Gehirn vorzunehmen, um den Willen zu beeinflussen oder zu brechen.

Sie besitzen eine Landkarte des menschlichen Bewusstseins und dringen mit ihrem Geist über die Stirn in ihr Opfer ein. Dann ermitteln sie diejenigen Bereiche des Gehirns, auf die sie zugreifen müssen, um ein Individuum in eine leicht lenkbare Marionette zu verwandeln. Über die inneren Organe manipulieren dunkle Magier die Nervenbahnen. Sie sind sogar imstande, Nervanbahnen und Neuronenbündel, die aus einem Individuum ein eigenständig denkendes und fühlendes Geschöpf machen, zu zerstören. Die Ich-Persönlichkeit wird zerstört, indem die Erinnerungen gelöscht werden.

Zurück bleibt nur eine körperliche Hülle, ausgestattet mit der Merkfähigkeit an die nötigen Bewegungsabläufe, doch kaum mehr von Verstand beseelt. In der Psyche ist eine Leere entstanden, die der Magier mit seinem eigenen Geist ausfüllen kann. Ein Schwarzmagier übt sich darin, einen fremden Körper zu führen, als wäre er die Verlängerung seiner selbst. Mit ein wenig Übung gelingt es ihm, die menschliche Marionette zu steuern.

In einigen Fällen wird das Gedächtnis Leuten entzogen, die sich magische Fehltritte geleistet haben. Der Entzug wird als Strafe für begangene Missetaten verhängt. Mit mentalen Fühlern dringt der Magier in das fremde Gehirn ein und zerstört die Nervenbahnen und Neuronenbündel, die aus einem Individuum ein eigenständig denkendes und fühlendes Geschöpf machen. Die verbleibende körperliche Hülle ist ausgestattet mit den Erinnerungen an unbewusste Kontrollvorgänge, die für das Überleben notwendig sind; eine menschliche Marionette, de sich von einem fremden, überlegenen Geist steuern lässt.

Im Fall einer partiellen Löschung des Gedächtnisses ist der Verstand eine ganze Zeit damit beschäftigt, die Zerstörung zu verarbeiten und ist zu keiner aktiven Reaktion fähig. Nach der Auflösung der

Persönlichkeit nimmt ein neues Ich, eine neue, fügsamere Persönlichkeit, den Platz der vorherigen ein. Ein Großteil der Reste der alten Identität ist verschwunden; lediglich einige Fähigkeiten und die Grundlagen der Allgemeinbildung bleiben erhalten, doch die Gedanken und Erinnerungen, welche die vorherige Persönlichkeit ausmachten, sind abhanden gekommen. Ein neuer, kooperativer Verstand wird in den Körper eingepflanzt und übernimmt dessen Funktonen.

Ein solcher Eingriff ist nicht ungefährlich und nicht jede Psyche übersteht ihn unbeschadet. Bei manchen dauert es anschließend Monate, um wieder halbwegs in den Normalzustand zurückzukehren. Neue Eindrücke, interessante Begegnungen, Reisen in fremde Länder und neue Herausforderungen helfen dabei, das Innere neu zu ordnen. Dennoch fragen sich manche der Betroffenen von Zeit zu Zeit, ob das Geschehen um sie herum real ist oder eine bloße Erinnerung.

Fortgeschrittene Magier sind fähig, durch bloße Berührung Erinnerungen von einem Körper zum anderen zu übertragen. Zudem sind Schwarzmagier dazu fähig, ihre Opfer zu zwingen, gegen ihren eigenen Willen zu handeln und kriminelle Taten zu begehen. Hinterher wird die Erinnerung daran gelöscht und der Betroffene nicht mehr, was er angerichtet hat.[6]

Dabei existiert auch eine Kehrseite. Magieanwender sind in der Lage, traumatische Ereignisse aus einem Gedächtnis zu löschen. Die Erinnerungen an erschütternde Erfahrungen belasten die Psyche des Betroffenen hinfort nicht mehr. Trauer, Schuld und der Rückblick auf frühere Verletzungen können getilgt werden und manch einen aus einer tiefen Depression befreien, in die er versunken war. Die Umstände werden im Gedächtnis modifiziert oder gelöscht. Dieses Vorgehen schafft eine Verbindung zwischen dem betreffenden Men-

---

[6] Dies scheint bei dem Mord an Robert Kennedy der Fall gewesen zu sein, als der Täter sich auf Gedächtnisverlust berief. Heimtückischer als mithilfe der Magie kann man kaum einen Mord begehen, denn der Nachweis ist ungeheuer schwer zu führen.

schen und demjenigen Magieanwender, der in sein Schicksal eingegriffen hat.

Ähnliches geschieht bei einem so genannten *Clearing*. Allerdings klagen die Klienten hinterher nicht selten über ein Gefühl der Leere, denn der Behandler hat ‚reinen Tisch‘ mit belastenden Erinnerungen gemacht, *Tabula Rasa*. Die entstandene innere Leere muss erst wieder mit neuen Erfahrungen gefüllt werden.

Erinnerungen sind Fesseln an etwas, das vergangen ist. Körperliche Narben, die auf frühere Verletzungen beruhen, sind mit den Erinnerungen an den betreffenden Vorfall behaftet. Sobald sich jemand in der Jenseitswelt dem Strom seiner Erinnerungen überlässt, kann es geschehen, dass er an dem Ort intensiver Geschehnisse, die ihn tief in seinem Innern aufwühlen, gefangen bleibt (vgl.: E. Haich).

Verstorbene müssen zuerst ihre Erinnerungen verlieren, bevor sie wiedergeboren werden. Doch die Erfahrungen des Lebens werden nicht vollständig ausgelöscht. Zwar wird das Gedächtnis getilgt, doch das erworbene Wissen ist der Seele eingeprägt. Die Essenz der Erfahrungen steht der Seele in ihrem neuen Leben zur Verfügung. Vor allem Kinder haben in den ersten Lebensjahren noch Rückerinnerungen an die Lichtwelt und auch an Ereignisse aus früheren Leben. Hieraus erklären sich die erstaunlichen Hochbegabungen, die sich bei einigen bereits im Kleinkindalter zeigen.

Je stärker sich die Seele in der Materie verankert, desto mehr gehen diese Erinnerungen verloren. Lediglich in Träumen und Phantasien tauchen sie bruchstückhaft wieder auf.

Manipulation der Vorstellungskraft

Die Vorstellungskraft ist vielleicht die am meisten unterschätzte
Funktion des menschlichen Verstandes.

Magische Techniken gehen oft mit einer Manipulation der Vorstellungskraft einher. Geschulte Magier können die Wirklichkeit ihren Vorstellungen gemäß manipulieren. Sie sind auch imstande, die Psyche anderer Menschen zu beeinflussen, indem sie in ihr Bewusstsein eindringen und sie bspw. glauben lassen, dass sie alte Bekannte seien. Zudem können sie einer Person ein wenig Selbstsicherheit vermitteln, indem sie falsche Erinnerungen in ihr Bewusstsein pflanzen, um auf diese Weise einen Funken Optimismus wachzurufen. Oder sie nehmen eine Art ‚Remoralisierung' vor, um sie zum Besseren zu bekehren. Doch jede Handlung des Positiven bedeutet eine Einladung des Negativen, ebenfalls tätig zu werden, um das universelle Gleichgewicht nicht zu gefährden.

Fortgeschrittene Magier sind in der Lage, anderen Menschen Zeit zu stehlen, indem sie ihnen die Erinnerungen rauben. Erinnerungen lassen sich entwenden, ebenso wie spezielle Kenntnisse, die sich jemand im Laufe der Jahre angeeignet hat. Das Opfer hat in der Folge Blackouts und kann sich teilweise an ganze Tage oder gar Wochen nicht mehr erinnern. Es kann sogar gezwungen werden, gegen seinen Willen Handlungen zu begehen. Im Anschluss daran werden der Person die Erinnerungen entzogen und sie hat keine Ahnung davon, was sie vor kurzem gesagt oder getan hat.

Ein Magier kann auch mittels eines Fotos oder einer Puppe, die eine bestimmte Person verkörpert, einen magischen Rapport herstellen. Je häufiger er mit dem Bild oder der Zauberpuppe übt, desto geringer wird der Widerstand, den ihm die reale Person entgegensetzt. Darüber hinaus sind einige Schwarzmagier fähig, auf den unsichtbaren Ebenen ein Phantom der Person, die sie beeinflussen wollen, erstehen zu lassen. Im Laufe der Zeit wird das Abbild immer lebendiger und fügt sich ihren Wünschen, während die reale Person zunehmend unselbständiger und willenloser wird. Der Erfolg dieser Prozedur hängt von der Empfänglichkeit und Sensitivität der magisch beeinflussten Person ab. Auch die Stärke der angewandten magischen Kräfte ist dabei von ausschlaggebender Bedeutung.

Mithilfe der modernen Medien wird der Geist der gesamten Menschheit ausgerichtet und konzentriert. Durch Aufsehen erregende Ereignisse, wie bspw. die Terroranschläge von 9/11 in New York, wird die Aufmerksamkeit vieler Menschen auf ein einziges Vorkommnis gerichtet, was eine ungeheure Kraftansammlung bedeutet und den menschlichen Geist in eine Richtung lenkt. Die bedeutet eine Manipulation des menschlichen Bewusstseins auf planetarer Ebene.

Bewusstseinskontrolle in Sekten

Das Eingangstor ist das Interesse, das jemand
für eine Sache aufbringt.

Magisch arbeitenden Gruppen gelingt es mitunter, einen Zugang zur menschlichen Psyche zu finden, der Psychologien normalerweise verwehrt ist. N. Potthoff bemerkt dazu: „Offensichtlich hat dass Phänomen Mensch noch ein paar Türchen, die wir noch nicht kennen. Einzelnen Gruppen ist es aber gelungen, da oder dort Zugang zu finden. Das Fatale ist, dass man in solchen Geheimbünden hemmungslos bereit ist, mit dem Menschen zu experimentieren, um einen Zugang zu finden und für die eigenen Zwecke auszunutzen" (in: Flensburger Hefte Nr. 33, S.97).

Das Bewusstsein ist ein fast unbegrenzter Speicher, in dem Vorstellungen, Erfahrungen und Erinnerungen aufbewahrt werden. Eindrücke, die in diesen Speicher gelangen, programmieren das Bewusstsein und somit auch das Weltbild und die Handlungsweise des jeweiligen Individuums. Diejenigen Kräfte, die ihre Machtstellung aufrechterhalten wollen, setzen alles daran, um Menschen zu manipulieren und zu Handlungsweisen zu bewegen, die ihren Plänen entsprechen, was im Ergebnis einer bewussten Programmierung des

Bewusstseins entspricht. Es gibt nur Wenige, die gegen die Machenschaften der Mächtigen rebellieren.

Okkulte Gruppen sind in der Lage, durch manipulative Psychotechniken die Gedanken ihrer Anhänger auszuspionieren und zu kontrollieren. Die Indoktrination in okkulten Gruppen und Sekten wirkt bis in das Hormonsystem hinein. Bei einigen Frauen bleibt die Menstruation aus und bei manchen Männern hört der Bartwuchs auf. Es ist ein Weg, bei dem Machtausübung eine große Rolle spielt. Der Weg setzt sich mit der Funktionsweise geistiger Kräfte auseinander und tendiert dabei meist in die schwarzmagische Richtung.

Besonders Mitglieder von Sekten werden in einer permanenten psychischen Abhängigkeit gehalten, was in gewisser Weise mit Drogenabhängigkeit verglichen werden kann. Ausstiegswillige werden mit Hunderten unsichtbarer Fäden zurück in die Sekte gezogen. Ohne die Gruppe fühlen sich die ehemaligen Mitglieder orientierungslos, da ihr vormaliges Wertesystem zusammengebrochen ist. Viele haben einen neuen Namen erhalten und neue Denkschemata verinnerlicht.

Die Manipulation durch die Sekte erfolgt in mehreren Phasen:
► Verhaltenskontrolle;
► Kontrolle der Gedanken und Gefühle;
► Beschränkung der zugänglichen Informationen.
Menschliches Denken ist auf neue Eindrücke angewiesen. Wenn der Zugang zum Informationsfluss behindert ist, wird sich der Kandidat mangels neuer Anregungen sehr bald stromlinienförmig dem Gruppendiktat beugen. Der Umerziehungsprozess erfolgt auf eine raffinierte Weise, indem die Bezugspersonen in der Gruppe als Freunde oder Verbündete angesehen werden. Mit diesem Vorgehen wird die psychische Abwehr unterlaufen und der Aufbau einer neuen Identität verinnerlicht. Hypnotische Beeinflussung und gruppendynamische Prozesse untermauern die Manipulation.

Viele okkulten Gruppen trachten danach, das individuelle Ich zu eliminieren, kritisiert K. Engels: „Indem man aber das Ich ausschaltet, wird auch das Gefühl hohl. Sicherlich gibt es Gruppengefühle, aber letztendlich sind alle Mitglieder austauschbare Instanzen, denn die individuelle Tönung wird auszuschalten versucht" (in: Flensburger Hefte Nr. 33, S.66f.). Jede Wahrnehmung wird vorgegeben und exakt dosiert. Durch psychischen Stress, Konditionierung und Gleichschaltung des Denkens gelingt es, die menschliche Individualität so umzuformen, dass sie wie eine Art Roboter funktioniert. Da das Ich weitgehend ausgeschaltet wird, ist die Urteilsfähigkeit behindert. Zuletzt ist die Person nur noch eine bloße Hülle; der Ich-Kern löst sich auf.

Manchmal wird die Konditionierung so weit getrieben, dass der Proband wie eine Marionette geführt werden kann. Hat die Retardierung ein gewisses Maß erreicht, ist den Betroffenen kaum noch zu helfen, da therapeutische Interventionen von außen keinerlei Wirkung mehr zeigen. Das Individuum ist gleichgeschaltet und hat seinen Eigenwillen aufgegeben. Dieser Vorgang entspricht annähernd den Überzeugungen indischer Gläubiger, die danach streben, ihr Ego zu vernichten, um die Seele schlussendlich ins ,Nirwana' zu befördern.

Nach langer Zugehörigkeit zu einer sektiererischen Gemeinschaft entstehen zerebrale Dissonanzen in den beiden Gehirnhälften. „Durch eine jahrelange gezielte Indoktrination wird dieses sensible Gleichgewicht der beiden Gehirnhälften in Unordnung gebracht bzw. gewissen Schwankungen unterworfen. Daraus entstehen die Dissonanzen, die ihrerseits wiederum bis in das Hormonleben des Menschen einwirken…" Biochemische Veränderungen finden im gesamten Organismus statt.

Häufig ist es nicht schwer, bei den Sekten-Anhängern die wache Urteilsfähigkeit einzuschläfern und sie dazu zu bringen, blindlings Autoritäten zu gehorchen, denen sie unter normalen Umständen mit Kritik und Ablehnung begegnet wären. Doch einseitige Kritik ist keineswegs angebracht, denn viele Mängel, unter denen Menschen in der modernen Zivilisation leiden, werden in einer Glaubensgemeinschaft aufgefangen. Menschen, welche in die Fänge einer okkulten Gruppierung geraten, sehnen sich oft nach Zuwendung und Wärme in einer zunehmend technisierten, sinnentleerten Welt und denken vermehrt über dem Sinn des Lebens nach.

Authentische mystische Erlebnisse, die in herkömmlichen Religionen so gut wie nicht vorkommen sind, tun ein Übriges, um angepasstes Verhalten bei den Gläubigen zu erzeugen, bis sie sich widerspruchslos an der Leine führen lassen. Der geistige Aspekt, der Bewusstseinserweiterungen in sektiererischen Gemeinschaften ermöglicht, wird bei einer harschen und oberflächlichen Sekten-Kritik meist übersehen. Daher verpufft sie bei den Anhängern meist ins Leere.

Erzeugung von Elementalen

Das wichtigste Gesetz der Magie: Du musst es dir
vorstellen können.

Jeder ausgesandte Gedanke nimmt in der Mentalsphäre eine konkrete Form an und wird von den Wesen dieser Ebene wahrgenommen. Die mentalen Kreationen werden ‚Elementale' genannt. Jede mentale und emotionale Regung der Psyche löst Wellen feinstofflicher Energie aus, die eine selbständige Existenz haben und je nach Intensität von kürzerer oder längerer Dauer sind. Elemental-Magie ist nicht zu verwechseln mit Element-Magie (siehe dort).

Unbewusst erzeugte Gedankenformen

Die meisten Gedankenformen werden unbewusst erzeugt. Die intensiven Vorstellungen eines Menschen, deren Inhalt sich weitgehend ähnelt, schaffen bewusst oder unbewusst Elementale. Es sind somit Gedankenformen, denen ein gewisses Quantum an Bewusstsein und auch an Selbsterhaltungstrieb innewohnt. Je stärker sich jemand mit den Elementalen identifiziert, desto mehr wird er von ihnen beeinflusst.

„Elementale sind im universellen Unterbewusstsein zuhause. So ist es möglich, durch Ihr Unterbewusstsein praktisch alle Menschen über deren Unterbewusstsein zu beeinflussen", schreibt Frater Widar (S.114). Die mentalen Projektionen stellen eine konkrete feinstoffliche Realität dar, und als solche vereinen sie sich mit anderen Projektionen derselben Schwingung. Sofern es sich um negative Elementale handelt, können sie sich – ähnlich wie Gewitterwolken – zusammenballen und sich auf der materiellen Ebene niederschlagen.

Künstlich geschaffene Elementale

Manchmal gibt sich ein magisch arbeitender Operateur nicht mit bekannten Formen der Beeinflussung zufrieden. Er zieht es vor, ein künstliches *Elemental* zu erzeugen, das er unter Einsatz seiner Willenskraft in eine bestimmte Form bringt. Solche Elementale sind Gedankenformen, geschaffen von der Vorstellungskraft eines einzelnen Magiers.

Das *Elemental* führt eine gewisse zeitlang ein eigenes, unabhängiges Dasein, entsprechend der Konzeption seines Schöpfers. Bei einem okkulten Angriff besteht die angewandte Kraft aus einem energetischen Strom, hervorgerufen durch die mentale Konzentration des Operateurs. Die ausgesandte konzentrierte Energie wirkt wie ein Torpedo, der sich selbst steuert und sich auf ein bestimmtes Ziel zu bewegt.

Die Kraft kann auch in einer Art ‚Akkumulator' gespeichert werden. Für diesen Zweck wird ein künstlich erzeugtes Elemental verwendet, z.B. ein Talisman, der die Kraft aufnimmt und konserviert. Vor meditativen Übungen, die das Öffnen der *Chakren* und die Erlangung medialer Kräfte zum Ziel haben, ist es unabdingbar, das Unterbewusstsein von negativen *Elementalen* zu reinigen. Nur dann ist ein Medium fähig, mit subtilen Kräften umzugehen und sie für die spirituelle Entfaltung oder zu Heilzwecken einzusetzen.

Angriffe durch Elemental-Magie

Psychische Angriffe erfolgen meist durch *Elementale,* deren Gestalt veränderlich ist. Sie können das Aussehen eines vertrauten Menschen annehmen oder anderen Lebewesen gleichen, um das Opfer zu täuschen und dessen feinstofflichen Schutzschild unbehelligt passieren zu können. Die Aura wird von innen her durchbrochen, wenn die Schutzmechanismen versagen. Angriffe dieser Art sind nur schwer nachzuweisen. Die Opfer spüren zwar deutlich die Beeinträchtigung, können aber ihrer Mitwelt ihr Leiden nur schwer vermitteln.

F. Bardon, der über eigene Erfahrungen mit diesen Schöpfungen verfügte, berichtet: „Durch Schaffung von Elementalen der so genannten Elemental-Magie kann der Magier auf der Mentalsphäre alles erreichen, ohne Unterschied, ob es sich um seine eigene oder um eine fremde Sphäre handelt... Durch Elementale kann der Magier die Gedanken eines anderen Menschen beliebig beeinflussen, kann die geistigen und intellektuellen Kräfte eines Menschen stärken oder schwächen, kann sich selbst oder andere Menschen vor fremden Einflüssen schützen..., kann jeden Menschengeist, der nicht entwickelt und nicht willensfest ist, seinem Willen unterstellen" (S.153).

Bardon weist in diesem Zusammenhang nachdrücklich auf altruistische Motive hin, die jeder, der in seiner Entwicklung vorwärts - streben will, im Auge behalten muss. Der tschechische Okkultist, der es so meisterhaft verstand, sein Wissen und seine Ideen in Worte zu kleiden, erlitt selbst ein trauriges Schicksal: Er starb 49-jährig in einem tschechischen Gefängnis. In seinem Roman ‚Frabato' gibt er viele unmissverständliche Hinweise und Einblicke in das Wirken geheimer okkulter Orden, denen große, zerstörerische Kräfte zu Verfügung stehen (und deren Opfer er womöglich wurde). Das Buch ist posthum erschienen.

Frater Widar kennt ebenfalls die Arbeit mit Elementalen, die zur Beeinflussung anderer Personen eingesetzt werden können. Ein Elemental (nicht zu verwechseln mit *Elementarwesen*) wird aus dem ‚Mentalstoff‘ des Magiers geschaffen. Auch Widar betraut Elementale mit der Ausführung bestimmter Aufgaben. Für konkrete Zwecke können sogar ‚Kampf-Elementale‘ geschaffen werden, die den Gegnern das Leben zur Hölle machen. Nach Erfüllung seiner Aufgabe wird das Elemental aufgelöst.

Gestaltung und ‚Beseelung‘ von Elementalen

Das Aussehen eines Elementals entspricht in der Regel seinem Zweck, wobei der Phantasie bei der Gestaltung keine Grenzen gesetzt sind. Ein Elemental hat immer diejenigen Eigenschaften, die der Erschaffer ihm gibt. Es entsteht ausschließlich aus dem Bewusstsein des Magus und wirkt nur durch ihn. Die bewusst erzeugte Gedankenform erhält einen Namen, den nur der Anwender kennt. Niemand sonst sollte den geheimen Namen tragen, damit keine Verwechslungen möglich sind.

Elementale haben die Tendenz, zu ihrem Urheber zurückzukehren, weshalb von vornherein geklärt werden sollte, ob es sich um ein Elemental mit beschränkter oder mit dauernder Wirksamkeit handelt; d.h. ob es nach vollbrachter Aufgabe wieder zurückgenommen oder freigegeben wird. Im magischen Sinn werden damit ‚Geburt‘ und ‚Tod‘ des Elementals festgelegt.

Als nächsten Schritt gilt es, die Gedankenform zu ‚beseelen‘, was der Hauptaufgabe entspricht. Der Schöpfer konzentriert sich an mehreren aufeinander folgenden Tagen für jeweils 30 Minuten auf das Elemental mit der Intention, es lebendig werden zu lassen. Eine Energieübertragung findet statt, die das Elemental mit der Zeit belebt. Die intensiven Gefühlsvorstellungen des Erschaffers spielen dabei eine große Rolle. Je klarer und fester seine Absicht ist, desto leichter gelangt er zum Ziel.

Magische Adepten bedienen sich häufig derartiger Elementale, wie F. Bardon mitteilt (S.47). Sie werden bewusst von magisch geschulten Personen geschaffen, denn sie vermögen in der feinstofflichen Welt, der Mentalebene, wichtige Aufgaben zu erfüllen. Wie gehorsame Diener führen sie die ihnen erteilten Befehle aus.

Ein Elemental kennt weder Zeit noch Raum. Es beginnt unverzüglich zu wirken, nachdem es entsandt wurde. Je losgelöster ein Elemental von seinem Ursprung ist, desto freier kann es sich entfalten. Beim Entsenden ist es ratsam, sich einen Termin zu setzen. Nach einer festgelegten Zeit, die ca. eine Woche betragen sollte, wird das Elemental zurückgerufen und erneut ‚geladen', was seine Wirkkraft in der Mentalsphäre deutlich erhöht.

Man kann Elementale zu seinem eigenen Schutz erschaffen oder zum Schutz anderer; zur Heilung, zur Verbesserung der Atmosphäre etc. Da bewusste Gedankenformen außerhalb von Raum und Zeit existieren, kann man sie auch als Helfer in die Vergangenheit oder als ‚Späher' voraus in die Zukunft entsenden.

Wie jede magische Praktik muss auch die Elemental-Magie ausgiebig geübt werden, damit sich spürbare Erfolge einstellen. Die Mentalkraft des Anwenders ist ausschlaggebend für die Wirksamkeit eines Elementals.

Spaltung des Bewusstseins

Wissen ist ein zweischneidiges Schwert.

Eine der magischen Techniken besteht darin, gleich zu Beginn einer Schulung willentlich eine Spaltung des Bewusstseins herbeizuführen. Diese bewusste Herangehensweise, *Dissoziation* genannt, unterscheidet sich grundlegend von dem krankhaften Persönlichkeitszerfall, der rein passiv – dem Einfluss des eigenen Willens entzogen – bei schizophrenen Patienten zu einer Bewusstseinsspaltung führt.

Während sich der physische Körper im grobstofflichen Bereich betätigt, existiert ein ähnlicher Organismus feinstofflicher Art, dessen Schwingungen weitaus subtiler sind. Dieser – als *Astralkörper* bezeichnete – Organismus hat die Fähigkeit, sich vom physischen Körper zu trennen. Im Schlafzustand verlassen die meisten Schläfer ihren Körper, ohne davon zu wissen. Der physische Körper ist in dieser Zeit vermehrt dem Einströmen fremder Kräfte preisgegeben. Magiekundige gehen davon aus, dass sie im Traum ihren Astralkörper aussenden, Reisen unternehmen, und andere Personen beobachten können.

Der Astralkörper ist wie der physische Körper aus Elektronen zusammengesetzt; jedoch ist sein Schwingungszustand viel subtiler. Es ist ein feinstofflicher Körper, der durch elektromagnetische Kräfte an den physischen Körper gebunden ist. Das Wachbewusstsein setzt die Tätigkeit beider Körper voraus. Erst wenn das Oberbewusstsein ausgeschaltet wird, kann der Astralkörper aktiv werden. Er kann sich dann ganz oder teilweise vom Körper trennen. Diese Trennung ist von Reflexerscheinungen des physischen Körpers, von konvulsivischen Zuckungen und dgl. begleitet.

Trennt sich der astrale Körper vom stofflichen Körper im Schlaf oder in Bewusstlosigkeit, genießt er hierbei einen gewissen Schutz. Dagegen befindet sich die Seele beim Konsum von Anregungs- und Betäubungsmitteln in einem unnatürlichen, ungeschützten Zustand, weshalb häufig Schreckgebilde sichtbar werden. Ungewollte Trennungen kommen bei verschiedenen Gelegenheiten vor: Ein plötzlicher Schock oder starke Angstzustände können den grobmateriellen Körper teilweise oder ganz ausschalten. Auch Rauschzustände oder Tranceerzeugung mittels Tanz bzw. Hypnose üben eine ähnliche Wirkung aus.

Die Lebenskraft ist an den Astralkörper gebunden. Eine bewusste Spaltung des Astralkörpers gelingt bei zunehmendem Mond und bei

Vollmond an besten, wie ja auch der spontane Somnambulismus durch den Vollmond begünstigt wird. Sensitive Personen reagieren mit Unruhe, sobald sie Mondstrahlen ausgesetzt sind. „Beim bewussten Austreten – also der Spaltung – des Astralkörpers kann dieser soweit verdichtet werden, dass er auch anderen und dir selbst sichtbar wird", erläutert Gregorius (S.56).

Die Bewusstseinsspaltung ist der Schlüssel für ansonsten sich dem Verständnis entziehende Symptome. Psychiater könnten hier einige Klärungsansätze finden für schizophrene Krankheitsbilder und Okkultisten kommen Spukphänomenen auf die Spur. Vor allem die häufig beschriebene Sichtung des Doppelgängers einer Person oder das plötzliche Erscheinen von kürzlich Verstorbenen erhält eine sinnvolle Erklärung durch das Heraustreten des Astralkörpers.

Ist der Astralkörper dem physischen Körper entstiegen, sind die Gesetze der Schwerkraft aufgehoben. Man steht neben dem physischen Körper und kann ihn betrachten. Wände sind keine Hindernisse für den feinstofflichen Körper; er kann schweben und in kurzer Zeit weite Strecken zurücklegen. Der Astralkörper handelt nicht aus dem materiellen Körperbewusstsein heraus, sondern aus dem subjektiven geistigen Bewusstsein. Die Wanderer lernen, eigene Vorsätze auszuführen, wie bspw. zu einen Bekannten zu gehen, sich in dessen Zinner umzuschauen, um sich dort Einzelheiten einzuprägen. Sie können versuchen, sichtbare Gestalt anzunehmen, den Schläfer berühren und ihn wecken. „Wer den langen Weg der Vorbereitung gegangen und wer in der Lage ist, sich selbst zu spalten, hat große Macht in den Händen und darf sich ihrer bedienen", erklärt Gregorius (S.54). Sogar in die eigenen und auch in fremde Träume darf er eingreifen, behauptet der Autor.

Dabei wird Gregorius nicht müde, auf die Gefahren hinzuweisen, auf die ‚gewaltigen kosmischen Kräfte', auf Elementarwesen, die schaurig anzusehen sind und die unangenehme Wirkungen auch auf den physischen Körper haben können. Der ‚*Weiße Lotos*' warnt gleichfalls eindringlich vor den Gefahren der Astralebene (Nr.25/1988).

Neben dem Schlaf gibt es eine weitere Möglichkeit der Exteriorisation des Astralkörpers. Das ist die so genannte ‚Spaltungsmagie', d.h. die bewusst herbeigeführte Abspaltung der beiden Körper mittels magischer Übungen. Doch dies ist nicht einfach zu bewerkstelligen, weshalb Gregorius eine Warnung übermittelt: „Es sind nicht mehr menschliche Kräfte, mit denen sich der Übende auseinanderzusetzen hat, sondern Schwingungszustände gewaltiger kosmischer Kräfte" (S.57). Eine besondere Schulung sei notwendig, um außerkörperliche Erfahrungen zu ermöglichen und in Kontakt mit Wesen der Astralsphäre zu kommen.

Gregorius warnt vor spontanem Somnambulismus, denn es könne vorkommen, dass der Astralkörper ungewollt auf Reisen geht. Wenn jemand im Astralwandern geübt ist, kann es geschehen, dass er die Erfahrung macht, sich bei irgendeiner Beschäftigung plötzlich außerhalb seines Körpers zu befinden. Eine konkrete Gefahr tritt dann auf, wenn die spontane Exteriorisation während einer Autofahrt geschieht.

Ein Abgrund trennt eine Daseinsebene von der nächsten. Unbesonnenheit gegenüber den Bewohnern der Astralebene hat Folgen, die schwer wieder zu beseitigen sind. Wenn es jemandem gelungen ist, seinen feinstofflichen Astralkörper vom physischen Körper zu trennen, erlaubt er diesem zu Anfang womöglich, in den Strömungen des Astralreichs führer- und steuerlos umher zu treiben. Doch „ohne den Besitz der geistigen Macht und Kenntnis, der nur durch lang anhaltenden Kampf mit den geistigen Riesen, die jene besondere Ebene beherrschen, erlangt werden kann..., würde der Astralkörper seinen natürlichen Gegnern preisgegeben sein. Ja, er könnte sogar dauernd von seinem physischen Körper getrennt werden, indem dieser von irgendeiner erdgebundenen Seele oder einem Dämon besessen würde", warnt Gregorius (S.26).

In der Spaltungsmagie existieren verschiedene Arten der Anwendung:

▶ Spaltung zur Wirkung auf die Mitmenschen in der physischen Welt; und die

▶ Spaltung zur Wirkung auf der Astralebene zur Erreichung metaphysischer Kenntnisse und der Beherrschung geistiger Wesenheiten.

Außerdem wird unterschieden zwischen:

▶ der Spaltung des eigenen Astralkörpers und der

▶ Spaltung der Astralkörper anderer Menschen.

Die Erreichung dieser Ziele setzt eine Reihe von Übungen voraus. Ein besonnener Magieanwender sollte derartigen Unternehmungen nur wenig Raum zu geben, sondern sich über deren Wirkungen klar werden. Die ominösen Spaltungsprozeduren verantwortungsloser Experimentatoren werden im Folgenden eingehend geschildert. Die nachstehende Beschreibung lässt die Abgründe erahnen, in die unvorsichtige Medien geraten können, falls sie sich magischen Einflüssen, von wem auch immer, überlassen.

Gregorius benötigt für den besonderen Zweck, die ‚eigentliche Spaltungsmagie' ausführen zu können, die Anwesenheit von Medien. Diese werden zuvor besonders geschult und ausgebildet. Als Vorbedingung, um mit einem Menschen Spaltungsexperimente magischer Art durchführen zu können, nennt Gregorius „Sensibilität und Gehorsam in physischer und geistiger Beziehung." Die Spaltungs-Praxis missachtet somit den Eigenwillen und die Integrität des Mediums in eklatanter Weise.

Dem maskulinen Magier empfiehlt Gregorius eine Frau als Gegenpart, als Medium. Diese sollte psychisch und physisch bei guter Gesundheit sein. Hysterikerinnen seien nicht geeignet, da gewisse Zwischenfälle (auf die nicht näher eingegangen wird) zu vermeiden sind. Der in magischen Praktiken geschulte Autor gibt etliche dubiose Anweisungen für die Ausführung des Spaltungsvorgangs:

„Es ist klar, dass der Mensch ganz in Dir aufgehen muss, wenn Du ihn mit Deinen geistigen Kräften beherrschen willst, und vor allem dann, wenn Du immer die Macht und Kraft über seinen Astralkörper behalten willst" (S.72). Diese an sich schon sehr anrüchige Anleitung wird noch übertroffen von der folgenden Anweisung: Es sei „gut, wenn die Frau, mit der Du experimentieren willst, dir geschlechtshörig ist, d.h. Du musst sie Dir geschlechtshörig machen, zumal wenn sie unberührt war. Diese Grundlage ist notwendig, damit Du und auch das Medium die erotischen Empfindungen vollkommen beherrscht, denn die Triebnatur würde sich in irgendeiner Auswirkung bei den Spaltungs-Experimenten nur hemmend und störend bemerkbar machen, wird sie nicht beherrscht" (S.72).

Der Magier stellt einen psychischen Rapport zu dem Medium her. Dieser ‚Rapport' muss konstant aufrechterhalten werden, um eine andauernde Beeinflussung zu ermöglichen. Das Medium wird unter Anwendung magnetischer Striche in den ‚magnetischen Schlaf' versetzt. In diesem tiefen Trancezustand werden die Suggestionen für eine Spaltung des Astralkörpers erteilt.

Das eingeschläferte Medium darf nur die ihm suggerierten Befehle ausführen und weder nach eigenem Willen handeln noch unterbewusste Entscheidungen treffen. Der Rapport darf niemals unterbrochen werden, um die Herrschaft über den Astralkörper nicht zu verlieren. Dem Medium werden solange suggestive Anweisungen gegeben, bis sich der feinstoffliche Körper tatsächlich lockert und schließlich die Spaltung vollzogen ist. Nach mehrmaliger Wiederholung gelingt es immer leichter, den Astralkörper der Frau abzuspalten. Der Magier beherrscht von nun an den Spaltungsvorgang und damit den Astralkörper des Mediums, den er nun zu magischen Zwecken verschiedenster Art benutzen kann. Gregorius fährt in seiner Belehrung fort:

„Gelingt es Dir, den Astralkörper des Mediums auszusenden und behältst Du die Kontrolle darüber, dass das Medium die gegebenen Befehle in der Spaltung ausführt, dann kannst Du zu magischen Beeinflussungen übergehen" (S.76). Das Gedächtnis des Mediums kann bei den Experimenten suggestiv völlig ausgeschaltet werden. Es wird sich hinterher nur an diejenigen Inhalte erinnern, die es wissen darf. Dem Medium werden während der Experimente enorme Mengen an Energie entzogen.

Gelingen die Experimente und hat sich das Medium als zuverlässiges ,Werkzeug' erwiesen, dann besteht die Möglichkeit, den Astralkörper des Mediums in andere Ebenen der Existenz zu senden; entweder um Erkenntnisse zu gewinnen oder sich okkulte Kräfte dienstbar zu machen. Elementarwesen und Dämonen werden angezogen. Der Autor warnt vor einer Verbindung mit diesen Wesen und erteilt den dringenden Rat, den Astralkörper des Mediums unter allen Umständen vor irgendwelchen fremden Einwirkungen zu schützen, um nicht unrettbar den astralen Wesen und kosmischen Einflüssen zu verfallen.

Auch D. Fortune hat sich mit der gleichen Thematik beschäftigt und in ihrem Buch *Liebe aus dem Jenseits* den Stoff in Romanform verarbeitet. Ein Medium gerät in die Fänge eines skrupellosen Magiers und verliert die Kontrolle über ihren Astralkörper. Sie wird Kräften anheim gegeben, die sie benutzen und denen sie sich nicht ohne weiteres entziehen kann.

Die Beeinflussung des Mediums sprengt den Rahmen all dessen, was normalerweise vorstellbar ist und geht viel tiefer als Gedankenkontrolle. Der feinstoffliche Körper wird ohne bewusstes Zutun des Mediums benutzt und einem fremden Willen unterworfen, der sie, da der Einfluss im Trancezustand erfolgt, völlig in der Hand hat.

Magische Bewusstseins-Versetzung

„Alles ist Realität, nur die Wahrnehmung ist begrenzt!"
Frater Widar

Eine Abfolge bestimmter Übungen befähigt angehende Magier, ihr Bewusstsein unabhängig von ihrem Körper zu erleben. Sie versetzen das Bewusstsein in ihre Körpermitte – das Sonnengeflecht – oder in eine ihrer Gliedmaßen, in die Hände, in einen Arm etc. Das Ziel dabei ist, das Bewusstsein an jeden beliebigen Punkt versetzen zu können.

Eine Nicht-Identifikation mit dem Körper, mit dem Alltag und der Umgebung, wird angestrebt, was letztlich zu einer Bewusstseinsspaltung führt. Bei Frater Widar erfährt man: „Sie vollziehen eine Trennung von Ihrer Person und werden praktisch Ihr eigener Beobachter. So lernen Sie, Abstand zu gewinnen vom Treiben dieser materiellen Welt. Sie lernen, über den Dingen zu stehen" (S.76f).

Hexen und Magier üben sich darin, ihr Bewusstsein auch in andere Lebewesen zu versetzen. Sie sind imstande, ihr Bewusstsein mit dem eines Tieres zu verschmelzen und eine zeitlang dieses Tier zu sein. Sie können fast jede Tiergestalt annehmen, allerdings nur für eine begrenzte Zeit. Im Tierkörper werden ihnen Erfahrungen zugänglich, die auf andere Weise nicht möglich wären. Eine Tiergestalt anzunehmen, entwickelt die magischen Kräfte.

Magisch geschulte Personen können ihr Bewusstsein sogar in andere Menschen sowie auch in Gegenstände versetzen. Mithilfe gewisser Übungen gelingt es ihnen, die Grundstimmung und die Charaktereigenschaften einer beliebigen Person zu erfassen und diese suggestiv zu beeinflussen. „Durch die magische Verbindung Ihres Bewusstseins mit dem der anderen Person sind Sie selbst in gewisser Weise diese andere Person geworden", erklärt Frater Widar (S.78f.).

Er beschreibt die induktive „Übertragung von Suggestionen, die im eigenen Bewusstsein dynamisiert werden, das mit dem Bewusstsein der anderen Person ‚verschmolzen' ist. Die Wirkung übertrifft die der üblichen Telepathie bedeutend." Es ist möglich, selbst fremde Personen völlig in einen ‚magischen Bann' zu ziehen.

Auch Wirkungen aus der Ferne sind möglich, besonders dann, wenn die betreffende Person schläft. Das imaginative Gefühl der geistigen Verbundenheit und gewisse mental-magische Übungen können eine Beeinflussung des schlafenden Bewusstseins bewirken, berichtet F. Bardon (S.112f.). Die ‚Bewusstseinsversetzung nach außen' ist bei dem Autor ausführlich beschrieben. Bardon war ein tschechischer Okkultist und Eingeweihter in die Mysterientradition. H.E. Miers bezeichnet ihn als ‚Meisterschüler'. Bardon zufolge ist es möglich, das Bewusstsein „nach Belieben in jeden Gegenstand, in jedes Tier und in jeden Menschen zu versetzen." (S.112f) .

Nach intensiven Übungen erwirbt man die Fähigkeit, jeden Gegenstand zu durchschauen und intuitiv sowohl von der materiellen als auch der geistigen Struktur Kenntnisse zu erlangen, verrät F. Bardon. „Gleichzeitig erreichen Sie die Fähigkeit, jeden Gegenstand vom Tiefpunkt, also Kern aus, zu beeinflussen, ihn nach Belieben magisch zu laden und so die Mentalsphäre eines jeden Gegenstandes mit ihrem Wunsch zu imprägnieren" (S.127). Das Gleiche kann man auch bei Tieren und Menschen erreichen. „Dem Bewusstsein sind ja keine Schranken gesetzt, so dass er es auf die größte Entfernung versetzen kann." Mit ausreichender Konzentration gelingt es sogar, aus dem Gegenstand bzw. dem Lebewesen heraus die Umgebung zu betrachten. Dabei muss sich das Objekt keineswegs in der Nähe des Magiers befinden. Mit fortgeschrittener Entwicklung bringt er es fertig, sein Bewusstsein in jede gewünschte Form zu verwandeln und von dort aus tätig zu werden.

Okkultisten, die sich jahrelang mit Übungen dieser Art befassen, sind imstande, jedes Tier zu verstehen und durch ihren Willen zu lenken und zu beherrschen. Diese Fähigkeit kann auch auf Menschen angewandt werden. Hier zeigt sich ein wichtiger Schlüssel zum Verständnis von Beeinflussungserleben, das ohne Kenntnis der Magie kaum nachvollziehbar wäre.

F. Bardon rät, die Bewusstseinsverlegung in andere Menschen zuvörderst an Freunden und Bekannten zu üben. Von bekannten Personen geht man dann auf fremde Menschen über. „Durch diese Übung erlangt der Magier die Macht, sich mit jedem Menschen zu verbinden, seine Gefühle und Gedanken, die sich im Bewusstsein der vorgestellten Person abwickeln, seine Vergangenheit und Gegenwart,

184

sein Denken, Fühlen und Handeln nicht nur zu wissen, sondern sogar nach eigenem Belieben zu beeinflussen..."

Die Übertragung von Suggestionen, bei denen das eigene Bewusstsein mit dem der fremden Person verschmilzt, übertreffe in ihrer Wirkung die der üblichen Telepathie bei weitem, schwärmt Frater Widar. Es wäre dadurch möglich, fremde Personen völlig in seinen Bann zu ziehen (S.79). Für Fernwirkungen, bei denen die zu beeinflussende Person nicht anwesend ist, empfiehlt Widar als geeigneten Zeitpunkt die nächtlichen Stunden, da dann eine Beeinflussung an besten gelingt. Die Einflussnahme geschieht meist über den Solarplexus der schlafenden Person.

Auch indische Yogis verfügen über die Fähigkeit, ihr Bewusstsein an andere Orte zu versetzen. Bei Swami Vivekananda wird auf geistige Übungen hingewiesen, welche das Gewicht des Körpers verändern. Er wird leicht, der Yogi ‚fährt durch die Lüfte'. Andere Übungen verleihen die Gabe, kleinste Gestalt anzunehmen oder sich ‚schnell wie der Gedanke' fortzubewegen. Des Weiteren kann der Yogi „auf Grund seines Wissens um die Aktionskanäle (Nerven) eines fremden Körpers in diesen ein(gehen)." Kraft seines Unterscheidungsvermögens, durch Nicht-Identifikation mit dem grobstofflichen Körper, gelingt dem Yogi das Eindringen in einen fremden Körper. Er „kann in einen lebenden Körper eingehen, Geist und Körper dieses Menschen in Schach halten und während dieser Zeit vermittels des Körpers dieses Menschen handeln" (S.244f).

Solche Fähigkeiten erfordern lang andauernde Übungen und werden allgemein als Hindernis betrachtet, die den Yogi von seinem letztendlichen Ziel, der Vereinigung mit dem Absoluten, ablenken.

Die Praxis der Bewusstseinsversetzung macht deutlich, wie tief die Beeinflussung, die durch magische Schulung erreicht werden kann, geht. Die Klagen von Menschen, die sich magisch verfolgt und in ihrer Willensfreiheit eingeschränkt fühlen, werden gemeinhin nicht ernst genommen, sondern als krankhafte Einbildung, als Ausgeburten der Phantasie, abgetan. Die vorstehenden Ausführungen enthalten deutliche Hinweise darauf, dass die Beschwerden von Leuten, die sich durch fremde Einflüsse beeinträchtigt fühlen, in einigen Fällen nur allzu berechtigt sind. Okkultisten finden durch magisches Training tatsächlich Mittel und Wege, in die Psyche anderer Menschen einzudringen, die Denkvorgänge zu beeinflussen sowie die Handlungsfreiheit einzuschränken.

Magischer Bann

Lenkung von außen

*Alle Banne beschränken auf irgendeine Weise die
Freiheit des Individuums.*

Mit magischen Mitteln, die zwar unsichtbar, aber dennoch hochwirksam sind, kann ein Mensch gefangen genommen und an seiner Bewegungsfreiheit gehindert werden. Alles, was vom Körper eines Menschen stammt – seine Haare, Fingernägel, Blut, Zähne – bleibt mit diesem in Verbindung. Ein Magiekundiger kann mit ihrer Hilfe Macht über die betreffende Person ausüben und sie unter Umständen versklaven. Selbst ein häufig getragenes Kleidungsstück oder Schmuck ist hierfür geeignet.

Etliche Magier missbrauchen die Fähigkeiten, die sie sich angeeignet haben, nach eigenem Gutdünken. Sie dringen in die Gedanken und Träume anderer Leute ein und pflanzen ihnen Bilder in den Kopf, um Macht über sie zu erlangen. Magie wirkt in Träumen am stärksten. Diesen Umstand machen sich dunkle Magier zunutze. Albträume symbolisieren im Grunde die tiefsten Ängste einer Person. Angsterfüllte Träume können magisch aufgeladen werden, damit sie noch erschreckender wirken.

Bei unklaren Vorkommnissen können Magier die Wahrheit erfahren, indem sie über einen Verdächtigen einen Bann verhängen, bis dieser unter dem Zwang steht, keine Lügen mehr zu verbreiten. Die Wahrheit kommt ans Licht, ob er das will oder nicht. Ein Magier erlangt noch leichter Macht über ein Individuum, wenn es ihm gelingt, etwas Persönliches von ihm in seinen Besitz zu bringen. Ein häufig getragener Gegenstand, wie ein Schal oder ein Ring, kann als Fokus verwendet werden, mit dem eine Hexe bzw. ein Magier Energien binden kann, um Einfluss auf den ehemaligen Besitzer auszuüben.

Ein Magier, der eine bestimmte Person binden will, knüpft ein Band zu seinem Opfer, das er immer fester anzieht, um letztendlich dessen Willen zu lenken. Er richtet einen Finger auf sie und spricht eine Bannformel. Der Betroffene fühlt sich plötzlich im Griff einer unbeugsamen Macht, sobald magische Kräfte auf ihn einwirken. Er steht unter einem Bann. Der Zauber eines Magiers oder einer Hexe kann so mächtig sein, dass eine Person wie angewurzelt dasteht und sich nicht mehr frei bewegen kann. Sie verharrt plötzlich unbeweglich auf der Stelle; nur die Augen unterliegen noch ihrer Kontrolle. Die Glieder sind genauso machtlos wie der Kopf; unweigerlich wird der Körper in eine Richtung gezogen, ohne sich zur Wehr setzen zu können.

Erfahrene Magier haben auch Macht über Tiere und sind fähig, sie einzig und allein durch einen Blick zu lenken. Mit der Macht des Blickes können sie ebenso einen menschlichen Geist unter ihren Willen zwingen und zur Reglosigkeit verdammen. Sie erreichen, dass sich ihr Opfer widerspruchslos ihren Befehlen fügt. Es gibt geheime magische Formeln, die einem Magiekundigen grenzenlose Macht über andere einräumen. Die Wirkung einer solchen Formel kann einen Menschen für immer in die Dienste eines anderen zwingen, in die Sklaverei. Das Opfer fühlt sich missbraucht und benutzt, da es seine Handlungen nicht länger kontrollieren kann, denn der Zwang, unter dem es steht, lässt ihm keine Wahl.

Falls jemand unter einem Bann steht, verspürt er eine Benommenheit und Erstarrung, die immer weiter zunimmt. Die Wirkung ähnelt der von Cannabis, nach dessen Konsum sich die Leute ,stoned' fühlen. Sie sind in sich gekehrt und kaum noch fähig, sich zu bewegen. Die meisten Cannabis-Anhänger werden nicht zugeben, dass sie unter einem Bann sehen, doch genau das geschieht mit ihnen.

Schwarzmagier belegen ihre Anhänger nicht selten mit einem Zauber, der sie allen ihren Wünschen gegenüber gefügig macht. Ein dunkler Magier kann seine Anhänger mit einer Art ,Fessel' versehen, welche diese daran hindert, ihre Kräfte ungehindert zu gebrauchen. Dies geschieht vor allem dann, wenn ein Jünger noch nicht den verantwortungsvollen Umgang mit magischen Kräften gelernt hat. Die Fessel kann auch zur Bestrafung bei unbotmäßigem Verhalten eingesetzt werden, denn dunkle Magier fordern absoluten Gehorsam. Dunkle Magier sind meist sie sehr erfahren in der Technik, anderen Schmerzen zuzufügen, ohne dauerhaften körperlichen Schaden zu hinterlassen.

Sie kämpfen mit unsichtbaren Waffen, die trotz allem sehr wirksam sind. Mit nur einer Berührung sind sie in der Lage, die Gedanken eines Menschen auszukundschaften und zu kontrollieren. Sobald jemand ihnen die Hand reicht, können sie ihren Einfluss geltend machen. Ebenso können sie einen Bann gegen andere Magieanwender verhängen, damit diese ihre Kräfte nicht gegen sie richten können.

Dunkle Meister sind imstande, einen schwächeren Geist an sich zu binden und zu ihrem Sklaven zu machen. Sie nehmen sich gern Sklaven, die sie wie eine Art ,Währung' behandeln. Es gibt Magier, die Dutzende von Untertanen besitzen und mit ihnen zusammen wohnen. Sie behandeln sie, wie immer es ihnen beliebt. Bei Bedarf verkaufen sie die Sklaven an jemand anderen und ziehen ihren Nutzen daraus. Jeder Neuling oder Adept ohne besondere Kräfte und

Beziehungen; ein jeder, der nicht mächtig genug ist, um auf eigenen Füßen zu stehen und sich zu wehren, kann auf diese Weise enden.

Eine mentale Beeinflussung aus geistigen Ebenen drückt sich in imperativen Sätzen aus wie:

„Du wirst nicht gegen uns ankämpfen!"

„Du wirst erkennen, dass wir stärker sind!"

„Du wirst von niemandem Hilfe bekommen."

„Du bist nicht stark genug, um dich uns zu widersetzen."

„Uns kann niemand besiegen, wir sind sehr mächtig."

Wer sich dem destruktiven Einfluss widerstandslos ergibt, ist ihm auf Gedeih und Verderb ausgeliefert. Fortan untersteht er den Befehlen fremder, feindseliger Mächte. Auch positive Gegenkräfte sind zur Stelle, die dem Angegriffenen hilfreich zur Seite stehen und seinen Willen und sein Selbstvertrauen stärken.

Die geistigen Helfer senden gegenteilige Suggestionen mit aufbauender Wirkung aus:

„Höre nicht auf ihre Lügen."

„Vertraue auf deine Stärke."

„Du hast mehr Kraft, als du denkst."

„Du kannst alles schaffen, was du dir vornimmst."

Der Widerstand gegen übel wollende Mächte wird gefestigt, sofern die positiven Einflüsse überwiegen. Um einem mentalen Angriff zu entgehen, kann es hilfreich sein, sich abzulenken und auf etwas anderes zu konzentrieren. Selbst irgendwelche belanglosen Themen können verhindern, dass eine fremde Macht seinen Einfluss über ein Bewusstsein ausdehnt.

Trancezustände

Magische Kräfte kann man nicht beherrschen.

Die Versenkung in Trancezustände kann psychische Probleme und unbewusste Blockaden an die Oberfläche des Bewusstseins bringen.

Wenn sich Medien ihrer inneren Natur öffnen, erlangen sie Zugang zu den aufgespeicherten Erinnerungen und Inhalten ihres Unterbewusstseins. Frühe traumatische Erlebnisse oder psychische Blockaden können auf diese Weise wiedererweckt werden. Manchmal wird es schwierig, sich durch diese negativen Erfahrungen zu manövrieren ohne fremde Hilfe.

Volltrance-Medien nehmen einen vorübergehenden Bewusstseinsverlust und damit die Ausschaltung ihres freien Willens in Kauf. H. Rudolph sieht in dem freien, bewussten Willen des Menschen ein großes Geschenk, das es dem Individuum ermöglichen soll, eine höhere Stufe des Bewusstseins zu erklimmen. Dieses Geschenk darf nicht missachtet werden, sonst droht die Gefahr, es wieder zu verlieren. (Vgl.: Theosophie und Spiritismus, S.13.)

In spiritistischen Sitzungen treiben unsichtbare, mit Bewusstsein begabte Wesenheiten und Kräfte ihren Unfug, erläutert Bo Yin Ra in seiner Erzählung *Das Geheimnis*. Medien in tiefer Trance haben oft mit denselben Wesenheiten zu tun. Wenn die Voraussetzungen dafür gegeben sind, werden sie leicht zur Beute dieser Mächte. Dann verdunkelt sich ihr Bewusstsein und der Einblick in höhere Geisteswelten ist ihnen verwehrt.

Je öfter ein Medium in Trance geht, desto leichter gelangt es in diesen Zustand, da die Energiezentren sich mit der Zeit darauf einstellen. In der tiefen Trance wird zwischen dem persönlichen Willen und dem Gehirn des Mediums eine Barriere erzeugt. Die Nachwirkungen häufiger Trancen reichen weit über deren Zeitdauer hinaus. Dies trifft ebenfalls auf einen hypnotischen Zustand zu. Die hypnotische Betäubung und der mediale Trancezustand sind ihrem Wesen nach fast identisch.

Für eine an Passivität gewöhnte Person, die einem fremden Willen gehorcht, wird es immer schwieriger, sich suggestiven Einflüssen zu entziehen. Der eigene Wille wird gehemmt und geschwächt. Mit der Zeit gelingt es der betreffenden Person immer weniger, Suggestionen von außen Widerstand entgegenzusetzen. Auch in alltäglichen Situationen wird sie sich allen möglichen fremden Willensimpulsen ausgeliefert sehen.

Jede Form von ‚okkultem Zwang', zu dem auch die Hypnose zählt, lehnt H. Rudolph rigoros ab. Dies sei ein Irrweg, denn niemals könne einem Individuum eine geistige Entwicklung unter Einsatz von zwingenden Maßnahmen vermittelt werden, da diese die freie Selbstbestimmung und das Gefühl der Eigenverantwortung einschränkten. Jeder geistige Fortschritt erfordere aber die individuelle, freie Entscheidungsfähigkeit. (Vgl.: Irrwege auf dem Pfade der Selbsterkenntnis, S.30.)

Suggestionen, die von außen kommen, seien potentiell schädlich: „Die Suggestion wirkt sich in dem Menschen, an dem sie ausgeübt wird, als Zwangsvorstellung aus. Jede Zwangsvorstellung aber raubt dem Menschen seinen freien Willen und seine Verantwortlichkeit." (In: Mystik und Okkultismus, S.28.) Jede Handlung, die Menschen unter hypnotischem Befehl ausführen, bedeutet eine Art Dressur und Erniedrigung für die Ausführenden. Suggestionen, die den freien Willen einschränken, kommen einer Einschränkung der Persönlichkeitsrechte gleich.

Höhere Geistebenen sind einem Trance-Medium selten zugänglich, behauptet Bo Yin Ra. Er beschreibt, wie verhängnisvoll eine Bindung, die auf solche Art entsteht, für den Menschen ist: „Was ihn festhält, lässt ihn gutwillig nicht mehr los, und muss es ihn fahren lassen, da er allmählich völlig ausgesogen ward und nun nicht mehr brauchbar ist, so wurde ihm vorher längst alle Kraft genommen, mit deren Hilfe er sich wieder erheben könnte" (in: Das Geheimnis, S.29).

Noch niemand habe ohne geistige Leitung das dunkle Gebiet des Okkultismus betreten, der dort nicht am Narrenseil herumgeführt worden wäre, fährt Bo Yin Ra fort. In seiner Erzählung lässt er einen Anhänger der *Weißen Loge* zu Wort kommen. Die geistigen Kraftübertragungen der *Weisen Loge* können eine innere Transformation bewirken. Eine ekstatische Trance hingegen versetze den gesamten

Körper in Aufruhr. Je tiefer der Trance-Zustand sei, desto mehr verliere das Ich-Bewusstsein die Verbindung mit den Gehirnfunktionen. Bestehe keine Verbindung zu höheren geistigen Ebenen, können Lemurenwesen aus der unsichtbaren Welt den körperlichen Organismus des Mediums einem fremden Willen unterwerfen. Dem Medium sei nicht bewusst, dass unsichtbare Wesen, teils mit ‚tierhaftem Betätigungsdrang', in der Trance zeitweilig Besitz von ihm ergreifen.

Mit brisanten Aspekten der Medialität hat sich auch R. Steiner auseinandergesetzt. Ihm ist es gelungen, tiefere Einblicke in die psychophysiologischen Zusammenhänge zu gewinnen: Im Gehirn eines Menschen entsprechen bestimmte Teile der Ich-Entwicklung. Bei praktizierenden Trance-Medien werden diese besonderen Gehirnteile nach und nach ausgeschaltet. Steiner beschreibt, wo der schwierige Punkt in der Trance-Medialität liegt: Lediglich ein kleiner, spezieller Teil des Gehirns ist Träger des menschlichen Ich.

Ein Medium, bei dem das Ich in der tiefen Trance ausgeschaltet ist, zieht Elementarwesen herbei wie das Licht die Motten. *Das Ich wird während der Trance aus dem Gehirn des Mediums heraus getrieben, und ein Wesen der Elementarwelt dringt hinein.* Es dringt mit der Zeit immer weiter ein bis in die Verzweigung der Nerven und gewinnt damit Einfluss auf die Willensgestaltung. *„Das ist das eigentliche Mysterium des Mediumwesens; die Besessenheit durch bestimmte Wesen"*, erläutert Steiner. (In: Das Initiaten-Bewusstsein, S.196f.).

Der Autor schildert den unheimlichen Vorgang der Inbesitznahme durch Elementarwesen während der Trance: „Aber wenn sie irgendein Gehirn erhaschen, diese Wesen, das nicht von seinem Ich bewohnt ist zu einer gewissen Zeit, dann bekommen diese Wesen ungeheuren Appetit, in diesem Gehirn unterzutauchen. Und wenn ein Medium in Trance ist, wie man sagt, wenn also das Gehirn ausgeschaltet ist, dann kriecht so ein Wesen, das unter ahrimanischem Einflusse steht... in so ein Gehirn hinein, und ein solcher Mensch ist dann in dieser Zeit statt eines Menschen-Ichs der Träger eines elementarischen Wesens, das im Kosmos seine Pflicht versäumt."

Immer dann, wenn das Bewusstsein eines Menschen herabgedämpft ist, öffnet sich ein Fenster in die Welt dieser Elementarwesen. Den Wesen gelingt es durch diese Öffnung, an der menschlichen Zivilisation teilzuhaben. Sie ragen in die Ausstrahlungen eines Mediums hinein; in seine Atmung, die feuchten Absonderungen, die Energieausstrahlung. Anfänglich entgehen den meisten Medien diese Vorgänge. Auch der Astralkörper wird von einem fremden Wesen infiltriert. Nicht nur das Ich wird zurückgedrängt; auch der Astralkörper wird in Besitz genommen.

Der Einfluss des Ich-Bewusstseins auf den physischen und die feinstofflichen Körper ist herabgemindert. An seiner Stelle wird es fremden, teils tierischen Kräften möglich, einen Einfluss auszuüben. Die Körper der Medien werden in gewisser Weise zu Automaten, da Kräfte von außen diese nach Gutdünken beeinflussen und dirigieren können. Die suggestive Beeinflussung und Einschränkung des freien Willens kann Trance-Medien in große Gefahr bringen. Die Problematik der Unglücklichen, die ein Opfer solcher Verbindungen werden, wird von psychologischen und psychiatrischen Therapeuten in der Regel nicht hinreichend erkannt.

Befürworter der medialen Betätigung raten, nur mit wachem Bewusstsein eine Übermittlung von Botschaften vorzunehmen. Ein Medium sollte aktiv und passiv zugleich sein: Aktiv, indem es stets im Bilde ist, was in der Umgebung geschieht und passiv, indem es sich für Botschaften aus der höheren geistigen Welt (nicht aus dem Zwischenreich) öffnet. Unkenntnis dieser Zusammenhänge erlaubt es niederen Wesen, einzutreten.[7]

Angehörige afrikanischer Volksgruppen tanzen bei feierlichen Anlässen solange, bis sie in einen Trancezustand fallen und unter dem Bann von Geistern geraten. Die Klangenergie der rhythmischen Trommeln fährt ihnen in die Glieder; der Körper beginnt zu zittern,

---

[7] Vgl.: Birgit Waßmann: Channel-Medien zwischen Licht und Schatten, S. 55f.

als versuche eine Macht, die mit den Tommeln in Einklang steht, die Kontrolle zu übernehmen.

Durch Gesang, Rasseln, Trommeln und Tanz werden Geistwesen angezogen. Eine bestimmte Abfolge von Worten wird endlos lange wiederholt, bis sie einen hypnotischen Zustand erzeugt. Die Tänzer stoßen laute Schreie aus, welche offenbar Signalwirkung haben und die Geister in Erscheinung treten lassen. Die Anwesenden verwandeln sich, während die Trommeln zu hören sind, in völlig andere Personen.

J. Hall berichtet, was ihm selbst während eines Rituals in Afrika widerfuhr. Sein Körper begann plötzlich, wild zu zucken; die Arme entwickelten einen eigenen Willen und schlugen um sich. Der Körper „schien von zwei Regungen gleichzeitig erfüllt zu sein: meiner eigenen und jener, die zu jemand anderem gehörte, der durch mich agierte, einem Wesen, das jetzt vor lauter Lebenslust einen mächtigen Schrei ausstieß und seine – meine – Beine zu einem fröhlichen Tanz in die Höhe warf... Mein Körper sprang wie eine Marionette, die von den Fäden eines anderen Willens gezogen wird..." (S.92f.). Der Körper schien keine direkte Verbindung mehr zum Bewusstsein des Tänzers zu haben.

Wie aus dem eigenen Inneren heraus beobachtete Hall die Vorgänge während der Zeremonie. Er erblickte „wie durch einen langen Tunnel tatsächlich vorhandene, aber surreal wirkende Bilder um mich. Und ebenso Dinge, von denen ich wusste, dass sie nicht da waren, nicht da sein konnten, die aber echt wirkten...." (S.386f.).

Die Geistwesen schienen ihre Kraft aus dem Klang der Trommeln zu beziehen, die den Tanz begleiteten, denn als das Trommeln verstummte, fiel die Besessenheit von den Tänzern ab und sie waren wieder sie selbst. Doch im Nachhinein waren ihre Sinne immer noch wie betäubt. Die Außenwelt schien wie durch eine Wand aus Watte von ihnen getrennt zu sein.

Gegenwärtig hat die Trance-Medialität wieder weite Verbreitung gefunden. Den Medien, die sich vertrauensvoll nach innen wenden, ist nicht immer klar, worauf sie sich da einlassen. Leider fehlt es an kritischen Stimmen, die mit ausreichender Sachkenntnis Einwände erheben, ohne rundweg eine mediale Betätigung zu verteufeln.

Bannrituale

Die stille Kraft des Mondes kann ebenfall
magische Energien bannen.

Banngesänge

Während eines Bannrituals sitzen die am Ritual beteiligten Magier im Kreis und halten sich an den Händen. Ein eintöniges Gemurmel ist zu hören und unablässig tönt der Banngesang. Es sind geheimnisvolle Klänge mit einschläfernder Wirkung. Die Banngesänge helfen den Sehern, sich zu sammeln und ihre Kräfte zu bündeln. Dabei werden oft uralte Weisen und Texte in längst vergessenen Sprachen intoniert.

Ein Bannritual kann bspw. von Sehern zelebriert werden, um über ein bestimmtes Ereignis nähere Auskünfte einzuholen und Einzelheiten in Erfahrung zu bringen. Die Luft gerät innerhalb des Kreises zunehmend in Bewegung. Zuerst schlägt sie leichte Wellen und pulsiert im Takt mit den Trommelschlägen. Dann wird sie plötzlich wie von einer unsichtbaren Klinge entzweigeschnitten und eine Spalte tut sich auf. Farben quellen aus der Öffnung. Sie füllen den Kreis mit wallenden Lichtbändern. Bald tanzt ein Gewirr bunter Bänder durch den Raum, der sich während der Gesänge aufzulösen scheint.

Der Gesang wird lauter und die Seher bündeln ihre Kräfte. Die bunten Bänder verweben sich allmählich zu einem Bild. Im Zentrum des Kreises wird eine Gestalt sichtbar, welche die Seher heraufbeschworen haben, oder eine bestimmte Szene spielt sich nun vor ihren

Augen ab. Sobald sie genug gesehen haben, verstummt der Gesang und die heraufbeschworenen Bilder verblassen langsam.

War der Banngesang erfolgreich, sind die Teilnehmer an gewisse Informationen gelangt, die ihnen wichtig waren. Im Gegenzug hat jeder der Anwesenden einen Teil seiner Lebensenergie für die gemeinsame Beschwörung hingegeben.

Bindungsrituale

Auch magische Zeichen können dazu dienen, jemanden zu fesseln. Der praktizierende Magier zeichnet mit dem Finger Symbole in die Luft und webt Zauber, d.h. er spinnt Energiefäden mit der Absicht, jemanden zu ‚umgarnen' und festzusetzen. Je nach Stärke des Magiers entsteht daraus ein Käfig, aus dem ein Entkommen nur schwer möglich ist.

Bei einem Bindungsritual hat das Opfer die Empfindung, als würde sich etwas zwischen seine Schulterblätter schlingen. Eine unsichtbare Fessel schließt sich auch um seinen Brustkorb; das Atmen fällt ihm zunehmend schwer. Schließlich legt sich eine unsichtbare Schlinge um seinen Hals. Das Opfer kann nicht mehr richtig durchatmen und leidet unter der Empfindung, ersticken zu müssen.

Jede einzelne Körperzelle nimmt den Bann auf und geht eine unlösbare Verbindung damit ein. Es sieht fast so aus, als würde eine solche Geist-Verbindung asthmatischen Anfällen Vorschub leisten. Gut möglicht, dass einige asthmatische Erkrankungen mit einer solchen fatalen – für Ärzte nicht erkennbaren – Verbindung zusammenhängen. Dann könnte Asthma als eine Art ‚Bestrafung' für Abtrünnige aufgefasst werden, die (möglicherweise in einem früheren Dasein) ein dauerhaftes Band zur Geisterwelt geknüpft haben, das ihnen nun zum Verhängnis wird.

Ein Bannritual trifft ein Opfer meist unerwartet. Während es schläft, wird seine Liegestatt mit Bannsprüchen umgeben, Schicht um Schicht, wie mit dem Netz einer Riesenspinne. Energiefäden, mit magischer Macht gewoben, erzeugen ein Netzwerk, das, ähnlich wie eine Dornenhecke, undurchdringlich ist. Sind mehrere Magier an dem Bannritual beteiligt, umringen sie mental den Lagerplatz des Opfers und postieren sich selbst außerhalb des Bannkreises. Jeder Einzelne trägt mit seiner Kraft zu dem Zauber bei, der das Opfer gefangen hält. Die Magier stimmen einen Gesang an, benutzen Worte der Macht, um ihre Energie zu bündeln. Das Netz wird immer dichter, der Bannkreis undurchdringlich.

Ein mächtiger Bann, bei dem Magier ihre Kräfte vereinen, vermittelt dem Opfer bald das Gefühl, als wäre sein Körper mit hundert Seilen vertäut, die ihn mit dem Feind verbinden. Das Spinnennetz, welches das Opfer umgibt, saugt ihm die Kraft aus der Seele. Mit jedem Befreiungsversuch wird ihm Energie entzogen. Die Barriere wird immer dichter, bis eine Mauer, fest wie Stein, den Gefangenen umgibt.

Es gibt etliche Menschen, die in ein solches Netz von unentwirrbaren Energiefäden eingesponnen sind. Dieses Netz wächst mit ihnen zusammen und ist mit ihren persönlichen Mustern verwoben. Es gibt kaum Mittel und Wege, das Netz zu lösen, ohne dem Betroffenen empfindlichen Schaden zuzufügen. Falls der Bann, der über jemanden verhängt wurde, an dessen Lebenskraft gebunden ist, wird es schwierig, ihn zu brechen, ohne das Opfer umzubringen. Jeder Versuch, das Opfer zu befreien, kann tödlich enden.

Der Blick eines Magiekundigen kann wie eine unsichtbare Leine wirken, welche die Bewegungsfreiheit einschränkt. Durch magische Einwirkung kann ein menschlicher Körper sich anfühlen, als wäre er von Spinnweben umgeben. Der Bann vermittelt den Eindruck, in einem Spinnennetz, das die magischen Sinne begrenzt und unterdrückt, gefangen zu sitzen. Eine Person, die unter einem Bann steht, ist nicht mehr fähig, jemand anderen herbeizurufen oder mit ihm in telepathischen Kontakt zu treten. Dadurch wird Hilfe von außen erschwert.

Magische Fesseln wirken sich immer negativ aus. Es gibt Möglichkeiten, einen Bann zu lösen. Dazu gehört die Konzentration auf heftige Gefühle; auf den unbändigen Zorn, gefangen zu sein. Wut erzeugt einen glühendroten Ball im Innern, der immer größer wird, je mehr sich der Gebannte in seinen Zorn hineinsteigert. Dann kann es passieren, dass das Gefängnis zerbricht und in seine Teile zerfällt, ein echter Befreiungsschlag sozusagen.

Doch sobald es einem Angreifer gelingt, in den Körper eines Opfers einzudringen, kann er diesen von innen heraus steuern. Er ist nun imstande, sich als die Person auszugeben, die er mit einem Bann belegt hat. Wird mit einem Bann die Erinnerung gelöscht, wissen die Betroffenen im Nachhinein nicht mehr, dass sie einem übernatürlichen Einfluss ausgesetzt waren.

Ein mächtiger Schwarzmagier kann bewirken, dass sein Opfer in der Bewegung erstarrt, unter Atemnot leidet und das Herz zu schlagen aufhört. Unter dem Bann schwarzmagischer Beeinflussung kann ein Opfer langsam dahinsiechen. Es stirbt, wenn nicht Gegenkräfte auf den Plan gerufen werden und ihm das Leben retten.

Auch nach dem Tod ihres physischen Körpers können menschliche Seelen magisch gefangen gehalten werden. Ein Magier mit genügend Kraft kann einen Widersacher zwingen, für immer in der Zwischenwelt, im Jenseits, zu verbleiben; eine unfreiwillige Gefangenschaft, die nur ein stärkerer Magier aufheben kann.

Ein Phantom ist ein Geist, der in einer Art Zwischenwelt gefangen ist und weder ins Reich der Geister noch in die Welt der Lebenden gelangen kann. Sofern ein Magier oder Dämon mächtig genug ist, kann er Seelen dorthin verbannen, ohne Aussicht, jemals wieder befreit zu werden. Ein Magier hingegen, der sich seiner eigenen Kräfte voll bewusst ist, kann sich mit Erfolg gegen die Angriffe dieser Art zur Wehr setzen.

Puppenzauber

Derjenige, der schwarze Magie ausübt, wird leicht zum
Werkzeug der Magie selbst.

Menschliche Seelen können in einem stofflichen Ding oder einem nichtmenschlichen Körper festgesetzt werden. Sie können in eine Figur, in ein Amulett oder einen kristallenen Anhänger gebannt werden. Das geschieht vorwiegend dann, wenn sie sich in der Vergangenheit etwas zuschulden kommen ließen. Kupferamulette leisten gute Dienste, wenn es darum geht, dunkle Kreaturen zu bändigen.

Ein mächtiger Magier kann, um einen Feind zu bannen, diesen in ein Tier oder eine Puppe verwanden. Die Puppe ist lebendig in der Weise, dass sie sehen und hören kann; doch die Bewegungsfreiheit ist eingeschränkt. Es gibt auch Fesseln, die in Nahrungsmitteln verborgen sind und nach dessen Genuss die Verwandlung eingeleitet wird. Das Opfer wird bspw. verkleinert und mutiert zu einer lebensecht wirkenden Figur, die sich nicht mehr bewegen kann. Die Fessel kann niemand lösen als derjenige Zauberer, der die Umwandlung veranlasst hat.

Ein Magiekundiger ist auch imstande, den Gegner in einem Abbild festzusetzen und zwar solange, bis er diese Entscheidung widerruft. Oder er steckt den Geist des Feindes in einen Behälter und zieht ihn so aus dem Verkehr.

Die Verwandlung eines Menschen gegen seinen Willen wird *Transelementation* genannt, während die beabsichtigte Verwandlung eines Magiers als *Transsubstantation* bezeichnet wird. Es gab Fälle, in denen Menschen während der Umwandlung Schaden nahmen. Manche überlebten die Verwandlung nicht. Oder sie hörten auf, sich zu bewegen und es sah so aus, als atmeten sie nicht mehr. Ein Außenstehender würde sie für tot erklären.

Theoretisch ist es möglich, einen lebendigen Geist in eine Puppe oder Statue zu bannen. Aus der puppenhaften Nachbildung eines

Menschen wird entweder eine Fessel erzeugt oder das Opfer wird unfreiwillig in eine Puppengestalt verwandelt. Es soll bösartige Voodoo-Priester geben, die einen Menschen verkleinern und in eine leblose Marionette verwandeln. Fortgeschrittene Magier können missliebige Leute mit einer magischen Fessel belegen und sie in eine lebende Puppe verwandeln, aus der zeitlebens kein Entkommen möglich ist. Das Opfer muss in diesem Zustand verharren, bis der Magier seine Entscheidung widerruft. Auch die Zerstörung der Figur befreit die Seele aus der Gefangenschaft.

Ein magischer Bann kann soweit gehen, Leute in ein Bild hinein zu zaubern. Auch ein Foto ist geeignet, eine Person darin zu bannen, wobei ihr jegliche Aktivität entzogen wird. Sie kann nichts anderes tun, als zuschauen. Die Gestalt ist in einer Pose erstarrt, die hinfort beibehalten wird; bewegungsunfähig und besiegt von der Macht eines stärkeren Magiers.

Eine Art Puppe dient mitunter auch als Gefängnis für Schwarzmagier. Sie wird als ‚Seelengral' bezeichnet. Auch in einem Tongefäß werden Schwarzmagier hin und wieder festgesetzt. Von außen sieht man dem Gegenstand nicht an, dass sich im Innern ein lebendiges Wesen befindet.

Geistwesen bannen

Kontrolle ist die Hauptstütze der Magie. Macht ohne Kontrolle ist der Untergang.

Es kommt vor, dass ein Geist an einem Platz gefangen ist, in dessen Nähe sich Menschen befinden, z.B. in der Nähe eines Hauses oder darinnen. Dann befreien Geisterjäger ihn daraus und bannen ihn künstlich an einen anderen Ort, wo er keinen Schaden anrichten kann. Ein Geist, der besonders viel Unfrieden stiftet, ruft ebenfalls die Geisterjäger auf den Plan, die es sich zur Aufgabe gemacht haben, Unheil bringende Geister zu bannen. Der Geist wird künstlich gefangen gesetzt und büßt seine Bewegungsfreiheit ein.

Geister lassen sich mit einer Silberkette einfangen und bannen. Die Kette formt sich zu einer Spirale, die sich fest um den Geist windet. Doch das Bannen ist nicht ungefährlich. Wird es nicht richtig ausgeführt, büßt der Geisterjäger Gesundheit oder sogar sein Leben ein. Er benötigt bei seiner Arbeit Mut und Geduld, doch er darf niemals in Eile sein, um nicht lebenswichtige Hinweise zu übersehen. Mit einem Fixierungssymbol, das in die Luft gezeichnet wird, kann sich ein Beschwörer vor niederen Kreaturen schützen, die sich manchmal in Gebäuden, in denen es spukt, herumtreiben. Der Bann hält zwar in der Regel nicht allzu lange, doch immerhin kann ein Wesen damit für eine zeitlang fixiert werden.

Freie Geister bewegen sich entlang der Energielinien im Innern der Erde, der so genannten *Leys*. Durch ein Erdbeben kommt es manchmal zu gravierenden Veränderungen. Dann kann es geschehen, dass Geister jahrelang an ein- und demselben Ort feststecken. In solchen Fällen spricht man davon, sie seien ‚natürlich gebannt'. Auch die in einem Steinkreis konzentrierte Energie kann von Magiern dazu benutzt werden, einen Geist zu fesseln. Es ist ebenfalls möglich, Geistwesen mit magischen Mitteln in einen Käfig, der aus Silberdraht gefertigt ist, einzusperren. Eine Schatulle aus Silber ist ebenfalls dafür geeignet.

Um ein Geistwesen an einem Platz zu halten, der nicht sein ursprünglicher Aufenthaltsort ist, binden Magier und Hexen das Wesen oft an einen Gegenstand – eine Art Talisman – und legen diesen an einem ausgesuchten Ort ab. Eine Bindungsformel und gewisse Symbole, mit dem Finger in die Luft gezeichnet, dienen dazu, den Geist zu binden. Der betreffende Gegenstand leuchtet kurz auf, sobald das Wesen mit ihm verschmolzen ist. Der Geist wird Teil des Gegenstandes und bleibt daran gebunden, bis er daraus befreit wird. So haben Hexen und Magier die Möglichkeit, ein unsichtbares Wesen mit sich zu führen, ohne dass es in Erscheinung tritt.

Nur dann, wenn der Magieanwender den Talisman mit sich führt, hat er tatsächlich die Kontrolle über den Geist. Wird der Gegenstand beschädigt oder zerstört, ist auch das Wesen dahin. Selbst der Magier bleibt in diesem Fall nicht unbehelligt. Da er den Geist beschworen hat, ist seine Seele mit diesem verbunden. Sollte das Wesen zerstört werden, erleidet auch der Magier einen empfindlichen Schaden.

Ein fortgeschrittener Magier kann unbotmäßige Geistwesen versklaven, indem er sie in einer Flasche oder Lampe gefangen setzt. Das Innere des Behälters existiert außerhalb von Zeit und Raum. Daher verlässt der Geist beim Eintritt auch den gewöhnlichen dreidimensionalen Raum. Das Innere der Flasche ist viel größer, als von außen zu vermuten ist. Wird der Name eines gebannten Geistes ausgesprochen, kann dieser unversehens freikommen, denn Namen sind mächtig.

Auch okkulte Orden sind imstande, einen Geist zu kontrollieren und zu benutzen. Sie verfügen über die Fähigkeit, Geist und Materie zu verbinden und menschliche Seelen zu fangen, indem sie diese in ein Behältnis – z.B. in ein Gefäß oder einen Stein – bannen

Einen Geist aufzuspüren und zu binden, ist eine gefährliche Angelegenheit. Will ein Magier einen Geist fangen, muss er sehr gründlich vorgehen, denn ein Geistwesen kann durch ein Loch von der Größe einer Stecknadel entfliehen. Geschulte Magier bannen gefährliche Geistwesen in eine Grube tief unter der Erde und halten sie dort fest. Um sie am Entkommen zu hindern, wird der Ausgang der Grube mit Eisenstangen versperrt, denn Eisen lässt die Stärke des Geistes schwinden.

Banne können mit Blut gefestigt werden. Falls zwei Hexen ihre Kräfte vereinen, werden diese erheblich stärker. Doch sobald dabei etwas schief geht, könnte ein dämonisches Wesen die Gelegenheit ergreifen und sie mit Hilfe ihres Blutes an sich binden. Ein mächtiger Dämon kann zwar nicht vernichtet werden, doch man kann ihn bannen. Wenn auf einem Haus ein gegen Dämonen gerichteter Schutzbann liegt, können diese nicht eintreten, es sei denn, der Besitzer des

Hauses erlaubt einem Dämon, einzutreten und nennt seinen Namen. Damit ist der Bann gebrochen.

Manche Geistwesen stehen unter dem Bann dunkler Mächte, die sie am Rande der Wirklichkeit festhalten und am Fortgehen hindern. Der Bann fesselt sie – unsichtbar und körperlos. Einige Schwarzmagier verfluchen einen Geist und zwingen ihn dazu, für immer an einem trostlosen Ort zu bleiben. Es gibt alptraumhafte Orte des Elends und endlosen Leids im Jenseits, an dem verbannte Seelen festgehalten werden. Der Bann soll verhindern, dass eine gewalttätige Seele jemand anderem Schaden zufügt. Ein verfluchter Geist kann zwar von einem anderen Beschwörer wieder befreit werden, doch zu diesem Zweck muss dieser denjenigen Magier beschwören, der hinter dem Fluch steckt. Dies ist eine äußerst riskante Angelegenheit.

Bann durch Wächterinstanzen

Zaubersprüche und Runen rufen die Wächter herbei.

Ein fortgeschrittener Magier kann die magische Kraft eines anderen mit einem Bann belegen, so dass von diesem keine Gefahr mehr ausgeht. Mittels einer magischen Fessel kann er dafür sorgen, dass ein Magiekundiger seine Kräfte eine zeitlang nicht mehr anwenden kann. Die magischen Formeln des schwächeren Magiers verschwinden aus dessen Gedächtnis, so dass er seine Energien nicht mehr bündeln kann. Eine Wächterinstanz, die einen abtrünnigen Magier aufspürt, kann diesem nicht nur seine magischen Kräfte, sondern auch seinen Verstand rauben.

Ein Bann wird mitunter auch als *Verpflichtungszauber* bezeichnet. Dieser untergräbt die Würde und Selbstachtung desjenigen, der ihm unterliegt. Am einfachsten wirkt er bei denen, die ihm wenig oder keinen Widerstand entgegensetzen.

Ein *Verwirrungszauber* sorgt beim Opfer für einen Ausfall der mentalen Funktionen. Es erinnert sich an nichts und kann solange, bis der Bann aufgehoben ist, keinen klaren Gedanken fassen. Auch das Gedächtnis kann blockiert sein, d.h. Wissen und Fähigkeiten gehen verloren. Ein magischer Bann kann auch dahingehend wirken, dass lediglich auf Distanz hin keine magische Kraft angewendet werden kann, sondern nur durch direkte Berührung. Das bedeutet, dass Heilkräfte, die bei Handauflegen angewandt werden, nicht eingeschränkt sind.

Wenn Hexen mit einem Bann belegt wurden, werden sie von der Gemeinschaft nicht mehr als Mitglied anerkannt. Es ist ihnen untersagt, an Ritualen teilzunehmen und es wird ihnen das Recht abgesprochen, Magie auszuüben. Ihre magischen Kräfte sind gebunden. Dadurch werden sie zwangsläufig zu Einzelgängern. Der *Bindezauber* schränkt die Macht der Hexe ein, so als wäre ihre Aura verriegelt und würde sich verhärten. Er hat die Wirkung einer Wand, die – magisch gesehen – die Hexe von Universum trennt.

Ein *Bindezauber* ist eine effiziente Methode, andere Wesen vollkommen zu beherrschen. Falls das Opfer versucht, sich zu befreien, fangen die magischen Kräfte an, hell zu leuchten und senden damit ein Signal aus. Doch solange das Opfer seine Befreiungsversuche aufgibt, lässt ihm der Bindezauber eine gewisse Bewegungsfreiheit.

Ein Bann oder ein Fluch, der die magischen Kräfte einer Person eindämmt, kann bewirken, dass der Betreffende einen hohen Preis bezahlen muss, sobald er seine Magie aktiviert. Der Zauber wendet sich in diesem Fall gegen den, der ihn aussendet. Er erleidet mitunter tagelange Schmerzen als Folge des über ihn verhängten Banns. Eine Steigerung ist erreicht, wenn ein *Bindefluch* auferlegt wird. Die magischen Kräfte werden sozusagen eingesperrt. Wer mit einem so genannten *Bindefluch* belegt wird, ist von seinen Kräften vollständig abgeschnitten.

Schutzbanne

Mit der Magie ist es wie mit den Gedanken: Man kann sie lesen, wenn man diese Kunst beherrscht.

Magiekundige kennen sich vor allem mit Ritualen zu ihrem persönlichen Schutz aus. Um ihre Sicherheit zu gewährleisten, erzeugen sie Schutzbanne, bevor sie sich in eine gefährliche Situation begeben. Bannsymbole, die in die Luft gezeichnet werden, leuchten auf und schimmern golden, sobald ein Seher sie betrachtet. Magische Formeln bzw. Bindesprüche an Zimmerwänden verhindern, dass innerhalb eines Gebäudes Geist über Materie wirksam werden kann, somit kann in diesen Räumen keinerlei magische Kraft zum Einsatz kommen.

Beschwörer können, sofern sie sich ausreichend konzentrieren können, Türen mit einem Bann belegen, um eine unsichtbare Barriere zu errichten. Ist eine Tür mit einem magischen Schutz versehen, wird eine Art unsichtbare Wand, eine Mauer erzeugt, die den Weg versperrt. Nur ein geschulter Magier, der den Bann genau studiert und herausfindet, wie er zusammengesetzt ist, kann ihn beseitigen. Ein Schutzbann an einer Tür verliert auch dann seine Wirksamkeit, wenn derjenige, der den Bann gewirkt hat, den Besucher selbst hereinbittet. Obwohl ihm zuvor der Eintritt verwehrt war, kann dieser nun ungehindert passieren.

Jeder, der einen Bann anbringt, geht von einem Grundkonzept aus, das er persönlich gestaltet, indem er hier ein Wort und da eine Geste hinzufügt. Durch die individuelle Ausformung ist jeder Bann einzigartig und lässt sich nur dann brechen, wenn jemand genügend Zeit und Muße aufbringt, ihn genau unter die Lupe zu nehmen. Doch manche Bannmuster sind derart kompliziert, dass es Stunden bräuchte, um sie zu entschlüsseln und aufzulösen. Die magische Wirkung geht im Grunde nicht von dem Bann selbst aus, sondern von dem Glauben, den der Magieanwender in seine Fähigkeiten hat. Wird eine

Methode nicht häufig praktiziert, fehlt das Vertrauen in die eigenen Kräfte. Banne, die nur selten verwendet werden, lösen sich nach kurzer Zeit wieder auf.

Bei dem Versuch, ein magisches Portal zu öffnen und auf diese Weise in ein Haus hineinzugelangen, obwohl es vor Eindringlingen geschützt ist, kann es geschehen, dass der Eindringling urplötzlich in eine andere Richtung gezogen wird. Wider Erwarten findet er sich in einem umgrenzten Bereich wieder, in dem er nun festsitzt. Ein Bann ist somit eine gefährliche Angelegenheit. Wenn nicht in der rechten Weise damit umgegangen wird, kann er den zerstören, der ihn bricht. Der Magier ist gefesselt an das, was er entfesseln will; er ist gebannt in das, was er bannen will.

Magische Angriffe und Unfälle

Magische Unfälle

Es gibt ernste Stunden im Leben eines Menschen, in denen der Selbsterhalt völlig von der Fähigkeit abhängt, die Gefahren zu erkennen, die ihm drohen.

Zeremonielle Magie hat einen schlechten Ruf aufgrund einer unerfreulichen Häufung unbeabsichtigter Phänomene. In unerfahrenen Händen und unter ungeeigneten Bedingungen führen magische Rituale fast immer zu nicht vorhergesehenen Resultaten. Magische Unfälle, von der Öffentlichkeit und auch von Ärzten nicht erkannt, reichen vom „schlimmen Schrecken bis zum Todesfall". Dieses Thema gehört zu „den geheimsten Pfaden der okkulten Lehre", verrät Dion Fortune (S.112f.). Selbst erfahrene Okkultisten können dabei in Schwierigkeiten geraten, sofern sie während der magischen Arbeit übermüdet, bei schlechter Gesundheit oder alkoholisiert sind. Alkohol schwächt die Möglichkeiten, sich gegen Beeinflussung aus der Geisterwelt zur Wehr zu setzen. Vor allem süßer Wein und Likör sollten strikt gemieden werden.

Immer wieder wird vor Dilettantismus auf dem Gebiet des Okkulten gewarnt, da er magische Unfälle nach sich zieht. Für die Arbeit in einer okkulten Gruppe braucht es zweierlei; die rechten Motive und geschulte Mitarbeiter, um gegen unliebsame Erfahrungen gefeit zu sein. Bei unvollständigem Wissen über ein okkultes System und die damit verbundenen Rituale wird es schwierig, die gerufenen Entitäten zu beherrschen. Ein plötzlicher Schrecken ergreift den Mutigen; Wind fegt plötzlich durch den Raum, Glas zersplittert, Stimmen werden gehört.

Auch hinter den Kräften des Lebensbaumes sieht D. Fortune dämonische Mächte, weshalb selbst eingeweihte Adepten äußerst vorsichtig bei der Arbeit mit diesen Mächten seien. „Der nicht-eingeweihte Okkultist macht sich munter an die Arbeit, hantiert mit den Namen und Potenzen…, und ist der Meinung, dass die Dämonen nicht kommen, wenn er sie nicht ruft." Einer der Teilnehmer an einer okkulten Beschwörung sieht um Mitternacht eine rote Schlange, die sich unter seinem Bett hin und her windet und mit den Kopf hervorlugt, erzählt die Autorin. An nächsten Tag verstärkt sich der Spuk; er ist minutenlang unfähig, sich zu bewegen und fühlt sich gelähmt, wie unter einem Bann. Er ist unfähig, die von ihm in Bewegung gesetzten Kräfte zu kontrollieren.

Zum Glück schützt die Mehrzahl der Anfänger im Okkultismus ihre eigene Unwissenheit: Da sie zu keinerlei Resultaten gelangen, erleiden sie auch keinen Schaden.

Schwarzmagische Angriffe

Je mächtiger der Gegner, desto schwieriger die Magie.

Schwarze Magie beginnt da, wo okkulte Handlungen aus egoistischen Motiven in die Welt hineingetragen werden, ohne zuvor die eigenen Interessen zu gemeinschaftlichen Interessen auszuweiten. Die geistige Kraft wird in den Dienst des Ich-Prinzips gestellt, anstatt das Wohl der Allgemeinheit in den Mittelpunkt zu stellen.

Magie ist für ihre Anwender ein machtvoller Verbündeter. Das Geschick eines Magiers, die verschiedenen Sphären der Magie zu erfassen und zu manipulieren, verleiht ihm zusätzliche Stärke. Ein magischer Übergriff kann wie eine intime Berührung wirken oder wie Einstiche, die an verschiedenen Körperstellen zu spüren sind.

Ein so genannter ‚PSI-Angriff' findet statt, indem der Angreifer durch gewisse Vorstellungen und die Erzeugung einer entsprechenden Gedankenatmosphäre eine Verbindung zu der Person, die beeinflusst werden soll, herstellt. *„Die telepathische Suggestion ist die Basis jeden okkulten Angriffs"*, schreibt Dion Fortune. Der eigene Gemütszustand und die damit einhergehenden Vorstellungen beeinflussen wirksam die Psyche desjenigen, mit den man sich in Verbindung gesetzt hat. „Doch diese Kraft kann sowohl zum Bösen wie auch zum Guten angewandt werden..." (S.48). [8]

---

[8] Die englische Okkultistin Dion Fortune war seinerzeit davon überzeugt, zeitweilig Adressatin schwarzmagischer Angriffe gewesen zu sein. Diese zeigten sich in einem auffälligen Abfall der Energie, der sie schon bei geringfügigen Anstrengungen in einen todesähnlichen Schlaf verfallen ließ „In der Sprache des Okkultismus war das ätherische Doppel beschädigt worden und gab Prana ab. Es wurde erst wieder normal, als ich in die okkulte Ordnung eingeführt worden war und mich in ihren Grenzen ständig übte" (S.30).

Ätherisches Doppel = die Energieform des materiellen Körpers, die von Hellsichtigen als schwache Lichtstrahlung wahrgenommen wird.

Bekannt geworden ist der Streit, den Dion Fortune mit ihrer Gegnerin Moina Mathers, die gleichfalls Okkultistin war, ausfocht. Fortune behauptet, ihre Gegnerin habe einen magischen Anschlag auf sie verübt, indem sie eine riesengroße Katze in der Astralwelt erzeugt habe. Daraufhin fühlte sie sich attackiert und wurde durch Albträume gequält. Nach dem Aufwachen sei ihr ganzer Körper von Kratzspuren bedeckt gewesen. Nur die wiederholte Anrufung ihrer Schutzgeister habe sie retten können.

Durch intensive Gedankenkonzentration und Visualisierungen entstehen im feinstofflichen Bereich Gebilde, so genannte *Elementale*, die meist die Form von Tieren annehmen. Diese *Elementale* können – ähnlich wie dämonische Kräfte – andere Menschen angreifen und ihnen Schaden zufügen.

Angriffe von Magiern erfolgen entweder als Zeichen ihrer Macht oder aus Rachsucht und Eifersucht. Am stärksten gefährdet in der Welt der Okkultisten sind übereifrige Anfänger, die meinen, dass sie ohne Training und ausreichende Erfahrung magische Praktiken anwenden können. Okkulte Angriffe können äußerst raffiniert und skrupellos durchgeführt werden, vor allem dann, wenn ein Novize sich in einem fragwürdigen Orden unbeliebt macht (vgl.: M. Denning und O. Phillips, S.69).

Bei einem psychischen Angriff benutzen Angreifer vorzugsweise einen persönlichen Gegenstand (z.B. Kleidung, ein Schmuckstück oder abgeschnittene Haare) derjenigen Person, die sie beeinflussen wollen. Dies erleichtert es ihnen, etwas in der fremden Psyche zu verankern, denn persönliche Gegenstände sind von der Energie des Besitzers durchdrungen. Auch Geschenke können magisch imprägniert sein. Das Opfer sollte daher bei Verdacht von einem potentiellen Angreifer nichts annehmen und auch keinen verdächtigen Gegenstand in seiner Nähe aufbewahren.

Magische Angriffe erfolgen oft aus dem Hinterhalt. Viele Angreifer scheuen die direkte Konfrontation, bei der sie den kürzeren ziehen könnten. Gegner werden ausmanövriert und überrumpelt, denn einem Überraschungsangriff sind die wenigsten gewachsen. Reine Stärke allein genügt in Auseinandersetzungen oft nicht. Die Art, *wie* der Magier seine Kräfte einsetzt, ist entscheidend für den Erfolg.

Magische Waffen können wie heimtückische Pfeile wirken, die sich mit Widerhaken in die Seele bohren, um das Opfer später dazu zu bringen, einer fremden Macht zu gehorchen. Sie können auch Verletzungen zufügen, die von außen nicht sichtbar sind.

Einige Magier visualisieren einen Energieball zwischen ihren Händen. Anschließend heben sie die Arme und lassen die angesammelte Energie wie ein verderbliches Feuerwerk aus ihren Fingern hervor schießen. Die Energie wird zu einer wirbelnden Masse, bis sie einen spiralförmigen Trichter bildet, der einem umgedrehten Tornado ähnlich sieht. Der wirbelnde Kraftkegel erzeugt einen lang anhaltenden, hohen Ton, bevor er sein Ziel erreicht.

Ein starker Strom urzeitlicher Energie kann körperliche Schmerzen verursachen, sofern der Körper für dessen Aufnahme nicht gerüstet ist. Es ist so, als würde ihm ein Stromschlag versetzt werden. Ein geschulter Magieanwender hingegen kann die Energie, die durch seinen Körper strömt, sammeln, konzentrieren und gegebenenfalls als Energiestoß nach außen schleudern.

Er kann enorme Energien in sich anreichern und in Form von Strahlen, die einen Gegner wie ein Hitzestrahl treffen und zu Boden werfen, nach außen senden. Lichttentakel ergreifen den Feind und fügen ihm glühende Schmerzen und Verbrennungen zu. Auch ein magischer Stab kann für Angriffe genutzt werden. Dabei schießt ein glühend heißer Energiestrahl aus der Spitze auf den Gegner zu und frisst sich in dessen Haut. Der Körper gerät in Zuckungen und er stürzt zu Boden.

Wenn ein Schwarzmagier seine Kräfte für einen Angriff sammelt, schweben sie wie ein Wirbeltrichter über seinen Fingerspitzen. Ein magischer Angreifer, der die Arme ruckartig ausstreckt und ein Energiebündel aus seinen Händen herausschießen lässt, kann dieses gegen die Brust einen Gegners schleudern und ihn unsanft zu Fall bringen. Ein Kämpfer kann eine magische Druckwelle erzeugen, die alles, was nicht niet- und nagelfest ist, durch das Zimmer schleudert und Angreifer aus dem Gleichgewicht bringt. Aus den Händen hervor schießende Energiebündel schlingen sich um einen Gegner und machen ihn bewegungsunfähig. Ein Energieschlag gibt ihm dann den Rest.

Ein Magier, der einen Frontalangriff plant, beschwört soviel Kraft, wie er nur an sich ziehen kann, zwingt sie in die gewünschte Form, verstärkt sie mit intensiven Gefühlen und setzt sie plötzlich frei. In Gestalt eines magischen Feuers bricht sie hervor und entfaltet zerstörerische Wirkungen. Etliche Magier können sogar Blitze schleudern und damit ihre Feinde zur Strecke bringen. Sie leiten die gesammelte Energie durch ihren Arm in die ausgestreckte Hand und nach außen. Sie machen sich zum Schlag bereit; ein Blitz fällt mit ohrenbetäubendem Krachen nieder und verbrennt alles in ihrer Nähe. Oder sie lassen Energiefunken wie Nadeln auf die Haut eines Gegners einprasseln. Auch mit einem ,Lichtschlag' können sie den Körper eines Gegners empfindlich treffen.

Ein Stoß, der einem Gegner verpasst wird, kann magisch verstärkt sein und dementsprechende Wirkungen zeigen. Entscheidet sich der Angegriffene, zu fliehen, katapultiert ein magisch verstärkter Sprung den Körper in die Luft und damit außer Reichweite eines Gegners. Mithilfe eines magisch erzeugten Fadenbündels kann sich ein Magier in die Höhe ziehen, so als hätte er ein Seil, das ihm in einer brenzligen Situation zur Verfügung steht.

Starke magische Kräfte, die ihr Ziel verfehlen und zurückprallen auf den, der sie evoziert hat, können den Sender in tausend Teile zerspalten. Das Schicksal vieler schwarzer Magier besteht darin, in Stücke gerissen zu werden, weil destruktive Energien sie vernichten.

Rituale der dunklen Magie

Wenn ein Magier die Dunkelheit heraufbeschwört, wird sie versuchen, ihn zu vereinnahmen.

Die Zeremonien der schwarzen Magie verfolgen diametral entgegengesetzte Absichten wie die der christlichen Kirchen. Dabei werden weitgehend hypnotische Methoden angewandt; telepathische Suggestion ist der Schlüssel für eine große Anzahl magischer Phänomene.

Dunkle Magier, die anderen Personen Schaden zufügen wollen, rufen nicht selten die Hilfe dämonischer Kräfte herbei, die sie in speziellen schwarzmagischen Ritualen beschwören, um sich ihrer Dienste zu versichern. Die meisten Magieanwender, die Anrufungen durchführen, werden selbst zum Kanal für die Manifestation der angerufenen Kraft oder nehmen die Hilfe eines Trancemediums in Anspruch. Alle anderen Methoden, eine Kraft aufzurufen, erklärt Dion Fortune für unwirksam.

Die Mitglieder schwarzmagischer Bruderschaften sind bestrebt, über den physischen Tod hinaus ihren Einfluss geltend zu machen. Aus dem Jenseits wirken sie auf die Teilnehmer magischer Zirkel, in denen zeremonielle Handlungen vollzogen werden. Deren Macht wird gesteigert durch den Rückhalt, den sie durch die Geister der Verstorbenen erhalten. Wenn sie Pläne schmieden oder eine Rede halten, üben die Wesen aus dem Jenseits eine Wirkung aus und tragen durch ihre Impulse entscheidend zum Gelingen bei, erklärt W. Weihrauch. „Der Sinn derartiger zeremonieller Prozeduren ist also zum einen die Machentfaltung gegenüber anderen Menschen hier auf Erden sowie die Sicherung einer Art Unsterblichkeit über den Tod hinaus" (in: Flensburger Hefte So 12, S.72f.).

Okkulten Bruderschaften gelingt es darüber hinaus, zu erdgebundenen Seelen, die auch nach ihrem Tod noch der Materie verhaftet bleiben, einen Kontakt herzustellen und sie für ihre Zwecke einzuspannen. Dies dient ihrer Machtentfaltung, denn die Seelen der Verstorbenen bergen in sich Kräfte, die für gewisse eigennützige Ziele eingesetzt werden und die das Machtpotential der Bruderschaft ganz erheblich steigern können.

Geheime schwarzmagische Techniken werden in Franz Bardons okkultem Roman *Frabato* beschrieben. Es war dem Autor offenbar gelungen, hinter die Kulissen eines mit elementaren Kräften in Verbindung stehenden magischen Ordens zu blicken. Schwarzmagische Logenbrüder sind in der so genannten ‚Kampf-Telepathie' ausgebildet, die bei F. Bardon eingehend beschrieben wird (S.15f.). Die Mitglieder der Bruderschaft versetzen sich in einen Trancezustand, um eine psychische Verbindung zu einer bestimmten Person herzustellen. Aus dem Kreis der übrigen Logenbrüder werden sie dabei mit Energie versorgt.

Magier der höheren Grade sind befähigt, einen zerstörerischen, tödlichen Kraftstrom des Willens in Bewegung zu setzen, durch den ein Gegner betäubt oder tödlich getroffen niederfällt, so als hätte ein Blitzschlag ihn erreicht. Kein Mensch, der ins Visier des Ordens geraten ist und Schuld auf sich geladen hat, kann einer Verfolgung entgehen. Er wird mit ‚Strahlen der Vernichtung' bestraft, an denen er elendiglich zugrunde geht. Oftmals stirbt das Opfer an einem Herzschlag und niemand kennt die wahre Todesursache, mit Ausnahme der Vollstrecker des Ordens.

Ein geschulter Magieanwender spürt deutlich, wenn er mit okkulten Mitteln attackiert wird. Der Angriff kommt in der Regel nicht plötzlich, sondern bahnt sich gewissermaßen in Wellen an. Die Energieströme im Raum verändern sich. Beim Opfer des Angriffs wird eine Schwachstelle gesucht, um einen ‚Durchbruch' zu ermöglichen. Der Geist des Angegriffenen wird für die Aufnahme von fernhypnotischen Befehlen empfänglich gemacht.

Durch den magischen Überfall kann eine enge seelische Verbindung mit dem Opfer herbeigeführt werden. Es wird zu einem willenlosen Werkzeug der Loge. Die Logenbrüder können den Betreffenden zu Handlungen veranlassen, an das er sich im Nachhinein nicht mehr erinnern kann. Oder sie suggerieren ihm eine Krankheit, die ihn von Tag zu Tag depressiver und mutloser werden lässt und schließlich mit einem (suggerierten) Selbstmord endet.

Gegnerische Kräfte können einen Magier, mit dem sie in Fehde liegen, an einen Ort zwischen den Welten katapultieren. Unangenehm wird es für ihn, wenn er im Nirgendwo gelandet ist und zwischen den Welten festhängt, gefangen in einer Art Netz zwischen der diesseitigen und jenseitigen Welt. Falls er nicht über genügend Kraft und Können verfügt, um sich zu befreien, hängt er dort auf unbestimmte Zeit fest.

Etliche schwarzmagische Logen besitzen ein Gerät, mit dem sie so genannte ,Todesstrahlen' auf jede beliebige Entfernung aussenden können, behauptet F. Bardon (in: Frabato, S.34f.). Dieses Gerät ist eine starke Waffe bei der Durchführung magischer Überfälle und unterliegt einer strengen Geheimhaltungspflicht. Zu dieser Methode greifen die dunklen Logen insbesondere bei Leuten, die selbst über okkulte Kenntnisse verfügen. Auch für Hinrichtungen innerhalb der Logenbrüder – etwa aus Gründen des Geheimnisverrats – wird das Gerät eingesetzt. Ärzte erkennen in dem plötzlichen Todesfall in der Regel nichts Außergewöhnliches und bescheinigen dem Opfer ,Tod durch Herzschlag'.

Das Gerät wird auch benutzt, um einen okkulten Einfluss auszuüben. Ein Foto oder ein persönlicher Gegenstand genügt gewöhnlich für die Kontaktherstellung zu derjenigen Person, die beeinflusst werden soll, wobei die Entfernung nur eine untergeordnete Rolle spielt.

Der Apparat dient zur drahtlosen Übertragung von Energie. Außerdem kann jede Art von Gedankenschwingung übermittelt werden. Es soll sogar möglich sein, Nervenkrankheiten und Vergiftungen hervorzurufen, deren Ursachen der Schulmedizin Rätsel aufgeben. Stoffe unterschiedlicher Art können auf eine beträchtliche Entfernung hinweg mithilfe des Gerätes zersetzt werden. Bringt man in den Brennpunkt der Strahlen das Bild einer bestimmten Person, so wird nicht nur deren grobstofflicher Körper, sondern auch der Astralkörper beeinflusst.

Übergriffe aus der Astralwelt

Wer andere tötet, egal aus welchem Grund, tötet dabei auch sich selbst.

Mit den Kräften der Seele kann sehr wirksam manipuliert werden, besonders bei Kenntnis magischer Gesetzmäßigkeiten. Von Vorteil ist es, sich mit derartigen Manipulationstechniken auszukennen, um ein Mittel der Gegenwehr zu haben. Die beste Methode, einem magischen Angriff zu widerstehen, besteht darin, die Kräfte des Gegners zu spalten, schreibt A. Crowley.

Fremde Wesen können den Schutzschild der Aura nicht ohne weiteres durchbrechen und die Schwelle übertreten, es sei denn, man lädt sie dazu ein. „Du glaubst vielleicht, ein harmloses Elemental, einen Engel oder den Geist eines geliebten Menschen in dein Inneres einzulassen, doch sobald der Angreifer deine Aura durchschritten hat, setzt er alles daran, von dir Besitz zu erreifen", warnen Denning und Phillips (S.102). Oft handelt es sich bei dem Angreifer um einen Astralvampir, der den Wirt als Energiequelle benutzen will.

Schädliche Verhaltensweisen und negative Vorstellungsbilder lassen Menschen immer wieder astralen Angriffen zum Opfer fallen. Dazu gehören:

▶ exzessiver Drogenkonsum;

▶ sexuell abartige Phantasien;

▶ die Absicht, einem Feind unter allen Umständen Schaden zuzufügen;

▶ die tiefe Trauer über den Verlust eines geliebten Menschen, verbunden mit der Weigerung, die endgültige Trennung hinzunehmen.

All dies kann eine Psyche dazu veranlassen, stark negativ aufgeladene Gedankenbilder hervorzubringen und damit Astralvampire anzuziehen. Auch destruktive Emotionen der Mitmenschen entfalten eine Wirkung auf denjenigen, der sich auf der gleichen Wellenlänge befindet. Den Überfall mit negativen Gedanken und Gefühlen beschreibt O.M. Aivanhov ähnlich wie einen Bombenangriff, bei dem die persönlichen Schutzwälle zerbrechen können (1990, S.74). Dagegen sind positive mentale Schwingungen, die den schädlichen Ausstrahlungen entgegengesetzt werden, ein gutes Mittel der Abwehr.

Bei einem paranormalen Angriff zeigen sich die Angreifer oft nicht in ihrer eigenen, unverwechselbaren Gestalt. Einige Magiekundige können jede x-beliebige Erscheinungsform annehmen. Sie verwandeln sich bspw. in den Doppelgänger eines anderen Menschen und können von der tatsächlichen Person nicht unterschieden werden. Oder sie werden zu einer Schattengestalt mit beeindruckenden Schwingen. Die Arme werden zu Flügeln; der Körper verformt sich und die Füße werden zu Klauen: Der Magier hat sich in eine riesige Fledermaus verwandelt! Andere erscheinen plötzlich in der Gestalt eines schwarzen Raben und fliegen davon.

Meister der Magie verwandeln sich von Zeit zu Zeit in Furcht erregende Ungeheuer, die auf einen Menschen zurasen und in Panik versetzen. Manche ziehen es vor, sich in einen Basilisken zu verwandeln. Mit ihrem Hahnenkopf, den Drachenflügeln, Reptilienbeinen und Schlangenkörper bieten sie einen Furcht erregenden Anblick. Nach der Rückverwandlung zeigen sie dann ihr wahres Gesicht. Es ist nicht immer einfach, festzustellen, ob man es mit einem okkulten Angriff zu tun hat. Manchmal war die Attacke lediglich eine Prüfung, um die Widerstandskraft des Probanden zu testen.

Erfahrene Magier sind imstande, jede Gestalt anzunehmen, die ihnen in den Sinn kommt. Sie können ihren Körper durchscheinend und sogar unsichtbar werden lassen, Wenn sie sich in diesem Zustand an ein Klavier setzen und musikalische Töne erzeugen, ruft das bei einem unfreiwilligen Zuhörer eine äußerst gespenstische Wirkung hervor.

Viele Legenden berichten von der Verwandlung eines Menschen in ein Tier: Bei den Eskimos sind es zumeist Bären; bei den Indianern ist es ein Jaguar oder eine Krähe, bei den Europäern vorwiegend ein Werwolf. Ein gutes Beispiel für außergewöhnliche Verwandlungen bietet die Lektüre einer Erzählung von M. Renard mit dem Titel: *Der Doktor Lerne*, in dem Menschen ohne ihr Wollen auf eindrucksvolle Weise in Rinder verwandelt werden.

Die Magiern Ulla von Bernus behauptet, Teil der magischen Schulung sei es, sich in ein Tier verwandeln zu können. „Man versetzt sich dabei in eine Großkatze. Natürlich ist das eine Imaginationsübung, bei der man die Großkatze vor sich imaginiert und dann in sie hineinschlüpft. Der physische Körper bleibt natürlich im Bett liegen, aber man fühlt, wie er sich mehr und mehr auflöst, indem man in diese Großkatze hineinschlüpft. Dabei wird diese Katze aktiv, und ich kann dann als diese Katze auf jemanden losgehen. Es gehört zum Training des Schülers der Magie, dass er auch dieses lernt" (vgl.: Flensburger Hefte Nr. 33, S.152). Ein Magier solle sich in dieser Praktik schulen, und zwar dann, wenn er jemanden angreifen will.

Bei derartigen Astralangriffen identifiziert sich der Magieanwender mit dem jeweiligen Tier. Er begibt sich mit seinem Astralkörper in die imaginierte Tiergestalt hinein. Auch Dion Fortune hat sich in dieser Praxis versucht, wie sie in *Selbstverteidigung mit PSI* erzählt. Es gibt überdies schamanische Techniken, die darauf abzielen, zum Wolf, Bär oder Elch zu werden. In den Büchern Castanedas wird die Verwandlung der Zauberer in eine Krähe anschaulich beschrieben.

O. Thorbrügge behauptet, diese Menschen würden sich auf der Astralebene tatsächlich in ein Tier verwandeln: „Das menschliche Bewusstsein wird ausgeschaltet, und sie werden dann innerlich wie ein Wolf, sehen und hören auch wie ein Wolf. Von außen sieht das reichlich lächerlich aus, wenn sei auf allen Vieren durch die Gegend hüpfen, aber innerlich sind sie in diesem Moment Wölfe. Wenn man selbst in anderen Bewusstseinszuständen ist, kann man bei diesen Menschen auch sehen, wie sich ihr Astralkörper verändert. Also das passiert schon. Der Astralkörper bekommt Wolfscharakter, wird in einer gewissen Weise sichtbar, ähnlich wie bei Evokationen, wo auch der Astralkörper eines angerufenen Dämons sichtbar wird" (S.208f.).

Ein menschlicher Angreifer mit okkultem Wissen kann sich über eine Gedankenform, ein *Elemental*, bemerkbar machen und so über Umwege zum Ziel gelangen. Auf der Astralebene kann er die Gestalt jedes beliebigen Wesens annehmen, um sich bei seinem Opfer einzuschleichen. Oberstes Ziel dabei ist es, das Vertrauen des Angegriffenen zu gewinnen, um so dessen schützende Aura zu umgehen.

Angriffe aus der Astralwelt geschehen meist bei Sonnenuntergang oder bei Sonnenaufgang. Strände und Sümpfe sind am gefährdetsten, denn es sind ‚Zwischenorte', in denen Diesseits und Jenseits sich begegnen. Auch die Momente zwischen Schlafen und Wachen sind Schwellen der Veränderung und für einen Geist die verlockendste Zeit, um anzugreifen. Geistwesen, die von einem Menschen Besitz ergreifen wollen, sind zu dieser Zeit besonders aktiv.

Destruktive Geistwesen können einen Menschen von hinten packen und ihn stundenlang am Boden festhalten. Geister können ein Opfer würgen und ihm die Luft abschnüren. Sie sind imstande, einen Gegenstand, einen Stein oder Baum auf ihn stürzen zu lassen. Oder sie tauchen ganz plötzlich vor ihm auf und bringen ihn dazu, vor Schreck den Halt zu verlieren. Dann wieder bauen sie auf die Furcht einer Person und ängstigen sie zu Tode. Lässt das Opfer sich nicht einschüchtern, verlieren sie sehr schnell ihr Interesse, während der Betreffende an Kraft dazu gewinnt.

Um zerstörerischen, dunklen Kräften keinen Angriffspunkt zu bieten, rät Frater Widar spirituellen Adepten, das irdisch-materielle Dasein aufzugeben, um neuen, höheren Erkenntnissen Raum zu geben. Wer sich diesem hehren Ziel nicht gewachsen fühlt, muss zwangsläufig mit Schwierigkeiten rechnen.

Okkulte Strafmaßnahmen

„Über euch alle, die ihr vor diesen Türen steht,
soll gerichtet werden."

Die Wächterinstanz

Ein Magieanwender, der die ihm verliehenen Fähigkeiten missbraucht, muss mit empfindlichen Strafen rechnen. Von geschulten Magiern wird erwartet, dass Sorgfalt im Umgang mit okkulten Kräften an erster Stelle steht.

Eine übergeordnete Instanz, eine Art ‚Inquisition', betrachtet alle Streitfälle von einer neutralen Warte aus. Sie sammelt Informationen über jeden, der sich mit Magie beschäftigt und bestraft Abtrünnige, die sich ernsthafte Vergehen zuschulden kommen lassen. Die Wächterinstanz sammelt Bilder und Videoaufnahmen von sämtlichen Ordensmitgliedern und unterwirft sie einer permanenten Kontrolle. Selbst intime Details bleiben ihr nicht verborgen. Ihre Macht liegt vor allem in der Geheimhaltung.

Falls jemand die Autorität der geistigen Hierarchie, die über die Einhaltung von Gesetzen wacht, nicht anerkennt, muss er damit rechnen, aus der okkulten Gemeinschaft ausgeschlossen zu werden. Entweder man unterwirft sich den geltenden Regeln, oder man darf nicht mehr teilnehmen. Ein Ausschluss ist eine ernste Angelegenheit. Es bedeutet, dass jemand keinen Zugang zu wichtigen Informationen erhält und keine Hilfe mehr zu erwarten hat. Der Abtrünnige darf in einem solchen Fall mit keinem Mitglied der Gemeinschaft mehr in Kontakt treten; seine vormalige Stellung wird ihm aberkannt.

Die Strafen für Mitglieder eines magischen Ordens, die Geheimnisse ausplaudern oder in irgendeiner Weise die ihnen gegebenen Anweisungen missachten, können sehr hart ausfallen.

Wenn ein Magiekundiger über die Stränge schlägt, werden ihm von höheren Instanzen sämtliche bisherigen Rechte aberkannt. Es ist dem straffällig Gewordenen nur begrenzt erlaubt, Kontakte aufzunehmen. Die magischen Kräfte werden ihm entzogen, so dass er in dieser Hinsicht zur Untätigkeit verdammt ist. Eine Strafe, die verhängt wird, kann darin bestehen, die Erinnerungen des Delinquenten zu löschen.

Das Strafgericht der Wächterinstanzen kann ein bösartiges Ungeheuer auf den Geächteten hetzen, das ihn gnadenlos verfolgt und ihm die Hölle heiß macht. Wenn der Missetäter Pech hat, wird er dem ‚Straffeuer' ausgesetzt und verbrennt, bis nur noch ein Häuflein Asche von ihm übrig ist. Einem Verräter, der grundlegende Regeln nicht beachtet, droht somit die Auslöschung, die völlige Vernichtung.

Dunkle Bruderschaften

Die Strafen, die dunkle Bruderschaften gegen unbotmäßige Mitglieder verhängen, sind äußerst brutal. Ein Anführer, der nicht bereit ist, seine Anhänger für Respektlosigkeit oder Ungehorsam hart zu bestrafen, wird nicht ernst genommen und kann daher nicht allzu lange seine Position behaupten.

Einige Magier, die sich mit dunklen Mächten eingelassen haben, müssen zur Strafe Jahrzehnte in einem Tierkörper zubringen, davon einen Großteil der Zeit im Tiefschlaf. Die Verwandlung in ein Tier kann, als Teil der Züchtigung, sehr schmerzhaft sein. Obwohl der Entzug des menschlichen Körpers eine empfindliche Sühne ist, haben die Verurteilten immer noch Hoffnung auf Rehabilitation. Diese kann darin bestehen, dass sie einen bestimmten Auftrag erhalten, den sie zur Zufriedenheit ihres Auftraggebers ausführen.

Die Chance besteht darin, eine wichtige Mission zu erfüllen, die eine Begnadigung nach sich zieht. Andernfalls droht ihnen die Vernichtung. Doch einen fortgeschrittenen Magier zu töten, ist nicht einfach, da er es fertig bringt, blitzartig zu verschwinden. Allerdings hat auch er gegen eine gegen ihn gerichtete Schnellfeuerwaffe kaum eine Chance.

Vergeltung aus dem Jenseits

Es gibt mediale Menschen, die unter die Fuchtel negativer Astralwesen geraten sind. Sobald sie sich deren strikten Anweisungen widersetzen, werden ihnen empfindliche Konsequenzen angedroht. Manche Menschen, die in Auseinandersetzungen mit Geistwesen verstrickt sind, erblinden plötzlich oder sind gelähmt, ohne dass Ärzte eine Ursache für das Leiden entdecken können. Zugeständnisse an die Wesen lässt die Behinderung auf wundersame Weise verschwinden.

Die Wesen können Menschen, der sich ihnen widersetzt, dazu zwingen, sich entgegen den eigenen Absichten Schaden zuzufügen, indem sie sich z.B. selbst verletzen. Das kann bis zum unfreiwillig verübten Selbstmord führen.

Abwehr magischer Angriffe

„Die Waffen unseres Kampfes sind nicht materiell."
Magisches Postulat.

Ein magischer Angreifer begibt sich mit seinem streitbaren Vorgehen selbst in Gefahr. Falls die finsteren Absichten und die ausgesandte destruktive Energie keine Resonanz im Gegner finden, laufen Aggressionen und magische Kräfte ins Leere. Sie prallen ab und *fallen auf den Urheber zurück.* Der Magier ist dann gezwungen, die Auswirkungen seines Tuns am eigenen Leibe zu erfahren. Dies beruht auf dem Prinzip der Resonanz und dem Gesetz von Ursache und Wirkung.

Sofern es sich bei den dunklen Kräften, die einen Magiekundigen erreichen, um die Angriffsenergie eines magischen Gegners handelt, kann diese durch einem *Abwehr- und Vergeltungszauber* gegen den Angreifer selbst gerichtet werden, denn gegen die eigenen Kräfte ist kaum jemand immun. Es kommt auch vor, dass derartige Energien von hochsehenden Magiern neutralisiert und wieder in den allgemeinen kosmischen Energiekreislauf eingespeist werden.

Ein magischer Schutzharnisch dient dazu, feindliche Angriffe mehr oder weniger zuverlässig abzuwehren. Okkulte Energieströme prallen an Magiern, die um sich herum einen Schutzschild errichtet haben, ab, ohne einen nennenswerten Schaden anzurichten. Manchen gelingt es sogar, die auf sie abgefeuerte Energie zu absorbieren. Anstatt zerstörerische Wirkungen zu entfalten, werden die Angegriffenen energetisch aufgeladen und letztendlich durch den gegen sie gerichteten Überfall gestärkt.

Dennoch kann ein heftiger magischer Angriff derart kraftvoll ausfallen, dass er jeden Abwehrzauber durchbricht. Die magische Kraft schlingt sich um den Körper des Opfers und saugt ihm die Energie aus den Muskeln. Ulla von Bernus erzählt, wie sie sich gegen okkulte Angriffe zur Wehr setzt: „Ich vollziehe es mit Ritualien, so dass meine Angreifer dieses niemals wieder ein zweites Mal tun werden. Wenn so ein Angriff stattfindet, dann schaue ich Astral-Gestalten, zum Beispiel einen Totenkopf oder ein Krokodil mit aufgerissenem Maul; dann weiß ich, dass mich jemand anzugreifen versucht. Ich halte diese Wesen fest, lade sie auf und schicke sie mit doppelter Intensität dorthin zurück, wo sie hergekommen sind." (In: Flensburger Hefte Nr. 13, S.52.) Dabei ist ihr oftmals nicht klar, wer gerade angreift.

Auch Exorzismen beinhalten Gefahren, die häufig übersehen werden. Sobald ein Exorzist auf schwarzmagische Widersacher stößt, könnte er durch den Rückstoß der eigenen, von ihm ausgesandten Kraft zu Schaden kommen, warnt A. Crowley. „Die Gesetze der Kraft nehmen keine Rücksicht auf menschliche Vorurteile über ‚Gut' oder ‚Böse'…" (!993, S.309). Falls der Schwarzmagier stärker ist als sein Angreifer, ist dieser eindeutig im Nachteil. Der Unterschied im Ergebnis liegt letztendlich auf einer höheren Ebene. Eine mächtige

Instanz steht über dem ewigen Kampf zwischen Gut und Böse, die beide danach streben, die Welt zu kontrollieren.

Bei den negativen Energieströmen, die von einer sensitiven Person wahrgenommen werden, muss es sich nicht notgedrungen um einen mentalen Angriff handeln. Es kann sein, dass jemand, zu dem sie eine enge Beziehung unterhält, von Alltagssorgen geplagt wird oder sich in einer seelischen Notlage befindet. Dann sendet er unbewusst entsprechende Signale aus, die leicht als mentaler Angriff missverstanden werden können.

Erfahrende Magier haben in der Regel im voraus Kenntnis von gegen sie gerichteten Plänen: Sie wissen es, sobald der Gegner den ersten Schritt tut. Wenn sie einen Raum betreten, werden die Machenschaften und Intrigen, die gegen sie geschmiedet werden, klar erkennbar. Ihre Sehergabe zeigt ihnen, wer sich gegen sie verbündet hat, so als trüge der Gegner ein Zeichen auf der Stirn.

Vor einem fortgeschrittenen Geist lässt sich kein Geheimnis bewahren.

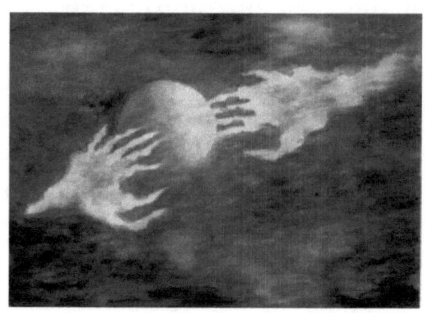

Verbindungen zur Geisterwelt

Fremde Eindringlinge

Nicht ist wichtiger als Wissen, besonders das Wissen
über sich selbst.

Überall dort, wo Menschen leben, gehen unbemerkt unsichtbare Wesenheiten ein und aus. Unternimmt ein meditierender Mensch nichts, um sich gegen diese Wesen zu schützen, können sie ungebeten durch die offene Tür eintreten und Schaden anrichten. Astrale Kräfte, die gemeinhin in der Physik ‚Energie' genannt werden, sind – obwohl von der Wissenschaft oftmals angezweifelt – nach Dafürhalten von J.B. und R. Teutsch durchaus Realität (vgl.: Unsichtbare Mächte, S.70). Sie können sogar Gestalt annehmen und für das menschliche Auge sichtbar werden.

Sind in einem menschlichen Organismus dunkle Energien gespeichert, ermöglicht dies einer negativen Entität die Kontrolle oder Besetzung der Person. Auch regelmäßige Wutausbrüche bilden Schwachstellen für das Eindringen fremder Wesenheiten. Parasitäre Inbesitznahme erhöht die Temperatur des Wirtsorganismus. Falls Teile des Körpers von Krankheit betroffen sind, können dort ebenfalls fremde Entitäten eindringen. Selbst in der Narkose kann ein fremder Geist vorübergehend Besitz von dem Kranken nehmen und einen Einfluss ausüben. Er kann ihm Erlebnisse einpflanzen, an die er sich später deutlich erinnert.

Geistwesen nutzen die persönlichen Schwächen von Menschen aus, um sich mit ihrem Bewusstsein zu verbinden und sie zu kontrollieren. Einen Menschen zu besetzen ist für einen Geist so, als würde er einen Taucheranzug anziehen. Die Betroffenen empfinden eine gewisse Übelkeit, wenn eine Wesenheit in sie hineinschlüpft und ihre Gedanken liest. Das Erlebnis, jemanden wie einen Fremdkörper in seinem Verstand zu spüren, ist nicht leicht zu verkraften. Manchmal dringen von allen Seiten Stimmen auf die Psyche ein und es gelingt dem Opfer nicht, sie aus seinem Kopf zu verbannen. Einigen raubt der chaotische Lärm, der von allen Seiten auf sie eindringt, buchstäblich den Verstand. Ein ungeheurer Druck baut sich im Schädel auf, der den Zustand noch verschlimmert.

Meist gewöhnen sich die Betroffenen erst im Laufe der Zeit an die fremde Präsenz in ihrem Innern. Der Geist, der einen Menschen zum Wirt auserkoren hat, wird mit der Zeit immer stärker. Er kann irgendwann jede Gestalt annehmen, wo und wann immer er das will. Doch nicht jedes Bewusstsein ist gleichermaßen zugänglich für einen fremden Geist. Einige sind so gut geschützt, dass ohne Zwang keine Empfänglichkeit gegeben ist.

Inbesitznahme kann sehr komplex sein und weit über das hinausgehen, was bislang darüber bekannt ist. Besessenheit muss nicht in jedem Fall dramatisch verlaufen, sondern kann auch subtil daherkommen. Für körperlose Geister ist es manchmal notwendig, zumindest vorübergehend einen lebenden Körper in Besitz zu nehmen, um ihre Bewusstheit nicht zu verlieren. Sie sind wie eine Art Nebel, der ohne festen Anker in den Weltraum davon driftet und verloren geht. Körperlose Geister können in ein Tier einfahren und unter Umständen sogar die Gestalt einer Biene annehmen. Als Vogel legen sie mitunter lange Strecken zurück. Sich in ein Lebewesen einzunisten – und sei es in irgendein Tier – verhindert die Auflösung des Geistes.

Ein Geistwesen kann auch nur vorübergehend von einem Menschen Besitz ergreifen, während dieser sich in einer Tieftrance befindet. Der ursprüngliche Geist ist dann für die Zeitspanne der Inbesitznahme wie weggetreten und erleidet einen Gedächtnisverlust. Entweder stellt er sich freiwillig zur Verfügung, oder er wird von der Ankunft des fremden Eindringlings überwältigt und erinnert sich im Nachhinein nicht mehr daran, was ihm widerfahren ist.

Fortgeschrittene Geistwesen sind imstande, in den schlafenden Körper eines Menschen einzufahren und dessen Kurzzeitgedächtnis zu durchforsten, um ihm Informationen zu entnehmen. Vor allem zwischen Mitternacht und zwei Uhr nachts ist die Aktivität der Wesenheiten besonders hoch. Zu Lebzeiten waren die Eindringlinge oftmals Mitglieder einer okkulten Gemeinschaft, die nun im Jenseits weiterhin Aufgaben erfüllen. Auch bei Neu- und Vollmond und in der Dämmerung sind die Wesen ausgesprochen aktiv.

Hexen bevorzugen zuweilen Nacktheit, um die Einflüsse des Mondes besser aufnehmen zu können. Durch den unbekleideten Körper werden sowohl günstige als auch negative Mächte angelockt, berichtet O.M. Aivanhov: „Wer sich nackt hinstellt, ohne die Selbstbeherrschung und das Selbstbewusstsein bis zu einem bestimmten Grade entwickelt zu haben, sollte bereit sein, für das Risiko einzustehen: man muss fähig sein, sich gegen all das Negative, das Dämonische abzuschirmen und zugleich nur für die lichtvollen Strömungen aufgeschlossen zu sein" (1990,1, S.94f.). Unwissende Menschen öffnen dunklen Kräften die Tür, die sich in ihnen niederlassen und sich an sie klammern, während die lichten Kräfte außen vor bleiben, da der Platz bereits besetzt ist.

Auch inkarnierte Menschen mit besonderen Gaben sind befähigt, in die Psyche anderer Lebewesen einzudringen, sei es Mensch oder Tier. Sie können die unsichtbare Mauer der Distanz niederreißen und einen direkten mentalen Kontakt herstellen, auch gegen den Willen des fremden Geistes. Ein Meer an Informationen wird dem Eindringling zugänglich. Auch die Emotionen der fremden Psyche liegen offen zutage. Ein ausgebildeter Heiler kann diese Gabe nutzen und über die Hände mit seinen Sinnen in das Körperinnere eines Patienten eindringen und dort nach Krankheitsursachen fahnden oder die seelische Befindlichkeit erforschen.

Sobald ein Magiekundiger jemandem tief in die Augen blickt, kann er in das Bewusstsein des anderen eindringen und ihm anschauliche Bilder übermitteln, welche oftmals auf die jeweilige Situation bezogen sind. Er kann das Innenleben des Gegenübers ausforschen und ihn an seinen Gefühlen Anteil nehmen lassen. Magier, die in den Geist eines anderen Menschen eindringen, können auch als innere Stimme in Erscheinung treten. Die betroffene Person bemerkt, dass fremde Gedanken ihren Geist infiltrieren und sie auffordern, Dinge zu tun, die den eigenen Absichten widersprechen.

Erfahrene Magier bemerken es sehr schnell, wenn jemand in ihren Geist einzudringen versucht, und reagieren mit Abwehr auf derartige Übergriffe. In der materiellen Wirklichkeit ist jeder noch einigermaßen sicher; die größten Gefahren aber lauern auf den unsichtbaren Ebenen, erklärt O.M. Aivanhov (1990,1, S.214f.). Meditierende sollten sich schützen, indem sie sich mit einer Lichtschranke umgeben, um unerwünschte Wesenheiten am Eindringen zu hindern. Eine meditative Praxis nach spirituellen Grundprinzipien trägt erheblich zum Schutz vor dämonischen Angriffen bei.

Wer sein Haus schützen will, sollte sich der höheren Geisterwelt anvertrauen, denn dann werden die dunklen Wesenheiten gezwungen, das Feld zu räumen, empfiehlt der Autor. Alles hängt vom Willen des einzelnen ab. Die höheren Geistwesen haben kein Recht, sich ohne Zustimmung in einem Menschen niederzulassen, während dunkle Wesen weniger zurückhaltend sind und sich oftmals gewaltsam einnisten.

Magisch Geschulte haben oftmals kein Problem damit, in das Bewusstsein wildfremder Leute einzudringen um herauszufinden, was sie gerade tun. Sie können Kräfte beschwören, um in das Innere eines Menschen vorzudringen und sind imstande, Grenzen zu überschreiten, an der ein Fremder besser innehalten sollt. Mitunter stoßen sie sogar in das Zentrum der Seelenkräfte vor; dorthin, wo alle Lebensenergien entstehen.

Sie strecken ihre Fühler aus und dringen in die Seele eines anderen ein, um dessen Geheimnisse zu erfahren, während sie selbst Bewusstseinsbarrieren errichtet haben, die sie vor fremder Neugier schützen. Sie spüren sehr schnell, ob jemand in ihrem Kopf herumstöbern will und verschließen die Tore ihres Bewusstseins. Falls ein Magier es ausnahmsweise zulässt, dass jemand in seinen Geist eindringt, nimmt er gleichzeitig die Gedanken und Gefühle des anderen wahr. Sofern er sich darauf einlässt, sich für die Gedanken eines anderen Magiers zu öffnen, wird dieser im Gegenzug auch die eigenen lesen können.

Mediale Tieftrance

Die Mächte der Finsternis können jedwede Form vortäuschen.

Manche Medien überlassen ihren Körper im Zustand der Volltrance freiwillig einer fremden Wesenheit, die in manchen Fällen nach und nach immer mehr Besitz von ihnen ergreift. Der fremde Geist dringt in den Körper des Wirtes ein. Seine Botschaften erreichen ohne Zutun des ursprünglichen Bewusstseins die interessierten Zuhörer. Das Bewusstsein des Mediums fällt in der Tieftrance mehr oder weniger in einen Zustand der Ohnmacht.

In der Voll-Trance wird die normale Persönlichkeit eines Mediums durch eine fremde Persönlichkeit verdrängt. Die Einwirkung aus der unsichtbaren Welt ist intensiver und wirkungsvoller, wenn ein Geistwesen den menschlichen Astralkörper (Seelenkörper) mit seinem eigenen durchdringen und überlagern kann. Falls die Willenskräfte, die Empfindungen und der Energiezustand des Fremdwesens stärker als die des Menschen sind, überdecken sie den Willen, das Denken, Fühlen und Wollen eines Menschen teilweise oder ganz. Im Extremfall kann die Durchdringung und Überlagerung so stark sein, dass der betroffene Mensch nicht mehr Herr seiner Sinne, seines Willens und seiner Organe ist. Zu hoffen bleibt, dass die Abwesenheit des ursprünglichen Geistes nicht ausgenutzt wird. Dies geschieht tatsächlich ohne Wissen des Mediums öfter, als ihm lieb sein kann.

Es gibt Berichte von Medien, die automatisches Schreiben praktizierten und auch im Nachhinein zwanghaft Schreibbewegungen in die Luft ausführten. Selbst beim Essen oder in Gesellschaft anderer Menschen konnten sie nicht damit aufhören. Die Steuerung über ihre Bewegungen hatte jemand anders übernommen, der sie nun zwang, zu jeder Tages- und Nachtzeit ihm zu Willen zu sein.

Vorübergehende Inbesitznahme in der Tieftrance erzeugt ein Gefühl der Müdigkeit beim Medium. Die Umgebung scheint sich zu verdunkeln und ein anderes, fremdes Bewusstsein nimmt die Stelle des eigenen Bewusstseins ein. Ein Geist hat viele Vorteile davon, sich in einen menschlichen Wirt einzunisten, doch es bleibt eine komplizierte Beziehung, da Körper und Psyche des Menschen seinen Geist in der diesseitigen Welt verankern.

Trancemedien verfügen über einen beweglichen feinstofflichen Ätherkörper, der projiziert und verdrängt werden kann. Da das Bewusstsein an den Ätherkörper gebunden ist, wird der bewusste Geist ebenfalls verdrängt. In einer tiefen Trance tritt dieser feinstoffliche Körper ganz oder teilweise aus dem physischen Körper aus. Die ‚Brücke' zwischen physischem Körper und Psyche wird unterbrochen, daher ist Bewusstlosigkeit die Folge.

Die Bereitwilligkeit von Medien, ihren Körper unsichtbaren Wesenheiten zur Verfügung zu stellen, wird in der geistigen Welt durchaus kritisch gesehen. Ein (Voll-)Trancemedium verliert zunehmend die alleinige Einflussnahme auf seinen Organismus. Sind die mit ihm in Verbindung stehenden Geistwesen gutwilliger Natur, resultiert daraus kein gravierender Schaden. Doch nicht immer ist das Verhältnis zwischen übermittelndem Geist und Medium ungetrübt. Dem unsichtbaren Botschafter gelingt es mit der Zeit, seinen Einflussbereich immer weiter auszudehnen. Das kann bis zur Übernahme wichtiger Körperfunktionen durch den Geist gehen, der nun schalten und walten kann, wie es ihm beliebt.

Der arglose Mensch bemerkt oftmals zu spät seinen Fehler. Er wird zum Spielball jenseitiger Mächte, die ihn zu Handlungen treiben können, die ihm zutiefst widerstreben. Das unsichtbare Wesen klammert sich an und ,besetzt' wichtige Funktionen des Organismus. Auch beim Übergang in die jenseitige Welt kann sich das Opfer nicht ohne weiteres befreien von seiner Last, denn das Wesen ist weiterhin bestrebt, die Kontrolle aufrecht zu erhalten. Es setzt alles daran, mit dem Bewusstsein seines Opfers zu verschmelzen, denn nur so kann es ihm drohende Auflösung verhindern.

Ein Bewusstseinsfeld, das in dieser Weise ,kontaminiert' ist, kann seine Ziele nicht mehr frei wählen. Es wird von fremden Impulsen überschwemmt, die nicht seine eigenen sind. Im Verlauf einer spirituellen Entwicklung werden die Schutzfunktionen gelockert, um einen Bewusstseinsprozess in Gang zu setzen, doch sollte sich jeder Einzelne gut überlegen, wem er sich öffnet und wie weit die Einflussnahme gehen soll, die jenseitigen Mächten gestattet ist.

Die mediale Tätigkeit sollte allenfalls als Übergang betrachtet werden zu höherem Bewusstsein. Sie sollte die Person nicht an Wesen aus dem Astralreich binden, die sie hinabziehen und einer Weiterentwicklung im Wege stehen.[9]

---

[9] Vgl. hierzu: Birgit Waßmann: Channel-Medien zwischen Licht und Schatten, S.46f.

Magische Verbindungen

Magier und Hexen benutzen ihre Kräfte dazu, eine Verbindung zu Wesen der Anderswelt herzustellen.

Die Stimme des geistigen Lehrers

Manchmal kann es ein Vorteil sein, wenn jemand eine Antenne für Mitteilungen aus dem Unsichtbaren hat. Oft machen die Einflüsterungen dem Hörer Mut und vermitteln ihm den Eindruck, nicht isoliert und allein zu sein. Sie unterstützen ihn bei seinen Plänen und bringen Klarheit in verworrene Situationen. Nicht in jedem Fall werden daher Stimmen, die sich bemerkbar machen, als Last empfunden. In einigen Fällen erweisen sie sich als Vorteil; in anderen werden sie hingegen zum Fluch, der das Leben vergällt.

Die enge Bindung eines Jüngers an einen geistigen Lehrer ist ein Mittel, um seine Fortschritte zu überwachen und zu fördern. Die Verbindung kann unter Umständen den Probanden vor Fallstricken bewahren und davor, dass dunkle Mächte ihn mit Beschlag belegen. Sie soll nicht nur seine geistige Gesundheit fördern, sondern auch jedes andere Wesen daran hindern, in sein Bewusstsein einzudringen. So kann vermieden werden, dass er plötzlich ungewollt Stimmen hört oder seine Psyche von fremden Wesenheiten infiltriert wird.

Die Stimme des Geistlehrers vernimmt der Jünger anfangs in seinem Innern, als wenn sie aus den Tiefen des eigenen Geistes kommt. Mit der Zeit lernt er, eigene Gedanken von den Inspirationen des Geistlehrers zu unterscheiden. Einerseits engt eine derartige Verbindung den Schüler ein und beschneidet seine Kräfte, auf der anderen Seite ist sie ein Schutz, denn die Bindung schließt Geist und Seele zusammen und lässt keinen Spielraum für Fremdeinwirkungen. Das Seelenbewusstsein gewinnt an Leichtigkeit und ist letztendlich in der Lage, den Körper zu verlassen.

Die Stimme höherer Geistwesen ist nur selten zu hören. Sie füllt den Verstand völlig aus und verdrängt jeden anderen Gedanken. Unüberhörbar dröhnt die Stimme im Kopf des Hörers und erzeugt ein starkes Druckgefühl, sobald der Empfänger angespannt ist. Die Botschaft ist unmissverständlich und meist von großer Wichtigkeit.

Ein Jünger, der an der Beseitigung seiner persönlichen Mängel arbeitet, schließt damit das Fenster, durch welches fremde Geistwesen Kontrolle über ihn erlangen können. Eine Erhöhung seiner Schwingungsrate reduziert darüber hinaus das Risiko eines Angriffs aus der Geisterwelt.

Band zu Göttern und Dämonen

Magier und Hexen könnten keine Magie wirken, würden sie nicht mit Geistwesen in Beziehung treten. Wollen sie besondere Fähigkeiten erlangen, gehen sie eine Verbindung mit körperlosen Wesenheiten ein und bedienen sich der Kräfte unsichtbarer Geister. Ein Beschwörungsritual dient ihnen dazu, eine Verbindung zu astralen Ebenen herzustellen. Die Kontaktaufnahme soll beiden Seiten zum Vorteil dienen: Während sich Hexen und Magier die jeweiligen Kenntnisse und die Stärke des Dämons oder ‚Gottes' zunutze machen, zapfen die Wesen die Energie ihrer menschlichen Verbündeten an und nähren sich davon.

Der Körper und die Psyche eines Magiers oder einer Hexe verankern den Geist in der diesseitigen Welt. Menschen, die ihr Bewusstsein trainieren, geben für Geistwesen hervorragende Anker ab, an die sie sich vorzugsweise anschließen. Wenn eine Hexe oder ein Hexer davon spricht, ‚die Göttin sei gekommen', wissen alle Mitglieder des Kultes, was damit gemeint ist, obwohl die Göttin (oder der Gott) zu jedem Individuum sehr persönlich spricht in einer Sprache, die vor allem der Betreffende versteht. Die Geistwesen lassen ihre Verbündeten teilnehmen an ihrem Wissen und lehren sie den besten Weg, mit ihren Problemen umzugehen.

Magier und auch Hexen müssen allerdings immer auf der Hut sein, denn dämonische Wesen warten nur auf einen Moment der Schwäche, um Einfluss auf ihren Geist zu gewinnen und sie auf den Pfad der Dunkelheit zu führen. Eine Verbindung zu einer dämonischen Entität kann üble Folgen haben, sofern der Dämon die Oberhand gewinnt. Falls der betreffende Mensch ihm nicht zu Willen ist, kann das Wesen starke Kopfschmerzen verursachen, bis das Opfer den Eindruck hat, sein Schädel würde zerspringen. Der Schmerz hämmert im Kopf, bis das Opfer bereit ist, nachzugeben und die telepathischen Anweisungen des Dunkelwesens befolgt. Auf diese Weise kann der Dämon seine Schritte lenken und ihm Befehle erteilen. Die mentale Sogwirkung kann so stark sein, dass das jeweilige Opfer zeitweilig zu keiner freien Entscheidung mehr fähig ist.

Verbindet sich ein Mensch, dem es an Stärke und Willenskraft mangelt, mit dunklen Mächten, indem er auf deren Versprechungen hereinfällt, kann dies seinen Untergang bedeuten. Sofern sein Verlangen nach Macht und Reichtum oberste Priorität erlangt, beschwört er einen dunklen Geist herauf und öffnet sein Bewusstsein für ihn. Der Dämon ergreift Besitz von ihm und benutzt ihn fortan als Brücke zwischen den Welten. Nach und nach absorbiert er den Geist des Unvorsichtigen und benutzt dessen Körper nach eigenem Gutdünken. Das Opfer wird zu einer willenlosen Marionette.

Wenn Magier sich mit niederen Astralwesen einlassen, hegen sie meist die Hoffnung, diese beherrschen zu können. Doch oft gelingt es den Wesenheiten, Geist und Körper des Magiers in Besitz zu nehmen und seinen Willen nach Belieben zu steuern. Mit der Zeit übernehmen sie Stück für Stück die Macht sowohl über den Körper als auch über den Geist. Etliche Magier werden bösartig oder drehen durch, sobald es dem Dämon, dessen Zauberkraft sie sich zunutze machen wollten, gelungen ist, die Kontrolle zu übernehmen.

Wenn Menschen die Hilfe der geistigen Welt erbitten – z.B. um anderen Leuten zu helfen – kommen sie häufig in Kontakt mit Wesenheiten der astralen Ebene. Hierbei ist es dringend erforderlich, auf die eigene Schwingungshöhe zu achten, um nicht in Schwierigkeiten zu geraten. Die geistige Welt ist keineswegs so uneigennützig, wie es manchmal scheint. Wesenheiten verbinden sich mit den Bittstellern, um deren Energie zu nutzen, denn Energie ist der eigentliche Motor, der die Hilfe in Gang setzt.

Diese Wesenheiten beschränken sich meist nicht allein auf Hilfeleistungen. Oft sind sie bestrebt, mit dem Bittsteller eine engere Verbindung einzugehen, als manchem von ihnen lieb ist. Sie finden einen Weg, das Energie-Reservoir des Betreffenden anzuzapfen und auf eigennützige Weise ihren Profit daraus zu ziehen. Der Bittsteller bemerkt erst mit der Zeit, dass sein Energie-Vorrat immer schwächer wird. Meist fällt es ihm schwer, die Zusammenhänge zu begreifen und die Ursache für den Energie-Verlust zu erkennen.

Nach einiger Zeit entsteht eine unauflösliche Verbindung, die im günstigen Fall für beide Teile Vorteile bringt, falls der Bittsteller wichtige Hilfestellungen und einen Wissenszuwachs erhält. Im negativen Fall nimmt die Energie immer mehr ab und auch die Hilfe wird immer geringer. Das Opfer wird zum Spielball astraler Mächte, die auch nicht davor zurückschrecken, ihm seinen Lebensodem zu rauben, indem sie sich in seinem Organismus verankern und die wichtigen Schaltstellen, die für die Energie-Zufuhr zuständig sind, besetzen.

Die einzige Möglichkeit, dem entgegenzusteuern, besteht darin, sich mit der Lichtebene zu verbinden, welche die astralen Wesen unter Kontrolle halten kann. Die Hinwendung zur Lichtwelt ist ein Schutz, dessen jeder Leidtragende dringend bedarf. Ein unentwickeltes Individuum wird es schwer haben, die höheren Geistebenen mental zu erreichen, daher stehen Helfer bereit, die den Empfang ermöglichen. Wünscht ein irdischer Mensch eine bestimmte Information, dann wird ein Geisthelfer diesen Wunsch weiter vermitteln; die Entscheidung wird dann auf der nächst höheren Ebene getroffen.

Erdgebundene Geister

„Der Leib des Menschen ist das Haus, in dem seine
toten Ahnen wohnen."
Gustav Meyrink

Die Welt der Verstorbenen, die metaphysische Daseinsebene, gilt als die unheimliche Sphäre der Gespenster. Manche Menschen sind Tore für unsichtbare Wesenheiten. Besonders Zwillingen wird diese Eigenschaft nachgesagt, denn eineiige Zwillinge gelten als so genannte ‚Spiegel'. Wenn ein enger Verwandter oder ein langjähriger Freund auf die andere Seite des ‚Spiegels' hinüber wechselt, bemerken die Hinterbliebenen nicht selten eine ungewöhnliche Steigerung ihrer Kräfte. Falls alles mit rechten Dingen zugeht, fließt zumindest ein Teil der persönlichen Substanz des Verstorbenen zurück auf die irdische Daseinsebene, wo sie sich mit Nachkommen und Verwandten verbindet und diesen nun zur Verfügung steht.

Die wundersame Bereicherung an Gefühlen und Ideen, die Akkumulation von Fähigkeiten und der plötzliche Einfallsreichtum sind die Hinterlassenschaften des Dahingegangenen, die in die Seele der Zurückgebliebenen einfließen. Leider trifft dasselbe auch auf heftige, ungesteuerte Emotionen und üble Gewohnheiten zu. Dann kann es geschehen, dass Hinterbliebene die Sprechweise und gewisse Gesten des Verstorbenen annehmen. Bei Kindern kann dies soweit gehen, dass sie sich quasi aus dem eigenen Ich geworfen fühlen und sich in auffallender Weise in die verstorbene Person verwandeln.

Jeder Körper hat eine physische und eine metaphysische Komponente. Wenn der Energieaustausch zwischen beiden endet, stirbt der physische Körper. Unter den Verstorbenen gibt es ruhelose Seelen, die im Erdenleben traumatische Erfahrungen durchgemacht haben und die nach ihrem Ableben mit der neuartigen Seinsweise nicht klarkommen. Sie finden sich – nicht anders als inkarnierte Menschen in desolater seelischer Verfassung – in ihrem jenseitigen Dasein nicht zurecht.

Die Seelen kürzlich Verstorbener wirbeln umher, verwirrt über die plötzliche Trennung von ihrem Körper. Dies ist einer der Gründe, warum viele der Schattenwesen in der Nähe von Menschen verweilen. Ein Geist verfügt nur über eine begrenzte Energiemenge. Diese wird schließlich aufgebraucht, wenn keine weitere Energiezufuhr stattfindet. Es ist davon auszugehen, dass Verstorbene, wenn sie nach dem Übergang noch eine Weile weiterexistieren, eine parasitäre Beziehung zu Lebenden unterhalten, um so ihr Dasein in der Zwischenexistenz zu verlängern.

Der feinstoffliche Ätherkörper eines Verstorbenen ist von der Lebenskraft, die er fortlaufend während der Inkarnation bezog, abgeschnitten, erklärt Dion Fortune (1992, S.44f.). Er holt sich daher diese Lebenskraft aus jeder sich bietenden Quelle, solange er den neuen Bedingungen noch nicht angepasst ist. Daher befällt manche Menschen in unmittelbarer Nähe von Toten ein Gefühl der Erschöpfung und Leere.

Die Autorin rät, das Totenbett mit frischen Blumen zu bedecken und mit brennenden Kerzen zu umstellen, damit genügend Ätherkraft vorhanden ist, um die Bedürfnisse des Verstorbenen zu decken und ihm über das nach-todliche Zwischenstadium hinweg zu helfen. Sie rät darüber hinaus, das Sterbezimmer abzudunkeln, damit der Sterbeprozess nach dem Austritt der Seele nicht ungebührlich beschleunigt wird, denn Sonnenlicht würde den Ätherkörper in kurzer Zeit auflösen.

Die meisten Menschenseelen bleiben eine zeitlang ihrem noch unbestatteten Körper nahe. Einige dunkle Magier machen sich dies zunutze für ihre Operationen und zwingen eine abgeschiedene Seelen

238

zum Gehorsam, indem sie ganz oder teilweise die Herrschaft über den toten Körper übernehmen. Ein ausgebildeter Magier ist somit fähig, Schattenseelen auf seine Seite zu ziehen.

Verstorbene sind zumeist an die Örtlichkeit gebunden, in der sie die meiste Zeit gelebt haben und an dem sie verstorben sind. Seelen können auch an einen Gegenstand statt an einen Ort gebunden sein. Falls ein Wesen an ein Objekt gebunden ist und das Objekt zerstört wird, muss es sich einen anderen Ort für seinen Aufenthalt suchen. Dabei kann es sich auch um ein Lebewesen handeln.

Die mentale Verbundenheit der Hinterbliebenen mit ihren verstorbenen Angehörigen unterscheidet sich grundlegend von einer ätherischen Verbundenheit, betont D. Fortune. Die energetische, d.h. ätherische Verbundenheit sei keineswegs wünschenswert, denn sie kann schnell zu einem Problem werden. Während der Ätherkörper im Begriff ist, sich zu lösen, sucht er unwillkürlich nach ätherischer Lebenskraft.

Ein Geistwesen, das aufgrund einer engen Bindung mit der energetischen Kraft eines lebenden Menschen aufgeladen ist, kann zum Verursacher von Albdrücken werden, denn es gelangt nach und nach zu einer immer dichter werdenden physischen Präsenz. Nachts erscheint es als dunkle Gestalt, die den Schlafenden heimsucht. Da das Opfer meist sehr spät bemerkt, was die Ursache seines Problems ist, gestaltet sich die Lösung der Verbindung als äußerst kompliziert.

Der Geist eines Verstorbenen kann den Körper eines Lebenden besetzen, was besonders leicht gelingt, wenn die Angst ihm eine Tür öffnet. In den unsichtbaren Sphären irren viele unglückliche Geister herum und suchen nach Gelegenheiten, in Kontakt mit der materiellen Ebene zu gelangen. (Eine Erzählung von H.G. Wells mit dem Titel: *Der gestohlene Körper* spielt auf derartige Phänomene an.) Einige Astralgeister ergreifen absichtlich von einem lebenden Menschen Besitz, andere tun dies, ohne es zu wissen. Der durch irdische Begierden erzeugte Drang ist im Astralkörper immer noch so stark, dass viele verstorbene Seelenbewusstsein danach trachten, in einen physischen Körper zurückzukehren. Eine derartige Inbesitznahme ist im Wasser leichter möglich als zu Land.

Heiler, die hinzugezogen werden, können versuchen, das Energienetz des Opfers mit ihrer eigenen Energie zu infiltrieren. Es ist so, als würde man in fremde Kanäle neuen Strom einleiten und damit die Energie des Toten zurückzudrängen. Eine derartige Verbindung lässt sich nicht mit einer einzigen heftigen Entladung lösen, denn auf diese Weise könnten Löcher im Energienetz des Betroffenen entstehen, die nur schwer wieder zu schließen sind. Auch ein Exorzismus könnte in einem solchen Fall hilfreich sein, und – falls er korrekt durchgeführt wird – dem Spuk ein Ende bereiten.

Eine Verbindung zu Verstorbenen zu lösen, kostet viel Kraft, denn diese setzen sich oftmals vehement dagegen zur Wehr. Nur langsam und widerwillig ziehen sie sich zurück, bis sie die Verbindung irgendwann nicht mehr aufrecht halten können und sich vom Energienetz ihres Wirtes ablösen.

Auch der Geist einer Hexe oder eines Magiers kann einen menschlichen Körper in Besitz nehmen. Fortgeschrittene Okkultisten sind fähig, ihren Körper zu verlassen. Ihr Geist kann somit vom Körper eines anderen Menschen Besitz ergreifen und ihn wie seinen eigenen benutzen. Ist ihm dies gelungen, setzt er alles daran, den fremden Körper nicht wieder aufzugeben; kampflos wird er ihn nicht verlassen. Das macht Besessenheit mitunter so gefährlich.

Die moderne Wissenschaft lehnt die Möglichkeit einer Inbesitznahme durch unsichtbare Geistwesen rundweg ab und erklärt sämtliche Berichte über so genannte Einflussnahmen durch Geistwesen für unzutreffend. In Wahrheit würde diesen Beschwerden eine physische oder psychische Erkrankung zugrunde liegen. Erfahrene Spiritualisten sind jedoch davon überzeugt, dass es tatsächlich Fälle von Besessenheit durch körperlose Wesen gibt. Die Autoren Muldoon und Carrington, die sich ausgiebig mit Astralreisen befasst haben, äußern die Überzeugung, dass erdgebundene Geister auf Lebende einen üblen Einfluss ausüben können.

Die Wissenschaft ist leider nicht offen genug, um solche Möglichkeiten in ihre Betrachtungen mit einzubeziehen. Dabei könnte mehr Einsicht in diese Zusammenhänge eine revolutionäre Wirkung auf die Gebiete der Medizin und Psychologie ausüben. Die psychologische Wissenschaft kann für außerordentliche Bewusstseinsphänomene keine befriedigende Erklärung liefern. Viele ihrer Erläuterungen sind alles andere als einleuchtend. Eine große Anzahl der Fälle, in denen eine psychotische Erkrankung diagnostiziert wird, könnte durch die Erkenntnis der wahren Zusammenhänge und eine dementsprechende fortschrittliche Behandlung günstig beeinflusst werden.

Muldoon/Carrington zitieren die Auffassung des Psychologie-Professors William James zu diesem Thema: „Die Weigerung der modernen Aufklärung, die Besessenheit als eine mögliche Hypothese zu betrachten, und dies trotz all der Erfahrung zu ihren Gunsten, welche die Menschen im Laufe der Zeit gemacht haben, ist mir immer als ein seltsames Beispiel für die Macht der jeweiligen Denkweise in ‚wissenschaftlichen' Dingen erschienen..." (S.397).

Angehörige begleiten ihre Verstorbenen mit liebenden und schützenden Gedanken, um ihnen den Übergang zu erleichtern. Doch es wäre nicht sinnvoll, sie über Gebühr in einem Zwischenstadium festzuhalten. Sie könnten sich an dieses Stadium gewöhnen und an die Erde gebunden bleiben, warnt D. Fortune.

Zudem sollte man es vermeiden, sich die verstorbenen Angehörigen als tot vorstellen oder sie gar mit dem Staub der Vergänglichkeit, der wieder zu Erde wird, in Verbindung bringen. Dies käme einer Blasphemie gleich, meint die Autorin (1992, S.32). Die Seele des Dahingegangenen soll sich letztendlich von der Last der Materie befreien und eingehen in das ewige Reich des Geistes.

Elementarwesen

Kaum jemand weiß, dass die Feen und Elfen der Volkssagen als Hexen und böse Geister eine Doppelrolle spielen.

Geister der Elementarwelt

Die magische Praxis bringt Menschen mit kosmischen Kräften in Kontakt, die gewaltige Wirkungen entfalten können. Die Kräfte des Wassers, der Luft, der Erde und des Feuers werden bei Okkultisten auch ‚Elementarwesen' genannt. Sie treten durch Rauch und Dampf in Erscheinung.

Nach der Zahl der Elemente teilt man sie in vier Gruppen ein:

● Feuer (Salamander): Sie werden gewöhnlich als Drachen dargestellt, die im feurigen Element zuhause sind.

● Luft (Sylphen): Diese Wesen wirken auf überirdische Weise anziehend und werden oft mit schönen Schmetterlingsflügeln abgebildet.

● Wasser (Undinen): Sie leben im feuchten Element und werden auch Nymphen genannt. Sobald die Sterne aufgehen, kommen die Nymphen an die Wasseroberfläche.

● Erde (Gnome): Sie gelten als die ‚Wissenden'. Dahinter steht die Vorstellung, dass die Erde ihnen magische Kräfte verleiht. Gnomen soll man mit Respekt begegnen.

Laut Paracelsus haben Elementarwesen zwar ein Bewusstsein, aber keine Seele. Sie streben daher nach der Gunst der Menschen, denn durch den engen Kontakt zu ihnen ist es ihnen möglich, ein Seelenbewusstsein zu entwickeln.

Den Mitgliedern des *Order of the Golden Dawn* wurde geraten, sie sollten:

◻ Flink und tätig sein wie die Sylphen (Luftgeister), doch deren Leichtsinn und Launenhaftigkeit meiden.

◻ Kraftvoll und stark sein wie Salamander (Feuergeister), doch deren Reizbarkeit und Heftigkeit meiden.

◻ Flexibel und aufmerksam für Bilder sein wie die Undinen (Wassergeister), aber deren Wechselhaftigkeit und ihren Hang zum Müßiggang meiden.

◻ Fleißig und geduldig sein wie Gnome (Erdgeister), doch deren Gier und Plumpheit meiden.

Bei Beachtung dieser Regeln bilden sich die Seelenkräfte des Adepten aus und bereiten ihn darauf vor, über die Geister der Elemente gebieten zu können (vgl.: H.-D. Leuenberger, S.241f.).

Bei C. Castaneda werden drei Arten von Geistwesen genannt:

▶ Jene, die wie huschende Schatten gesehen werden und die für den Magier nutzlos sind.

▶ Dunkle Geister, die den Menschen in ihre Häuser folgen und ihnen das Leben schwer machen, indem sie die Bewohner in Angst und Schrecken versetzen. Manche Menschen versuchen, einen solchen Geist anzulocken und mit ihm in Kontakt zu treten. Doch das einzige, was dabei herauskommt, sind schaurige Erlebnisse, warnt Castaneda (1993,1, S.198).

▶ Geistwesen, die über besondere Fähigkeiten verfügen und bereit sind, ihre Geheimnisse mit einem Menschen zu teilen. Ein Gegenstand, den sie berühren, wird zu einem Machtobjekt. Sie werden zu Verbündeten und teilen ihre Macht mit der betreffenden Person.

Elementare in der Magie

Ein Elementar ist der Geist eines Elementes, der sich in bestimmten Tieren verkörpern kann. Elementare sich uralt und zeitlos. Sie ruhen nicht und schlafen nicht. Es sind Geschöpfe der Luft, der Erde, des Feuers und des Wassers. Sie sind unendlich wandelbar, nirgendwo zuhause, frei und heimatlos. Es sind intelligente, lebende Manifestationen aus den Bausteinen des Universums. Manche von ihnen gelten als nicht besonders gewitzt, obwohl sie keineswegs schwach oder gar unbedarft sind. Andere fungieren als Wächter, der heilige Stätten bewahrt.

Hochrangigen Magiern steht oftmals ein Elementar zu Diensten, das alle seine Befehle widerspruchslos ausführt. Es gibt Magier, die ein Elementar in Streitfällen dazu benutzen, einen Gegner anzugreifen und ihm Schaden zuzufügen. In Extremfällen töten sie ihn sogar. Die Opfer sterben einen plötzlichen Tod, ohne dass jemand weiß, wie dies geschehen konnte.

Magische Kräfte sind real. Dem Magier ist nicht immer bewusst, dass derjenige, der Missbrauch mit den Kräften treibt, die Rechnung dafür früher oder später begleichen muss. Ein gewirkter Zauber lässt sich im Nachhinein nicht mehr so einfach abändern, geschweige denn rückgängig machen und zieht wie ein Magnet entsprechende Mächte an.

Feen und Elfen

Zu den Elementarwesen, die in Sagen und Märchen eine bedeutende Rolle spielen, gehören Feen und Elfen. Elfen sind wirkende Kräfte in der Natur. Oft werden zwei Gattungen unterschieden:

Lichtelfen und *Dunkelelfen*. Die letzteren hausen in der Erde und sind wohl mit den Zwergen oder Wichteln identisch.

Die *Lichtelfen*, die mit übernatürlichen Fähigkeiten und großer Schönheit ausgestattet sind, können sich unsichtbar machen. Lediglich Menschen mit sensitiven Anlagen sind in der Lage, sie zu sehen.

Baumelfen haben als Pfleger und Hüter der Natur eine wichtige Aufgabe zu erfüllen. Sie werden als hilfsbereite, handgroße Wesen mit Schmetterlingsflügeln dargestellt.

Angehörige dieser Gattung sind langlebiger als Menschen, denn in ihrer Welt vergeht die Zeit anders. Sie hausen im Dickicht oder in Wäldern, in Berghöhlen, in Teichen und Flüssen und auch in den Kelchen der Blumen. Elfenwesen sind bekannt dafür, eine phantasiereiche Bilderwelt erschaffen zu können. Mit einem *Illusionszauber* gaukeln sie dem Betrachter alles Mögliche vor, ohne das dieser das Trugbild durchschaut. Sie verzaubern auch Gegenstände und versehen diese mit magischer Kraft.

Früher glaubte man, böse Feen könnten einen Menschen verzaubern, so wie es in Grimmschen Märchen erzählt wird. Vor allem die Waldfeen brachten Kummer und Leid. Wenn ein Mensch schwach war, holten ihn der Sage nach die Waldfeen zu sich. Die Eiche galt als Eingang ins Elfenreich. Dort war nichts, wie es zu sein schien. Es wurde davor gewarnt, im Elfenreich Nahrung zu sich nehmen, weder Essen noch Trinken, ansonsten könne man nicht von dort zurückkehren. Elfen wurden lange Zeit auch als Schicksalsgöttinnen und Zauberinnen angesehen. In vergangenen Zeiten hieß es, sobald man über eine Brücke geht, solle man die Elfen grüßen.

Das Christentum verwandelte die *Elfen* bzw. *Elben* in gefallene Engel. Ab sofort wurden sie für die Verursachung von Krankheit und Leid, das Mensch und Tier heimsuchte, verantwortlich gemacht. Man unterstellte ihnen, sie würden die Quellen zum Versiegen bringen und nannte sie in einem Atemzug mit Hinterlist und Wahnsinn. Doch den Naturwesen wurde Unrecht getan. Die Elfen setzten den Menschen nur dann zu, wenn diese sich gegen die Natur versündigten, denn zu ihren Aktivitäten gehörte die Förderung des Pflanzenwachstums. Eine Strafe konnte für die Betroffenen tatsächlich übel ausgehen, denn Elfen verfügen über magische Kräfte.

Seit jeher haben Feen eine besondere Beziehung zu den Menschen. Sie gelten als Naturgeister weiblichen Geschlechts, die einerseits den Leuten helfen, ihnen aber auch gefährlich werden können. Die so genannten ,gute Feen', erscheinen äußerst selten und vorzugsweise nur Menschen, denen über einen langen Zeitraum bitteres Unrecht zugefügt wurde. Man könnte das als ,Aschenputtel-Effekt' bezeichnen. Sobald dem Schützling einer Fee Gefahr droht, spürt sie dies, denn alles in der Welt hängt miteinander zusammen und wirkt aufeinander ein. In brenzligen Situationen erscheint die Fee an der Seite desjenigen, der in Gefahr schwebt, um ihm beizustehen.

Mit dem wahren Namen einer Fee kann ein Magiekundiger angeblich Macht über sie ausüben. Man sagt, in alten Zeiten hätten Hexen ihre Kreise von Feen bewachen lassen, bis sich die Naturwesen weigerten, von Hexen ohne Vorwarnung aus ihrer eigenen Welt gezerrt zu werden, nur um einen Kreis zu schützen. Die Feen zogen es vor, in ihrer eigenen Welt zu bleiben. Fortan durften Hexen nicht mehr ungestraft Feen zu ihrem Schutz herbeirufen. Falls sie sich nicht an die Anordnung hielten, kam ihnen diese Eigenmächtigkeit teuer zu stehen; nicht selten bezahlten sie ihre Unachtsamkeit mit dem Leben. Anstelle der Feen haben sich, der Legende nach, die Geister der Elemente bereit erklärt, als Wächter der Hexen zu fungieren. Den Feen steht es nun frei, nach eigenem Gutdünken die irdische Welt zu besuchen, was sie dem Vernehmen nach aber nur selten tun.

Im Allgemeinen gelten Feen als harmlos und ungefährlich, wenn auch der Schein trügt. Zwar erwecken sie den Anschein, als wären sie äußerst fragil und zerbrechlich. Dieser Irrtum hat Menschen schon oft dazu verleitet, ihre Angst vor diesen Wesen abzulegen, obgleich sie durchaus gefährlich sein können. Feen sind zwar klein und zierlich, aber wendig und schnell und übermenschlich stark. Es sind uralte Wesen, älter als die Menschheit.

Die Beschwörung

Die Geisterwelt ist in der Lage, die spezifischen Schwingungen wahrzunehmen, die während einer magischen Betätigung entstehen. Okkultisten beschwören vorzugsweise die Wesen der Elemente, was allerdings nicht ungefährlich ist. Bei magischen Experimenten bekommen Okkultisten Wesen der elementaren Welt zu Gesicht, die von schaurigem Äußeren sein können. Die herbeigerufenen Geister können den Experimentator in Bedrängnis bringen, ihm Energie entziehen, ihn zum Sklaven machen etc.

Die Begegnung mit Elementarwesen erfordert viel Kraft und Mut, ist jedoch nach Einschätzung von G.A. Gregorius von großem Wert, denn der Experimentator „hat damit ein Mittel zur Erringung von Erkenntnissen in Händen, die auf andere Weise nicht erlangt werden können. Er hat aber auch eine Macht in der Hand, die in ihrer Kraftentfaltung auf andere Menschen unbezwingbar ist" (S.68).

Die Bindung an elementare Wesenheiten ist allerdings keineswegs ungefährlich. Die feinstofflichen Körper müssen vor den Einwirkungen dieser Wesen geschützt werden, um zu verhindern, auf Dauer den übernatürlichen Einflüssen der Elementarwelt zu verfallen. Die Lösung einer solchen Verbindung ist, falls bereits ein festes Band besteht, nur durch das Eingreifen höherer Mächte möglich.

Schizophrene Verwirrung

Bei medialen Menschen ist die Barriere zwischen den verschiedenen Teilen des Bewusstseins durchlässiger als bei anderen. Die Verschiedenartigkeit medialer Kontakte legt die Annahme nahe, dass es viele Kanäle zwischen Bewusstem und Unbewusstem gibt. Etliche Medien können die Kontakte zur anderen Ebene bewusst kontrollieren. Doch einige haben über das Kommen und Gehen der Geistwesen keine Gewalt und ähneln insofern Schizophrenen.

Falls bei Menschen, die sich mit geistigen Ebenen in Verbindung setzen, egoistische Motive vorherrschen, werden Elementarwesen angezogen, die sich an die Betreffenden klammern und in das fein gesponnene Gerüst ihrer Lebensfunktionen eindringen. Die inneren Hebel werden zunehmend von fremden Kräften bedient, während das Bewusstsein des ursprünglichen Besitzers beiseite geschoben wird. Magiekundige vermeiden es daher nach Möglichkeit, sich mit Elementaren abzugeben, selbst wenn diese niederer Herkunft sind.

Den Erkenntnissen der medizinischen Wissenschaft zufolge ist in einer solchen Situation ein schwerwiegender Fall von Schizophrenie eingetreten. Das Bewusstsein wird in verschiedene Persönlichkeiten aufgespalten, wobei gegensätzliche Bestrebungen, Emotionen und Stimmungen miteinander abwechseln. Stimmen werden laut. Fremdartige Wesenheiten, die sich gegenseitig beschimpfen, melden sich aus dem Mund des Betroffenen. Zotige, blasphemische Sätze dringen ungewollt nach außen oder er bekennt sich zu irgendwelchen Sünden, die er nie begangen hat.

Das wehrlose Opfer wird zu mannigfaltigen Tätigkeiten gezwungen oder verharrt stundenlang in derselben Position und starrt gegen eine Wand. Es verweigert die Nahrungsaufnahme und wäscht sich tagelang nicht. Manche zertrümmern Gegenstände oder gehen auf ihre Mitmenschen los.

Sind die Barrieren zur Astralwelt einmal durchlässig geworden, ist es kaum noch möglich, die Türen wieder zu schließen. Unsichtbare Geistwesen ernähren sich von den Gefühlen anderer Lebewesen. Sie können durch Wände gehen und in die Lüfte schwingen. Es gibt Kräfte, die an bestimmten Plätzen ansässig sind. Manche Geister werden als hin- und herhuschende Schatten wahrgenommen. Der Mensch sollte diese Wesen nicht behelligen und sich nicht weiter mit ihnen befassen.

Folgenschwere mediale Verbindungen

Im Unterbewusstsein findet fortlaufend ein Verkehr statt zwischen dem menschlichen Geist und Wesenheiten der unsichtbaren Welt. Rudolf Steiner spricht in diesem Zusammenhang von einer geistigen Welt, die sich hinter der sinnlich wahrnehmbaren Welt befindet. Künstlerische Schöpfungen geben Zeugnis ab von einer Verbindung des Menschen mit metaphysischen Kräften. (Vgl.: Der übersinnliche Ursprung des Künstlerischen, S.18f.)

Auf brisante Aspekte der medialen Verbindung mit der unsichtbaren Welt hat Steiner ebenfalls hingewiesen. Er erwähnt lernbegierige Elementarwesen, die niemals auf der Erde inkarniert waren. Sie sind sehr interessiert an der Menschenwelt, daher suchen sie einen Zugang zu medialen Menschen.

Steiner ist es offenbar gelungen, tiefere Einsichten in die psycho-physiologischen Zusammenhänge zu erhalten: Gewisse Teile im menschlichen Gehirn entsprechen der Ich-Entwicklung der Persönlichkeit. Bei Trance-Medien sind einige Gehirnpartien so entwickelt, dass sie aus ihrer Gesamtpersönlichkeit ausgeschaltet werden können. Die Ich-Tätigkeit ist zeitweilig unterdrückt und lässt daher einigen Spielraum für Elementarwesen, denen daran gelegen ist, in die speziellen Gehirnpartien einzudringen.

Bei Tieftrance-Medien werden diese besonderen Gehirnteile in der Trance nach und nach ausgeschaltet. Steiner beschreibt, wo der schwierige Punkt in der Trance-Medialität liegt. Seinen Erläuterungen zufolge existiert eine naturwissenschaftliche Basis, wofür er das archimedische Prinzip zum Vergleich heranzieht: Lediglich ein kleiner, spezieller Teil des Gehirns ist Träger des menschlichen Ichs. Ein Medium, bei dem das Ich in der tiefen Trance ausgeschaltet ist, zieht Elementarwesen herbei wie das Licht die Motten.

Auch der Astralkörper wird während der Trance von einem fremden Wesen infiltriert; d.h. nicht nur das Ich ist zurückgedrängt; der Astralkörper ist ebenfalls besessen. Der Einfluss des Ich-Bewusstseins auf den physischen sowie auf die feinstofflichen Körper ist herabgemindert. An seiner Stelle wird es fremden – teilweise tierischen – Kräften, möglich, Einfluss zu gewinnen. Der Körper des Mediums wird in gewisser Weise zu einem Automaten, da Kräfte von außen diesen nach Gutdünken beeinflussen und dirigieren können.

Rudolf Steiner spricht in diesem Zusammenhang von *Inkorporation* und unterscheidet diese von einer *Inkarnation*: „Eine Inkorporation liegt im Unterschied zur Inkarnation also dann vor, wenn bereits eine Individualität im Menschen verkörpert ist und dann zeitweise ein anderes geistiges Wesen von diesem Besitz ergreift, ihn wie eine ‚Hülle' benutzt, so dass die ursprünglich verkörperte Individualität zwar noch anwesend ist, die zweite sich aber deren Fähigkeiten bedient... Die erste Individualität wird zu einem Werkzeug für das fremde Wesen" (in: Flensburger Hefte Nr. 60, S.135).

Es kann auch geschehen, dass sich jemand, der mit einem Elementarwesen in Kontakt ist, mit ihm sexuell vereinigt, anstatt von ihm besessen zu werden. Dann ist der elementare Aspekt der menschlichen Persönlichkeit an einen Elementargeist gebunden; an einen unsichtbaren, nicht-menschlichen Liebhaber. Das sollte Anlass zur Sorge geben, denn um den Liebhaber zu treffen, muss sich der menschliche Partner in eine ätherische Form verwandeln.

Immer dann, wenn das Bewusstsein eines Menschen herabgedämpft ist, kann sich ein Fenster öffnen in die Welt der Elementarwesen. Den unsichtbaren Geistern gelingt es durch diese Öffnung, an der menschlichen Zivilisation teilzuhaben. Sie ragen in die Ausstrahlungen eines Mediums hinein; in seine Atmung, die Energieausstrahlung, die feuchten Absonderungen. Meist entgehen dem Medium anfänglich diese Vorgänge. Derart tief greifende Einflüsse entziehen sich der menschlichen Vorstellungskraft.

Sensitiven Menschen ist in der Regel nicht bewusst, welchen Risiken sie sich aussetzen, sobald sie sich arglos geistigen Eingebungen zur Verfügung stellen. Da das Wissen um diese Vorgänge leider bislang nicht sehr verbreitet ist, haben die Elementargeister leichtes Spiel, das Vertrauen medialer Menschen für ihre eigenen Zwecke auszunutzen. [10]

Die Krafttiere der Schamanen

Die Zauberer verwandeln sich zur Tarnung in Tiere.

In früheren Zeiten wurden Tiere nicht als unterlegene, verachtete Spezies angesehen, denn ihre astralen Kräfte galten als stärker ent-

---

[10] Auszug aus: Birgit Waßmann: Dämon oder Engel, S.146f.

wickelt als beim Menschen. Um sich wieder zurück in den Besitz der Astralkraft zu setzen, musste der Mensch wieder zurückkehren in das Tier-Bewusstsein und sich in seine tierische Urform auflösen. Die Ägypter waren darüber in Bilde; daher stellten sie Götter mit Tierköpfen dar. „Das Tier muss zu Gott und Gott zum Tier werden, damit der Mensch, der zwischen beiden steht, einen vom anderen erlösen kann", schreibt Franz Spunda.

Die überlieferten Auffassungen vom *Werwolf* sind in dem US Fantasy-Film *Wolf* anschaulich dargestellt: Nach einem Wolfsbiss verwandelt sich ein unauffälliger Büromensch (beeindruckend verkörpert von Jack Nicholson) langsam aber sicher in einen Werwolf. Das Tier in ihm weckt seine verborgenen Sinne: Nachts kann er ohne Brille kilometerweit sehen; sein Geruchssinn und seine Kräfte sind extrem gesteigert. Ein Mensch, der vom Wolf gebissen wird, so heißt es, löst sich in ihm auf – doch nur dann, wenn der Mensch etwas von der Wolfsnatur in sich trägt. Der Dämonenwolf ist nicht von Natur aus böse, es sei denn, der Mensch, den er gebissen hat, ist böse. In der Folge wird der Mensch unsterblich.

Als *Krafttiere* werden jene Verbündeten der Schamanen bezeichnet, die sie traditionsgemäß während ihrer Übungen in der ‚Unteren Welt' der *Nichtalltäglichen Wirklichkeit* antreffen. In der Zusammenarbeit mit den Verbündeten finden die Schamanen vor allem die Kraft zum Heilen. Im Grunde ist das *Krafttier* eines Schamanen ein unsichtbares Wesen der Astralsphäre, welches er deutlich wahrnimmt und mit dem er regelmäßig kommuniziert. Es ist ein Verbündeter, der ihm als Berater in prekären Situationen zur Seite steht. Hinter dem Krafttier steckt im Grunde ein menschliches Wesen, das sich auf dem Astralplan betätigt. Hin und wieder zeigt es sich in seiner menschlichen Gestalt. Da es über magische Fähigkeiten verfügt, ist es imstande, sein Aussehen zu wechseln. Hin und wieder reagiert das so genannte ‚Krafttier' ungehalten, falls sein menschlicher Partner unsinniges Benehmen an den Tag legt.

Dass die Begegnung mit dem ‚Krafttier' nicht immer ohne Reibereien abgeht, schildert auch der Autor C. Zumstein, der auf dem schamanischen Pfad unterwegs ist. Er praktizierte eine ganze zeitlang ausdauernd den ‚Krafttier-Tanz', um ein jenseitiges Wesen anzulocken. Der ‚Krafttier-Tanz' ist ein altes Ritual, das dazu dient, sich mit der Energie eines Verbündeten zu vereinigen, indem der Praktizierende diese Energie in den eigenen Körper hereinruft.

Der Autor schildert eine einschneidende Begegnung mit einem Geistwesen, das sich *Horus* nennt. Während seiner Tanz-Übungen verspürt er plötzlich etwas Merkwürdiges: Seinem Bewusstsein wird so etwas wie ein ‚elektrischer Schlag' versetzt. Eine Art ‚Bewegungsstoß' breitet sich über den gesamten Rücken bis in die Extremitäten hinein aus. In den Muskeln verspürt er ein andauerndes Vibrieren und eine Wärmegefühl wie von einem inneren Feuer. Diese Art der ‚Kraftübertragung' hält über viele Stunden an.

Eines Morgens hat Zumstein eine Begegnung ‚der besonderen Art', die er detailliert beschreibt: „Ich tanzte wieder, um eines meiner *Krafttiere* in mich hineinzurufen. Diesmal aber wurde ich gleichsam von hinten zwischen den Schulterblättern gepackt. Eine starke Kraft fuhr mir wie mit einem Stich in den Rücken, wie ein Hexenschuss im Schulter-Nacken-Bereich. Die Muskeln versteiften sich augenblicklich, ein elektrisches Strömen breitete sich den Rücken hinunter aus." Er hat das Empfinden, als befände sich noch Jemand im Raum, und dieser treibt ihn an, immer weiterzutanzen. „Mit der Zeit übertrug sich die Besetzung durch die andere Kraft auf mein ganzes Wesen. Ich fühlte mich stark verändert, nicht mehr wie ich selbst" (S.139f.).

Eine fremde Macht beherrscht ihn nun fortwährend. Im Kontakt mit anderen Menschen wirkt sich die fremde Kraft eher ungünstig aus, denn sie greift vermehrt Gesprächspartner an. Daher zieht er sich für eine Weile aus der Alltagswirklichkeit zurück. Er schreibt: „Es war das erste Mal, dass ich Angst verspürte. Ich fühlte mich von einer fremden, ungerufenen Kraft körperlich attackiert und unkalkulierbar beherrscht." Er fragt sich, wer ihn wohl besetzt halte, wer ihm da ‚aufgehockt' sei?

Einige Tage zuvor hatte der Schamane von einer Pyramide und altägyptischen Göttern geträumt. Es war ein fürchterlicher Alptraum gewesen! Die altägyptischen Götter gehören einer früheren Menschheitsepoche an. Diese alten Wesen in der Neuzeit wieder zu beleben, kann als Rückschritt in überkommene Strukturen gewertet werden, wie das Verhalten des Horus - Geistes nunmehr deutlich zeigt.

Bei Trommelmusik begibt sich Zumstein auf eine schamanische Reise, bei der er wiederum die Kontrolle verliert. In einer visionären Schau sieht er sich im Innern eines gewaltigen, höhlenartigen Steingebäudes. Plötzlich sitzt *Horus*, der altägyptische Gott, vor ihm. *Horus* teilt dem Schamanen mit, die Menschen hätten ihm viel Bewusstsein verliehen. „Ich habe mein Krafttier getanzt, aber nicht darauf gewartet, dass du mich besitzen sollst", wirft Zumstein dem einschüchternden Wesen vor. Das Geistwesen, das sich *Horus* nennt, ist keineswegs nur ein Produkt der menschlichen Phantasie. Der Mensch allein vermag die Gestalt nicht hervorzubringen, sondern das Geistwesen selbst ist maßgeblich daran beteiligt. Auch die Vorstellungskraft anderer Menschen, die an ihn glauben, hat ihm Energie verliehen und zu dem Phänomen beigetragen.

Die Lage Zumsteins ist prekär, denn er hat keine Idee, wie er seinen Körper auf eine Weise verschließen kann, die *Horus* das Eindringen in Zukunft verwehrt. Ihm geht es so wie dem Zauberlehrling, der die herbeigerufenen Geister nicht wieder zum Rückzug bewegen kann. Immer wieder ersucht er den Horus-Geist, ihn freizugeben, doch dieser weigert sich, die einmal erworbene Machtposition aufzugeben! Es gelingt dem Autor auch in der Folgezeit nicht, wieder gebührenden Abstand zu gewinnen, so sehr er sich auch darum bemüht. Er berichtet:

„Meine Beziehung zu Horus ist kämpferisch geblieben. Ich habe es nie geschafft, ihn davon zu überzeugen, dass wir uns nur drüben in der *Nichtalltäglichen Wirklichkeit* begegnen sollten" (S.143). Immer wieder meldet sich Horus unvermittelt auch im Alltagsleben, packt ihn zwischen den Schulterblättern und mischt sich ein.

Zumstein ist ein Beispiel für die Unbekümmertheit, mit der Praktizierende sich den unsichtbaren Welten nähern. Sobald unerwünschte Verbindungen zustande gekommen sind, ist es meist zu spät, um die Situation wieder in den Griff zu bekommen. Allein die Art und Weise, wie fremde Geistwesen immer wieder auch zur Unzeit in das menschliche Bewusstseinsfeld vordringen, zeigt deutlich, wes ‚Geistes Kind' sie sind. Es ist äußerst schwierig, sich von einem herrschsüchtigen, tyrannischen Wesen wieder zu trennen, nachdem man ihm unbedenklich Tür und Tor geöffnet hat.

Im Schamanismus gilt Inbesitznahme als Teil der schamanischen Entwicklung. Der Körper, der im außergewöhnlichen Bewusstseinszustand nicht mehr der bewussten Kontrolle unterliegt, wird zur Wirkungsstätte von Geistwesen, wobei der Schamane als deren Medium handelt. Dagegen beruht in der höheren Magie die Inbesitznahme nicht auf einer Verbindung mit niederen Geistwesen, sondern auf einer Erhöhung der menschlichen Persönlichkeit, die temporär mit einer Gottform verschmilzt (vgl.: D. Fortune, 2003, S.184).

Anorganische Wesen

Man sagt, eine böse Seele wird in einen Stein gebannt.

Bei C. Castaneda wir eine seltsame Spezies erwähnt, die er *anorganische Wesen* nennt. Die toltekischen Zauberer der Vergangenheit hatten herausgefunden, dass es auf Erden zwei Arten von bewussten Wesen gibt: die organischen und die anorganischen (vgl.: 1994, S.55f.). Sie unterscheiden sich in ihrer Form und in der Leuchtkraft, die sie ausstrahlen. Während anorganische Wesen dunkel und länglich erscheinen, wirken organische Lebewesen wesentlich heller und rundlicher.

Das Leben der anorganischen Wesen währt außerordentlich lange. Normalerweise sind sie durch eine Barriere von den Menschen getrennt, da sie sich mit anderer Geschwindigkeit bewegen. Seher und Zauberer können mit den Wesen kommunizieren, da sie über die entscheidende Voraussetzung zur Kommunikation, nämlich sensitives Bewusstsein, verfügen.

Im Verlauf der Entwicklung eines Sehers entsteht eine bestimmte Energieladung, was die Aufmerksamkeit dieser Wesen weckt. Sie können in seine Träume eingreifen und ihn beeinflussen. Der Seher erlebt Stromstöße fremder Energie, die er anfangs nicht einordnen kann.

Die anorganischen Wesen versuchen, die Phantasien einer Person zu nähren. Wenn diese den Einflüssen zuviel Bedeutung beimisst, gerät sie in psychische Untiefen, aus denen sie sich nur schwer wieder befreien kann. Einige der anorganischen Wesen sind überaus besitzergreifend. Sie verhalten sich wie Fischer, die ihre Netze auswerfen, indem sie Bewusstsein ködern und fangen.

Haben die Wesen ihren Haken erst einmal ausgeworfen, geben sie so schnell nicht wieder auf. Sie halten ihr Opfer fest umschlungen wie eine Fliege im Netz der Spinne. Von Zeit zu Zeit werfen sie ihm einen Köder zu, um ihn bei Laune zu halten, doch dieser erweist sich in der Regel als wertlos. Erkennt das Opfer letztendlich, dass die Wesenheiten eigennützige Ziele verfolgen, ist es meist zu spät, denn dann haben sich die Anorganischen seiner bereits bemächtigt.

Weil die Menschen, was anorganische Wesen anbetrifft, anfangs „keinerlei Erfahrung mit ihnen haben, können sie uns einen heillosen Schecken einjagen. Dies ist eine Gefahr für uns. Mittels dieser Angst können sie uns in den Alltag folgen – mit verheerenden Folgen für uns… Die Angst kann sich in unser Leben einnisten, und auf so etwas dürfen wir uns nicht einlassen. Die anorganischen Wesen sind manchmal schlimmer als die Pest. Mittels der Angst können sie uns in den Wahnsinn treiben", schreibt Castaneda (vgl.: 1944, S.58). Ihre

Bewusstheit ist enorm und sie haben es auf die Energie der Menschen abgesehen.

Dennoch verbinden sich die toltekischen Zauberer und Seher mit den anorganischen Wesen. Sie gehen mit ihnen ungewöhnliche Freundschaften ein, wobei das entscheidende Kriterium beim Kontakt mit ihnen ist, sie von Anfang an nicht zu fürchten. Anorganische Wesen mit ihrem anders gearteten Bewusstsein üben eine große Anziehungskraft auf Seher aus, denn sie können sie leicht in ungewohnte Bereiche versetzten; in Sphären jenseits der menschlichen Erfahrungswelt.

Es existiert eine Zwillingswelt, die der bekannten irdischen Welt komplementär entgegengesetzt ist und die gleichzeitig eine Ergänzung darstellt. Dort halten sich die anorganischen Wesen vorwiegend auf. Sie besitzen zwar ein Bewusstsein, aber keinen Körper, erklärt Castaneda (vgl.: 1998, S.244). Die anorganische Welt steht in einer engen Verbindung zur irdischen Ebene. Im Allgemeinen wird sie die *Unterwelt* genannt. Hat jemand die Gabe, in die Unterwelt zu wechseln und lebend zurückzukehren, kann er dabei vieles über sich selbst erfahren.

Die anorganische Welt ist die Welt der Schatten. Falls sich jemand zu lange dort aufhält, kann es geschehen, dass er für immer dort gefangen ist. Oder er wird energetisch verwundet und verliert in der Schattenwelt einen Großteil seiner Kraft. Sein Organismus wird mit der dunklen Energie der Unterwelt aufgeladen (vgl. Castaneda, 1994, S.131f.). Die Wesen sind Meister der Manipulation und ein gutgläubiger Mensch geht ihnen leicht ins Netz. Einige der Anorganischen sind imstande, einen physischen Körper mitsamt seinem Energiekörper aus seiner Verankerung zu reißen und in ihre Welt zu stoßen!

Anorganischen Wesen gelingt es zeitweilig, durch die Mauern, die ihre Realität von der irdischen Welt trennen, einzudringen. Bei Castaneda erscheint die fremde Energie projiziert in der Gestalt eines Kindes. Wahrscheinlich gibt es eine große Anzahl derartiger Fälle, in denen fremde Energie unbemerkt durch die natürlichen Schranken der materiellen Welt eindringt; doch Ereignisse solcher Art werden nur selten erwähnt.

Die anorganischen Wesen kommunizieren ständig mit der Menschenwelt, doch der Austausch findet nicht auf der Ebene des Bewusstseins statt, sondern verläuft unterbewusst. Die Wesen sind stets bereit, ihr Wissen mit den Menschen zu teilen. Aus diesem Grund ermöglicht die Verbindung mit ihnen einen wechselseitigen Austausch. Der Preis, den die anorganischen Wesen fordern, ist allerdings hoch. Sie verlangen Energie, Hingabe und Aufgabe der individuellen Freiheit (1994, S.76f). Während die Wesen ihre höhere Bewusstheit übermitteln, stellen die Zauberer ihnen enorme Mengen an Energie zur Verfügung. Im positiven Fall findet ein gleichwertiger Austausch statt; im umgekehrten Fall kommt es zu gegenseitigen Abhängigkeiten.

Ihre Lehrmethode besteht darin, das innerste Bestreben des Probanden, und sei es noch so eigensüchtig, als Maßstab dessen zu nehmen, was er benötigt. Ein gefährliches Unterfangen, denn auch Gier, Neid und Machtstreben wollen befriedigt werden. Anorganische Wesen nehmen ein Individuum gefangen, indem sie ihm gefällig sind und seine Wünsche erfüllen. Sie heften sich an die innersten Gefühle einer Person und treiben ihr Spiel damit. Sie erschaffen Phantome, um Freude oder Schrecken zu verbreiten, denn sie sind hervorragende Projektionskünstler, die sich wie Bilder an die Wand projizieren können. Zudem hüllen sie sich gern in geheimnisvolles Dunkel.

Der Mentor Castanedas, *Don Juan*, äußert sich kritisch über eine derartige Verbindung: „Solche Verstrickungen hemmen unser Streben nach Freiheit, indem sie all unsere verfügbare Energie verbrauchen." Die Wesen haben es auf Bewusstsein abgesehen, „auf das Bewusstsein jedes Lebewesens, das ihnen ins Netz geht. Sie schenken uns Wissen, aber sie fordern eine Zahlung: unser ganzes Sein" (vgl.: 1994, S.109). Es lohne sich daher nicht, sich mit den Wesen anzufreunden, denn die Forderungen, die als Gegenleistung für eine solche Verbindung gestellt werden, seien stets ungeheuer groß. Man sollte daher allezeit auf der Hut sein und nichts und niemanden für sich die Entscheidungen treffen lassen, um sich nicht Fremdbeeinflussung und Machmissbrauch auszusetzen.

Die Welt der anorganischen Wesen ist immer zum Angriff bereit. Sie ist ein Prüfstand, auf dem die Kandidaten auf jede ihrer Schwächen hin getestet werden. Als Hindernisse werden bei Castaneda Schmeichelei und Dienstfertigkeit der Wesen erwähnt. Auch die weit verbreitete Angewohnheit, vorbehaltlos und unbedacht loszustürmen, um anderen Menschen zu helfen, kann sich als Falle erweisen, in welche der Hilfesuchende die mitleidigen Heilsbringer hineinzieht.

Diese Wesenheiten sind keineswegs vertrauenswürdig. Lässt der Proband nicht größte Vorsicht walten, gerät er in Gefahr, den anorganischen Wesen auf den Leim zu gehen. Sie stellen von Anfang an Fallen auf und sind darauf aus, unbedarfte Individuen für immer auszuschalten. Eine strenge Selektion findet statt. Falls sie den Test unbeschadet übersehen, können die Kandidaten weiter voranschreiten. Andernfalls bleiben sie Gefangene dieser Wesen. Falls sie nicht achtsam genug sind, werden sie physisch über die Grenze in die andere Welt transportiert; auf Nimmerwiedersehen!

„Ihre Welt ist versiegelt", berichtet Castaneda. „Niemand kann sie ohne Zustimmung der anorganischen Wesen betreten oder verlassen. Man kann lediglich, wenn man einmal darin ist, seine Absicht äußern, dort zu bleiben. Dies laut auszusprechen bedeutet, Energieströme in Bewegung zu setzen, die irreversibel sind. Worte waren in alten Zeiten unglaublich mächtig. Heute sind sie es nicht mehr. Im Reich der anorganischen Wesen haben sie ihre Macht aber nicht verloren" (S.186). Über einen gewissen Punkt hinaus sollten die Seher es vermeiden, irgendein Angebot von den Wesen anzunehmen, sonst kann es geschehen, dass eine unlösbare Verbindung entsteht und sie sich negativen Energieströmen ausgesetzt sehen, die ihnen seelische Qualen bereiten.

Waltraut Ferrari, die von ihren hellsichtigen Wahrnehmungen berichtet, erblickte während ihres Aufenthaltes in einer Höhle eine

Schar hoher Gestalten, die aus den Nischen in der Höhlenwand auf sie herabsahen. Im nächsten Moment waren die Gestalten wieder mit dem Fels verschmolzen. Bei einer anderen Gelegenheit sah sie, „wie der Stein zu leuchten begann und keineswegs mehr als feste Masse, sondern als atmendes, sich langsam hebendes und senkendes Wesen vor mir zum Leben erwachte" (S.88). An der Oberfläche des Steines zeigten sich ineinander verschlungene Muster und eine Reihe von Zeichen, die sie intuitiv zu entschlüsseln versuchte.

Die anorganischen Wesen sind nicht direkt böse, aber auch nicht wohlwollend. Ihre Energie wird benötigt, um in andere Bewusstseinssphären zu gelangen. Auch wenn man sich nicht völlig von ihnen fernhalten kann, darf der Seher sich nicht allzu sehr auf sie einlassen. Es entstehen komplizierte Wechselwirkungen. Als Gegenmaßnahme gegen ihr Drängen empfiehlt es sich, diesem nicht nachzugeben, sondern eigene Entscheidungen zu treffen und sich danach zu richten. Die Lösung liegt darin, nicht ihrem Einfluss nachzugeben und an der persönlichen Freiheit festzuhalten. Lernt der Proband, seinen Energiekörper zu bewegen, dann ist er für die anorganischen Wesen nicht mehr erreichbar. Daher nehmen sie Abstand davon, ihm dies beizubringen.

Jeder muss für sich entscheiden, ob er die Lockungen der anorganischen Wesen annehmen oder zurückweisen will. Der Pfad ist voller Fallgruben. Ob er die Hürden nimmt oder in die Fallen hineintappt, ist die persönliche Entscheidung eines jedes einzelnen Suchers nach der Wahrheit. Im Grunde kommt es darauf an, aus der Welt dieser Wesen nur dasjenige anzunehmen, was man tatsächlich benötigt. „Diese einfache Regel nicht zu begreifen, ist das sicherste Mittel, um in eine Fallgrube zu stürzen", mahnt Castaneda (1994, S.118).

Die dunklen Wesen habe ihre Parallele im westlichen Kulturkreis, wo sie als Elementarwesen, dämonische Geister oder als Geisthelfer eine Rolle spielen. Daher ist vieles, was über die anorganischen Wesen berichtet wird, auf Erfahrungen in der westlichen Welt übertragbar.

Feinstoffliche Bindungen

Das ‚magnetische' Band

*Magie ist im Prinzip nichts anderes als eine
Form von Energie.*

Eines der Geheimnisse esoterischer Traditionen ist das so genannte ‚kosmische' oder ‚magnetische' Band. Während eine Verbindung zwischen menschlichen Individuen auf einer unteren Ebene beginnt und sich unter günstigen Bedingungen immer höher entwickelt, beginnt das kosmische Band auf einer sehr hohen Ebene und wirkt von dort aus nach unten.

Das kosmische Band ist übernatürlich und gehört einer völlig anderen Ordnung und Gesetzmäßigkeit an als gewöhnliche Bindungen. Es ist eines der großen Mysterien, die vorwiegend Eingeweihten vorbehalten sind. Zwischen Meister und Schüler entsteht auf den inneren Ebenen eine enge Verbindung, ein magnetisches Band. Mithilfe der Weisheit einer höheren Ebene werden die beiden entsprechend ihren Fähigkeiten und Eigenschaften miteinander verbunden.

Auch die Aufnahmerituale in okkulten Gemeinschaften zielen darauf ab, die Initianden durch ein magnetisches Band in die Gemeinschaft einzugliedern. Die Jünger werden als so genannte ‚menschliche Transformatoren' in die Arbeit der Bruderschaft mit einbezogen; ein festes, unsichtbares Band gemeinsamen Wissens umschlingt sie (vgl.: Gregorius; Exorial). Zur Herstellung des Bandes dienen anfangs mehr oder minder starke Empfindungen, zu denen besonders Schmerzempfindungen gehören.

Zum Zweck der Selbsteinweihung in den *Wicca-Orden* empfiehlt Frater Widar: „Sprechen Sie mehrfach diese Formel, die Sie tief in Ihr Unterbewusstsein versenken: ‚Ich bin von nun an angeschlossen an den magischen Stromkreis aller lebenden Schwestern und Brüder des ehrwürdigen alten Ordens der Wicca. Ich gehe von nun an den heiligen magischen Weg... in Licht, Liebe, Schönheit und Stärke" (S.48). Die Initianden sind von da an mit dem ‚astralen Band' des Ordens verbunden. Das Band entwickelt besonders dann eine große Wirksamkeit, wenn die mentalen Kräfte des Individuums mit großer Intensität auf ein einziges Objekt konzentriert sind. Dass eine solche Verbindung eine zweischneidige Sache ist, liegt auf der Hand. Das Band wirkt wie eine geschmiedete geistige Fessel.

Die Mitglieder magischer Orden erhalten als Zeichen der Zugehörigkeit ein Mal, eine Art Siegel, das dem Körper aufgedruckt wird. Über das Siegel können sie auch aufgespürt und – falls sie abtrünnig sind – sogar getötet werden. Nur fortgeschrittenen Adepten gelingt es, das Siegel nach eigenem Willen abzustreifen.

Selbst okkulte Schriften und Botschaften erzeugen eine Art Verbindung zwischen den Lesern und den Urhebern der Schriften, die damit teilweise versuchen, die Leser an sich zu ziehen.

Das Band zwischen Meister und Schüler

Mit Hilfe des unsichtbaren Bandes wird sowohl in der weißen als auch in der schwarzen Magie gearbeitet. Das Band zwischen einem Jünger und seinem Meister ist in der Seele verankert. Will jemand diesem mit magischen Mitteln auf die Spur kommen, begibt er sich nicht selten selbst in Gefahr. Jede Verbindung zum Anhänger eines dunklen Magiers birgt ein Risiko in sich. Der Versuch, den Verursacher eines dunklen Zaubers mittels Magie ausfindig zu machen, wird dem Magieanwender nicht selten zum Verhängnis. Auf der Suche nach Antworten wird er letztendlich selbst zum Opfer des unbekannten Magiers.

Problematische Bindungen können Schlingen legen für das zukünftige Leben der Seele. Sie werden oft leichter eingegangen, als sie gelöst werden können. Von C.W. Leadbeater, einem bedeutenden Mitglied der Theosophischen Gesellschaft, wird behauptet, dass er eines der weiblichen Mitglieder des Ordens in einer Art ‚okkulter Haft' hielt. Es handelte sich dabei um Annie Besant, die angeblich völlig unter seinen Einfluss geriet (vgl.: H.E. Miers: Lexikon des Geheimwissens, S.371).

Die Kennzeichen der Verbindungen, die weiße und schwarze Magier eingehen, werden bei Elisabeth Haich wie folgt dargestellt: „Der weiße Magier bindet seinen Schüler, wenn er ihm beim Vorwärtskommen helfen will, in der Form einer Acht an sich. Er lässt damit die Unabhängigkeit des Schülers unangetastet, weil auf diese Weise Meister und Schüler im Mittelpunkt ihrer eigenen Kreise bleiben und selbst den Mittelpunkt bilden. Dagegen nimmt der Schwarzmagier seinen Jünger die Selbständigkeit, indem er ihn mit sich in einen Kreis herein nimmt, in der Weise, dass der Schwarzmagier den Mittelpunkt des Kreises bildet und den Jünger in seinen Bannkreis bindet, so dass dieser sein Satellit, wie ein Planet der Sonne, wird" (S.419).

Eine magnetische Verbindung vermittelt den Beteiligten das Gefühl, niemals allein zu sein. Die Partner einer solchen Verbindung können sich telepathisch austauschen und nehmen die Empfindungen des anderen wahr. Anfangs ist das Band zwischen zwei Partnern noch nicht stark, doch sie festigt sich mit der Zeit immer mehr. Die Verbindung kann so intensiv werden, dass sich die Gefühle miteinander vermischen, so dass ein Partner unter dem inneren Aufruhr des anderen leidet. Auch zwischen langjährigen Ehepartnern existieren energetische Linien, aus denen für den Seher aufgrund von Farbnuancen Informationen über die Art der Beziehung abzulesen sind.

Nachdem ein geistiger Lehrer einen Schüler das erste Mal gezeichnet hat, ist er darüber im Bilde, was in diesem vorgeht. Es ist ihm allerdings untersagt, das besondere Zeichen dem Jünger zu offenbaren, außer er erhält eine eindeutige Erlaubnis dazu von höheren Geistmächten. Die genauen Bewusstseinsinhalte des Jüngers bleiben ihm anfangs allerdings verborgen. Erst mit größerer Vertrautheit werden sie deutlicher, denn das mentale Band zwischen dem Geistlehrer und seinem Schüler wird im Laufe der Zeit immer fester.

Die telepathische Übermittlung von esoterischem Wissen gelingt immer ungestörter, je länger die Verbindung andauert. Allerdings fühlen sich manche Schüler ständig beobachtet, denn der Blick des Geistführers scheint unentwegt auf ihnen zu haften. Er kennt jeden Gedanken, der ihnen durch den Kopf geht und führt sie manchmal über verworrene Pfade dem Ziel entgegen. Der Führer lässt sich nicht so einfach aus dem Kopf des Jüngers drängen, denn es besteht ein stabiles Lichtband zwischen beiden.

Das Fadenlabyrinth

Einigen erfahrenen Magieanwendern gelingt es mitunter, in eine Ebene der Existenz einzutauchen, in der Myriaden winziger glühender Fäden ein unentwirrbares Fadenlabyrinth bilden. Diese Fäden sind der Stoff, aus dem die Wirklichkeit besteht; das Gefüge der Welt, das nur dem Auge des Sehers sichtbar wird in einem Bereich, der als die ‚dritte Sphäre der Magie' bezeichnet wird.

Auch im menschlichen Organismus sind die Energiefäden anzutreffen. Ein Magier ist sich über die Vorgänge im Klaren, die bei anderen Menschen in den Tiefen, im Unsichtbaren, geschehen. Sie sind wach, wo andere träumen. Mit magischen Mitteln kann in die Psyche eines Menschen eingegriffen werden, indem bestimmte Energiefäden gekürzt und andere Verbindungen gestärkt werden. Die Seele wird dabei nach Anweisungen des Magieranwenders umgestaltet. Allerdings kann die Veränderung der Bewusstseinsfäden heillose Verwirrung stiften, falls der Magier mit seinen Annahmen daneben liegt. Auf diese Weise kann der Verstand eines Menschen nicht wieder gutzumachenden Schaden erleiden.

Die natürlichen Barrieren eines Seelenbewusstseins können soweit untergraben werden, dass die betroffene Person von dem Magier nicht nur einfache Befehle aufnimmt. Irgendwann geht sogar etwas von seinem Wesen selbst auf sie über. Doch dies ist nicht ungefährlich, da ein falscher Schritt eine fremdbestimmte Person um ihren Verstand bringen kann. Magier untereinander verzichten in der Regel auf eine derartige Vorgehensweise, denn in ein geschultes Bewusstsein kann niemand eingreifen, ohne dass es bemerkt wird.

Hellsichtig Begabte können das magnetische Band zwischen Personen bis in die Ätherwelt zurückverfolgen und aufgrund dessen ihren Aufenthaltsort bestimmen. Ein geübter Magieanwender kann selbst feine Spürfäden aussenden, um nach dem Verbleib vermisster Personen zu fahnden. Die Fäden, die von ihm ausgehen, verzweigen sich nicht unkontrolliert in verschiedene Richtungen, sondern werden von seinem Geist beherrscht. Die Spürfäden gleiten nach einiger Zeit wie von selbst in die besagte Richtung, um nach dem anvisierten Ziel zu suchen. Allerdings kann es dabei geschehen, dass der Magieanwender andere geschulte Seher auf sich aufmerksam macht. Um dies zu verhindern, wird ein Abschirmzauber eingesetzt, der vereiteln

soll, dass andere Magier die Gedanken des Sehers lesen und entsprechende Schlüsse daraus ziehen können.

Ein fortgeschrittener Magier ist in der Lage, die Seelen und Energien einer ganzen Gruppe von Menschen miteinander zu verbinden.
Er verknüpft die Energiestränge, die alle bei ihm zusammenlaufen,
miteinander. Dabei darf er das Ziel und den Zweck, zu dem die Vereinigung stattgefunden hat, nicht aus den Augen verlieren. Die Gedanken und Gefühle mehrerer Menschen zugleich sind allerdings
nicht leicht zu steuern, denn sie lenken permanent die Aufmerksamkeit ab. Infolgedessen kann es vorkommen, dass ein Schwall chaotischer Gedanken und Gefühlsregungen bei dem Magier eintrifft und
es ihm schwer fällt, einen klaren Kopf zu bewahren. Nur mit großer
Willensanstrengung kann er seine Gedanken sammeln.

Namen, Orte und Erinnerungen stürmen über seine Sinne hinweg
und er hat große Probleme, alle die Kräfte, die ihn anspannen, zu-
sammenzuhalten und auf ein bestimmtes Ziel hin zu lenken. Demjenigen, die nicht genügend zwischen seinen eigenen Gedanken und
denen der anderen unterscheiden können, droht Geistesgestörtheit
und der Zerfall der Persönlichkeit.

Stigma, Zeichen oder Hexenmal

Magie kann das Potenzial eines Sehers erweitern.

Menschen, die in Geisterhäusern wohnen, berichten oft von Angriffen dunkler Wesen, die sich als deutliche Kratzer oder Schnitte an
ihrem Körper zeigen. Okkultisten gehen in solchen Fällen von einer
‚Markierung' aus, einer Art ‚Brandzeichen'. Die Markierung schafft
eine Verbindung zwischen der betroffenen Person und einem Geistwesen, das nun Zugang zum Bewusstsein des Gezeichneten hat. Zudem ist das Mal für andere Wesen ein deutlicher Hinweis darauf,
sich von der betreffenden Person fernzuhalten.

Tätowierungen

Auch von einem Tattoo geht eine besondere Energie aus. Wahrscheinlich ist es diese Wirkung, die es für viele so attraktiv erscheinen lässt. Tätowierungen werden als Kennzeichen benutzt, um die Zugehörigkeit zu einer bestimmten Gruppe zum Ausdruck zu bringen. Jedes wirksame Symbol ist durchtränkt mit einer magischen Essenz und verströmt eine kaum wahrnehmbare magische Kraft. Mitgliedern okkulter Orden wird manchmal ein Symbol eintätowiert als Zeichen der Zugehörigkeit und Treue zu ihrer Gruppe. Diese Tradition ist über die Jahrhunderte hinweg erhalten geblieben.

Manche Symbole werden in die Haut der Auserwählten tätowiert, damit sie immer an ihre Aufgabe erinnert werden. Eine Tätowierung kann ein Statussymbol sein, das den besonderen Rang seines Besitzers kennzeichnet. Mitglieder der ‚heiligen Hüter' erkennt man an einer Narbe, die sich schräg über eine Wange zieht und die Folge einer Wunde ist, die ihnen beim Aufnahmeritual beigebracht wurde.

Ein Stigma bzw. Mal kann unterschiedliche Auswirkungen zur Folge haben. Der Körper wird geschmeidiger, was mit erhöhten sportlichen Leistungen einhergeht. Das Gehör und das Geruchsempfinden wird um einiges besser, was nicht immer angenehm ist. Die Libido erhöht sich und intensiviert die Empfindungen. Auch die Sinneswahrnehmungen werden geschärft und die Gefühle verstärkt. Empfindet jemand Ärger, steigert er sich schnell in eine unbändige Wut hinein, die kaum noch zu steuern ist. Umgekehrt können Glücksgefühle intensive schwelgerische Momente auslösen.

Etliche Magieanwender verwenden Runen als magische Zeichen, um ihre Kräfte zu aktivieren. Sofern jemand magisch begabt ist, kann er Runen erfolgreich als Hilfsmittel einsetzen. Er kann mit ihnen die Zukunft voraussagen oder Runenmagie benutzen, um sein Haus vor negativen Energien zu schützen. Eine Rune kann vor bösen Zaubern schützen oder die Kraft des Lichts herbeiziehen. Eine Tür kann mithilfe von Runen verriegelt werden.

Okkultes Zeichen der Zugehörigkeit

Magische Zeichen markieren auch Lehrlinge der okkulten Zunft. Sie gelten als Kennzeichen, anhand dessen eine Verbindung hergestellt werden kann. Man könnte sie als eine Art ‚Brandmal' ansehen, das verrät, wer der Betreffende ist, wo er lebt und zu wem er gehört. Das Mal dient darüber hinaus der Sicherheit des Trägers, der in Gefahrensituationen leichter zu orten ist. Wurde ein Jünger mit einem Mal gezeichnet, erkennt der Magier ihn aus der Ferne an seiner Ausstrahlung. Er kann seiner Spür folgen und ihn überall auffinden, wohin er sich auch wendet.

Hexen sagt man nach, dass sie von dunklen Meistern ‚gezeichnet' werden. An irgendeiner Körperstelle erscheint ein braunes, etwa 1 cm langes Mal, das schmerzunempfindlich ist. Es dient als ‚Futterstelle' für dienstbare Geister, die, ähnlich wie an einer Brustwarze, an diesem Mal saugen. Sie nehmen etwas von der Energie der Hexe. Als Gegenleistung sind sie bereit zu allerlei Gefälligkeiten, um die sie gebeten werden. Immer dann, wenn die Hexe Magie wirkt, wird ihr ein Quantum Kraft entzogen.

Spirituelle Jünger werden gleichfalls markiert. Zeichen, die wie Tätowierungen aussehen, zeugen von den verschiedenen Weihen und Prüfungen, die ein Adept bestanden hat und die ihm von seinem Meister zugefügt wurden. Sie können wie ganz normale Kratzspuren aussehen, die vernarbt sind. Manche Adepten tragen an ihrem Körper Zeichen, die wie Klauenspuren aussehen. In Wahrheit sind es Male, die ihnen Tiergeister, welche mit ihnen in Verbindung stehen, zugefügt haben. Auch körperliche Narben, die aus früheren Verletzungen herrühren, sind angereichert mit den Erinnerungen an den betreffenden Vorfall.

Als ‚Zeichen der Hölle' wird ein tiefschwarzes flammendes Schwert angesehen, welches in der rechten Handfläche erscheint. Es gilt als eine Art ‚Brandzeichen' und bedeutet, dass Luzifer die betreffende Seele für sich beansprucht. Dies ist nicht das Gleiche, wie sie zu besitzen. Im Gegensatz dazu ist das ‚Zeichen des Himmels' eine filigran gezeichnete Krone auf der linken Handfläche. Ein Schwert bedeutet, dass jemand in Diensten der dunklen Macht steht; eine Krone, dass er dem Himmel dient.

Ein magisches Brandzeichen kann Magie auch unterbinden. Häufig ist es eine Narbe, die sich über die rechte Wange zieht bis hin zur Schläfe und über die halbe Augenbraue. Das Brandzeichen ist Folge eines Urteils, das die magische Kraft eines Abtrünnigen unterdrücken soll. Der einstige Magier kann weder magische Kräfte absorbieren, noch irgendeine magische Arbeit verrichten. Auch magische Energie in irgendeiner Form aufzuspüren, ist ihm nicht mehr möglich.

Stigma eines Vampirs

Um zur Welt der Vampire zu gehören, muss jemand gezeichnet sein, so wird berichtet. Das Stigma wirkt wie eine Berechtigung, um Zutritt zur Gemeinschaft zu erhalten. Manchmal tragen Hexen ein Stigma, das als Zeichen eines Vampirs angesehen wird. Von einem Vampir gezeichnet zu werden, bedeutet für die Stigmatisierten, verbunden zu sein. Sie stehen fortan unter dem Einfluss des Vampirs, der sich in ihr Leben drängt, da sie eine Bindung zu ihm eingegangen sind.

Allerdings wird der Gezeichnete als Diener angesehen, der Befehlen gehorchen muss. Das Mal dringt bis ins Innere vor und ermöglich eine fremde Einflussnahme aus der Ferne. Andererseits verspricht dass Zeichen eine gewisse Sicherheit. Jeder fremde Vampir weiß, dass der den Gezeichneten unter der Obhut eines anderen Vampirs steht und nichts ohne dessen Zustimmung unternommen werden darf. Wer das Kennzeichen ignoriert, bekommt großen Ärger.

Manche der Gezeichneten sind Möchtegern-Vampire und Lakaien. Ihnen geht es darum, bis zu nächsten Stufe aufzusteigen und sie tun alles, um sich den Vampiren gegenüber als würdig zu erweisen.

Meist sind sie zäh und athletisch und sind davon überzeugt, sich die Verwandlung verdienen zu können. Von ihren Auftraggebern werden sie als Handlanger und Spione benutzt. Vampire nähren sich von Menschen, die sie sorgfältig aussuchen. Kennzeichen sind gutes Aussehen oder Intelligenz. ‚Nährlinge' werden zu Beginn zweimal gekennzeichnet und verfügen über eine gewisse Autorität.

Außergewöhnliche Körperkräfte gelten als Zeichen dafür, dass jemand stigmatisiert ist. Etliche der Stigmatisierten fühlen sich unwiderstehlich, unverwundbar und mächtiger als je zuvor. Aufgrund der übernatürlichen Bindung verlangsamt sich ihr Alterungsprozess. Dafür spüren sie die Anwesenheit eines fremden Wesens in jeder Faser ihres Körpers. Wer das Stigma eines Vampirs trägt, ist Teil seiner Welt und unterliegt seiner Kontrolle. Sofern die stigmatisierte Person ein wichtiges Amt innehat, wird der mit ihr verbundene Vampir versuchen, sich in ihre Angelegenheiten und Entscheidungen einzumischen.

Vampire können die Verbindung dazu benutzen, um in die Gedanken eines anderen einzudringen, ihn auszuspionieren und die Steuerung von Körper und Geist zu übernehmen. Der Körper oder einzelne Gliedmaßen bewegen sich plötzlich ohne eigenes Wollen; ohne das dies beabsichtigt wurde. Der Mund spricht Worte, die nicht die eigenen sind. Das Stigma kontrolliert den Träger und es ist fast unmöglich, davon loszukommen und es unschädlich zu machen.

Ein Vampirstigma kann nur dann beseitigt werden, wenn der betreffende Vampir, der jemanden damit belegt hat, getötet wird. Doch der Stigmatisierte darf den Vampir nicht selbst umbringen, da die Fesseln des Mals alle miteinander Verbundenen schützen. Der Tod des Vampirs würde eher Schaden anrichten, denn sein Todestrauma würde alle mit ihm Verbundenen in gleicher Weise treffen; vielleicht würden sie sogar mit ihm in den Tod gerissen werden.

Elektromagnetische Strahlung

Wer große Macht besitzt, darf sie keineswegs gebrauchen,
wie er will.

Weltweit werden so genannte *Mind Stimulating Machines* entwickelt, die mittels elektromagnetischer Wellen eine Wirkung auf den menschlichen Körper und Geist ausüben können. Vielfältige Einwirkungen von Strahlung im menschlichen Körper, auch auf größere Entfernungen hinweg, sind möglich. Elektromagnetische Wellen werden u.a. zu Heilungszwecken eingesetzt. Sie können allerdings auch zu Zwecken der Bewusstseinskontrolle verwendet werden, ohne dass direkte körperliche Eingriffe erforderlich sind (vgl. hierzu: H. Gehring, S.144f.).

Die Wellen können je nach Modulation (Wellenlänge), Frequenz und Zeitdauer ihrer Aussendung völlig unterschiedliche Wirkungen hervorrufen. Auch die Stärke der Wellen übt einen Einfluss aus. Das menschliche Gehirn sendet bei seiner Tätigkeit ebenfalls elektromagnetische Wellen aus und regiert seinerseits darauf. Informationen können direkt in ein menschliches Gehirn übertragen werden. Ein solches Vorgehen kann Halluzinationen verschiedenster Art hervorrufen. Es sieht so aus, als seien nahezu alle Bereiche der menschlichen Psyche der Beeinflussung zugänglich.

In Versuchen zeigten Menschen, die elektromagnetischen Wellen ausgesetzt waren, eine Minderung ihrer Denkleistungen, eine Beeinträchtigung ihres psychischen Wohlbefindens, sowie psychiatrische Symptome in einem verstärkten Ausmaß, schreibt H. Gehring (S.158f.). Es ist bekannt, dass Mikrowellen direkt ins Gehirn eindringen und dort unter anderem auch bestimmte ‚Ton'-Empfindungen hervorzurufen können. Elektromagnetische Strahlung kann als moderne Waffe benutzt werden, die, auf einen Menschen gerichtet, großen Schaden verursacht.

Seit dem Ende des 2. Weltkrieges forschen die USA und die UDSSR gezielt an Möglichkeiten der Bewusstseinskontrolle, um direkt in den Geist des Menschen eindringen und seinen Willen steuern zu können. Mit der Fernbeeinflussung des menschlichen Bewusstseins auch bei größeren Bevölkerungsgruppen haben sich die Forscher eingehend beschäftigt. Angeblich haben die Sowjets entsprechende Verfahren eine zeitlang gegen die US-Botschaft in Moskau angewandt.

Gehring geht von einem weitreichenden Interesse der Herrschenden an der geistigen Versklavung der Menschheit aus und berichtet über eine Vielfalt von wissenschaftlichen Untersuchungen, die zu diesem Zweck durchgeführt wurden (S.96f.). Einige Wissenschaftler haben offensichtlich erkannt, dass man Menschen mit der Zeit dazu konditionieren kann, unbekümmert die Einschränkung ihrer Freiheit hinzunehmen. (Vgl. hierzu auch: B. Waßmann, Dämonen oder Engel, S.278f.)

Die negativen Kräfte greifen heutzutage nicht mehr nur nach dem Geist und Intellekt des Menschen, sondern sie trachten danach, das gesamte Bewusstsein, das Lebewesen selbst, zu vereinnahmen. „Sie sind Seelenfänger im wörtlichen Sinn", schreibt Armin Risi in seinem aufschlussreichen Buch *Machtwechsel auf der Erde*. Jeder einzelne Mensch trägt zum Gesamtbewusstsein der Menschheit bei, erklärt der Autor. „Der primäre Machtfaktor ist also das Bewusstsein. Wirkliche Freiheit beginnt im Bewusstsein, weshalb alle wirksamen Formen der Manipulation ebenfalls im Bewusstsein ansetzen" (S. 57 f.).

Durch das 5G – Netz, so wird behauptet, besteht die Möglichkeit, dass Maschinen menschliche Gedanken lesen können. Außerdem können sie Gedanken sowie auch Gefühle eingeben. Das Schicksal vieler zu beeinflussen, ist allerdings äußerst kompliziert, denn jeder Teil ist eingefügt in ein riesiges Mosaik. Wird eines der Elemente bewegt, sind viele andere Schicksale in irgendeiner Weise davon betroffen. Entfernt man eines ganz, setzt sich womöglich etwas noch Dunkleres an seine Stelle.

Die Möglichkeit, sich vom Diktat mentaler Einflussnahme zu befreien, besteht darin, dass man weder auf sie eingeht noch sie bekämpft. Um Distanz und Neutralität zu gewinnen, besteht die Lösung in einem Wechsel der Frequenz. Unerwünschte mentale Vorstellungen werden nicht festgehalten, sondern durch entgegengesetzte Vorstellungsbilder ersetzt.

Fernsteuerung durch Implantate

Das finstere Wissen ist schlimmer als jede Unwissenheit.
Maria Szepes

Implantate oder *Mikrochips* sind winzige Geräte, die Informationen von außerhalb des menschlichen Körpers empfangen können und die geeignet sind, Informationen an den menschlichen Körper zu senden. Über einen Chip, der ins Gehirn eingepflanzt wird, können auch Hirnströme an ein spezielles Empfangsgerät gesandt werden. Bei gelähmten und sprachbehinderten Personen wird diese Maßnahme als Therapie bereits seit geraumer Zeit angewandt. Das bekannteste Beispiel, mittels Gedanken einen Computer zu steuern und somit eine Kommunikation mit der Außenwelt zu ermöglichen, war der englische Physiker Stephen Hawkins.

Ein Implantat funktioniert wie eine Art Telefon, über das ein Individuum jederzeit erreichbar ist. Der Chip erlaubt es, ohne physischen Kontakt mit einer anderen Person in unmittelbare Gedankenverbindung zu treten. Häufig sitzt das Implantat im Bereich des Hinterkopfes und stellt eine Verbindung her, eine Direktleitung, die sich von Seiten des Implantierten nicht kappen lässt und über die Bewusstseinskontrolle möglich ist.

Ein Außenstehender, der auf den Chip Zugriff hat, kann von einem fremden Körper Besitz ergreifen und diesen unter seine Kontrolle bringen. Unter Umständen kann er ihn sogar in eine Waffe verwandeln. Die Steuerung durch den Chip schränkt die Beweglichkeit maßgeblich ein. Die Implantierten wirken in manchen Momenten wie fremdgesteuert; ihre Mimik wirkt unnatürlich starr und sie bewegen sich ruckartig.

Geheime Technologien zur Bewusstseinskontrolle wurden vor allem in den USA und der Sowjetunion ab den 50er Jahren des vorigen Jhdts entwickelt. Amerikas Militärs setzten Elektroden in menschliche Gehirne ein, die auf einen hypnotischen Befehl von außen reagierten. Hinter einer mentalen Barriere versteckt konnten die Elektroden aus der Ferne aktiviert werden, um das Bewusstsein eines Menschen zu manipulieren und zu steuern.

Auch in der Kleidung können Mikrochips eingepflanzt werden, denn der totalen Vernetzung soll niemand entgehen. In nicht allzu ferner Zukunft soll eine Lasertätowierung auf der Haut angebracht werden, die jedes Individuum identifizierbar und kontrollierbar macht. Bei Tieren geschieht die Implantierung von Mikrochips bereits offiziell und legal. Ein implantierter Chip kann sämtliche persönliche Daten eines Lebewesens enthalten. In einem Armband kann ein Identifizierungschip eingeprägt sein, der jeden Pulsschlag und jeden Schritt registriert. Er zeichnet Puls und Blutdruck auf und darüber hinaus jedwede Abweichung vom üblichen Lebenslauf. Auch Wutausbrüche werden registriert und bewertet. Ein Mikrochip über dem linken Schulterblatt ermöglicht eine Ortung des Betreffenden.

Implantate in den Augen können diese in eine Art Digitalkamera verwandeln, die Schnappschüsse von ihrer Umgebung macht. Manche Implantierte sind wandelnde Satellitentelefone, da ihr Körper wie eine Art Antenne funktioniert. Über das Implantat kann ein Fremder die Welt durch die Augen des Betroffenen sehen. Was immer dieser tut, es kann gesehen und gehört werden. Der Implantierte ist an ein fremdes Bewusstsein gekettet. Ist die Bewusstseinskontrolle fortgeschritten, kann der Körper des Implantierten wie eine Marionette gesteuert werden. Er hört Stimmen in seinem Kopf, die nicht die eigene sind. Der Fremdkörper im Gehirn ermöglicht es einem fremden Bewusstsein, in die intimsten Gedanken des Implantierten einzudringen, was bei diesem meist für enorme Verunsicherung und Missstimmung sorgt.

Von der Überzeugung, dass Implantate vorwiegend der Bewusstseins-Kontrolle dienen, geht das Autorenpaar Helmut und Marion Lammer in ihrem Buch *Verdeckte Operationen* aus. Der medizinischen Anwendung von High-Tech-Implants scheinen keine Grenzen gesetzt. Doch Implantate sollen nach Ansicht einiger Wissenschaftler eine breitere Anwendung finden: Das Royal Institute of Technology will Gehirn-Implantate entwickeln, „über die man mit dem Träger kommunizieren sowie Texte und Bilder in das Gehirn einspielen kann" (vgl. S.80). In den USA forschen Wissenschaftler „nach Möglichkeiten, wie man durch einen im Nacken implantierten Biochip virtuelle Landschaften und Szenarien in das Gehirn eines Trägers einspielen kann." Das Implantat wird im Nacken eingesetzt, da diese Stelle ein Punkt ist, wo sich das Nervenzentrum des Menschen befindet. Aufgrund der fortschreitenden Miniaturisierung der implantierten Elektroden kann die Stimulation bestimmter Gehirnregionen aus beliebiger Entfernung durchgeführt werden. Auch ist es möglich, Informationen einer implantierten Person in einen Empfänger (z.B. Computer) zu übertragen. Die Anwendungsmöglichkeiten werden mit fortschreitender Technologie immer vielfältiger und weitreichender.

Auch der Autor H. Gehring bringt das Einsetzen von Implantaten in Verbindung mit Techniken der Bewusstseinskontrolle. „Im 21. Jahrhundert könnte Bewusstsein und Verhalten der Menschen durch technische und propagandistische Mittel nahezu lückenlos unter die Kontrolle staatlicher oder militärischer Stellen geraten", warnt er (S.9). Vor allem in den USA wurde einer ganzen Anzahl von Personen im Rahmen von Forschungsprogrammen winzige Implantate eingepflanzt. Die implantierten Menschen dienten als Versuchskaninchen für die Wissenschaft (S.179f.). Seit über 50 Jahren wird dementsprechende Forschung betrieben; Experimente werden zu diesem Zweck von Regierungen und Militärs durchgeführt. Auch osteuropäische Länder haben bis in die Gegenwart hinein Forschungen zur Bewusstseinskontrolle vorangetrieben.

Ziel der Mind-Control-Techniken ist die Konditionierung und Beherrschung des menschlichen Bewusstseins. US-Neurophysiologen vertreten die Auffassung, dass es aufgrund der Hirnforschung inzwischen möglich sei, direkt in cerebrale Mechanismen des Gehirns einzugreifen und menschliches Bewusstsein zu steuern. Der Menschheit droht eine neue Form der Beeinflussung und Versklavung, die ohne körperlichen Zwang auskommt. Das Bewusstsein und Verhalten von Individuen wird überwacht und kontrolliert auf eine verdeckte und geschickte Art und Weise. Mittlerweile sind die Implantate winzig klein geworden. Sie können eingesetzt werden, ohne dass der Träger etwas davon bemerkt. Die Betroffenen merken oft nicht einmal, dass sie manipuliert werden. Diejenigen, denen es auffällt und die unter der Beeinflussung leiden, finden kaum jemanden, der ihnen glaubt, geschweige denn zu wirksamer Hilfeleistung in der Lage ist.

„Die telemetrische Verbindung zu den Implantaten ist auch über sehr große Entfernungen kein Problem mehr: Satelliten ermöglichen es, weltweit an fast jedem beliebigen Punkt Kontakt mit einem Sender und Empfänger aufzunehmen", schreibt Gehring (S.186). Um den Normalbürger auf den Einsatz von Implantaten vorzubereiten, verschweigt man ihm die Möglichkeiten der Bewusstseins- und Verhaltenssteuerung. Stattdessen werden vor allem die nützlichen Einsatzmöglichkeiten hervorgehoben. Haus- und Nutztieren wird ein reiskorngroßer Sender eingepflanzt, mit dem jederzeit ihr Aufenthaltsort bestimmt werden kann. Der Vorschlag, Kindern *Biochips* einzupflanzen, dient angeblich allein dem Zweck, den Nachwuchs jederzeit orten zu können.

H. Gehring weist darauf hin, „dass Menschen umso besser steuerbar sind, je mehr über sie bekannt ist. Es ist also fatal zu glauben: Wenn ich nichts zu verbergen habe, dann bin ich auch nicht gefährdet. Je mehr Möglichkeiten es gibt, Information über Menschen zu sammeln, umso mehr Wirkung kann Mind Kontrol haben. Weltweit hat die Kontrolle durch Information bereits begonnen" (S.198). Verurteilte Straftäter tragen ganz offiziell eine elektronische Fußfessel, die ihre Überwachung ermöglicht.

Implantate, die zu Mind-Control-Zwecken einpflanzt werden, haben grundsätzlich zwei Funktionen, wie H. Gehring ausführt. Mit ihnen kann:

▶ ein Mensch nahezu vollständig überwacht werden,
▶ das Verhalten von Leuten ferngesteuert werden.

Biotelemetrie wird angewandt; um die Übermittlung von Informationen zwischen einem Implantat und einem menschlichen Bewusstsein bzw. einem lebenden Körper vorzunehmen. Die Biotelemetrie durch Implantate kann einerseits der Übertragung medizinischer Daten dienen, wie es z.B. bei Herzinfarktpatienten geschieht, sie kann aber auch zu Mind-Control-Zwecken eingesetzt werden. Das Implantat soll neue Wege in der Behandlung verschiedener neurologischer Erkrankungen eröffnen. Es kann dazu beitragen, die Situation von Menschen mit Behinderungen, wie Blindheit, Taubheit oder Querschnittslähmung zu verbessern. Es soll in der Lage sein, akustische und visuelle Informationen direkt in das Gehirn zu übertragen. Menschen wird es mithilfe eines im Gehirn implantierten Chips möglich, direkt mit Computern zu kommunizieren und sie auf diese Weise zu steuern. Da auch das Militär involviert ist, stellt sich natürlich die Frage, für welche weiteren Anwendungen auf diesem Gebiet geforscht wird.

Ein Implantat ist nicht leicht zu erkennen, denn es fungiert wie eine Art U-Boot, das sich der Beobachtung entzieht. Nach Ansicht von Simon Parks existieren neben physischen Implantaten auch ätherische Implantate. In der esoterischen Literatur werden hin und wieder ebenfalls Implantate erwähnt. Der US-Geschäftsmann Claude Saks erfährt von einen Medium, dass Initiierte zu ‚Antennen' würden für spirituelle Energien (S.107). Während der Initiation werde eine Art ‚Matrix' implantiert, deren Assimilation in die Zellstrukturen ca. 3 - 6 Monate dauere. Die Initianden fungierten als Überträger von Energie in ein unsichtbares ‚Leitungsraster' der Erde. Die persönliche Schwingungsfrequenz solle durch die Implantate verfeinert werden. Im so genannten ‚Lichtkörperprozess' werden Meditierenden astrale Implantate in Form von Kristallen eingesetzt, so dass astrale Energiewesen auf ihre Gefühle und Gedanken einwirken können.

Die meisten Implantate sind unsichtbar, erklärt Kersti Nebelsiek. Heiler, die hellsichtig sind, können Implantate erkennen und manchmal auch unschädlich machen. Ein Implantat im esoterischen Sinn bezeichnet einen kleinen Gegenstand, der in den feinstofflichen Körper eingepflanzt wird. Ähnlich wie grobstoffliche Implants (wie z.B. Herzschrittmacher) hat er die Aufgabe, bestimmte Funktionen zu erfüllen, teilt Kersti Nebelsiek mit.

Diese Funktionen sind für den Träger nicht in jedem Fall erfreulich. Es gibt Implantate

◉ die den Träger belauschen und beobachten,
◉ die Sinneswahrnehmungen (Halluzinationen) einspielen,
◉ die bestimmte Handlungen hervorrufen,
◉ die ihn bestrafen und Schmerzen oder Stiche zufügen,
◉ die Energie übertragen oder absaugen.

Da Implantate in die feinstofflichen Körper eingepflanzt werden, um verschiedene Funktionen zu erfüllen, sind sie im Allgemeinen schwer zu entfernen. Diese Arbeit kann nur von jemandem ausgeführt werden, der in der geistigen Welt eine ‚fachmännische' Ausbildung erfahren hat und über mediale Fähigkeiten verfügt, betont Kersti Nebelsiek (vgl.: Internet www.kersti.de). Doch die Auswirkungen dieser speziellen Art des geistigen Heilens können unüberschaubar und gefährlich sein, da sie unter Umständen zu Verletzun-

278

gen im feinstofflichen Energiesystem führen. Vorsicht hat daher bei der Behandlung oberste Priorität.

Okkulte Orden sind imstande, die Körper ihrer Mitglieder mit energetischen Fasern und Mikrochips zu versehen, die im günstigen Fall die persönlichen Fähigkeiten erweitern können. Andere Ordensmitglieder sind in der Lage, ihr Bewusstsein mit dem eines Implantierten zu verbinden. Gegebenenfalls richten sich die Implantate auch gegen jemanden, der abtrünnig geworden ist. Sobald ein entsprechender Befehl von der Zentrale aus erfolgt, strömt kontrollierte elektrische Energie durch den Organismus eines Verräters mit dem Ziel, ihn zu zerstören In einem solchen Fall kollabiert das Gehirn; die Organe verkrampfen sich und werden zersetzt, ohne das von außen sichtbar wird, woran der Betreffende zugrunde geht..

In der Gegenwart werden Neurochips entwickelt, die den Transfer von Gedanken ermöglichen. Damit rückt die Möglichkeit der Bewusstseins-Manipulation von außen in greifbare Nähe. Über Implantate können Gedanken eingegeben und Stimmen im Kopf erzeugt werden, bis hin zu einer Kontrolle über den gesamten Körper. Der physische Organismus wird von außen gesteuert und führt Bewegungen aus, die nicht seiner bewussten Absicht entsprechen. Er wird fremdgesteuert wie eine Marionette, deren Willenskraft nicht ausreicht, um sich dem fremden Einfluss zu widersetzen.

In den Körper implantierte Sensoren machen es möglich, menschliches Verhalten ohne direkten Kontakt zu beobachten und zu steuern. Über einen ins Gehirn eingepflanzten Mini-Empfänger, der mit einem Sendegerät in Verbindung steht, kann eine direkte Einflussnahme erfolgen. Dieses Gerät kann die Daten der Hirnströme einer Person auffangen; damit ist eine elektronische Kontrolle des Bewusstseins gegeben.

Der Betroffene hört Stimmen in seinem Kopf oder ist telepathisch verbunden. Derjenige, der auf das Implantat zugreift, kann alles, was sich abspielt, durch die Augen des Implantierten wahrnehmen. Das Bewusstsein wird nicht ausgeschaltet, wenn jemand von außen auf den Chip zugreift. Bei fortschreitender Entwicklung ist das Opfer machtlos gegenüber fremden Befehlen. Es führt ein Leben als willenloses Opfer, das einem stärkeren Willen unterworfen ist. Manche Formen der Zwanghaftigkeit entsprechen exakt diesem Muster.

Der Fremdeinfluss beginnt häufig mit einem Kribbeln, das in den Zehen anfängt und immer höher steigt, bis es den Scheitel erreicht. Ein Gefühl der Schwere breitet sich im Nacken aus und reicht bis in den Kopf. Ganz allmählich übernimmt ein fremder Wille die Kontrolle über den Körper, der sich wie eine Statue aus Stein anfühlt. Das Opfer ist bei vollem Bewusstsein und dennoch unfähig, sich zur Wehr zu setzen.

Ein feinstoffliches Implantat kann dem Astralkörper angeheftet werden, wenn der betreffende Mensch starke Schmerzen erleidet oder während eines Schocks, berichtet L. Kin. „Genauso wie man fremdes Gewebe in einen Organismus implantieren kann, lässt sich durch die Kombination von Schmerz, Drogen und Hypnose eine Idee in den Geist einer Person implantieren." (S.44). Das Implantat degradiert den Betroffenen zu einem Opfer, das sich ausgeliefert fühlt. Auch das Vorenthalten von Sinnesreizen (*sensory deprivation*) – kombiniert mit dem geschickten Einsatz von Belohnung und Bestrafung – ist dazu geeignet, die Kontrolle über Verhalten und Persönlichkeit eines Individuums zu gewinnen.

Physische Implantate verbinden sich mit den Nervenzellen einer Person, da das Implantat eine Art Schnittstelle ist, die mit den Nervenzellen in Verbindung steht. Der Körper stößt das Implantat nicht ab, da er es als Teil seine selbst akzeptiert. Ist der Chip einmal implantiert, lässt er sich kaum noch entfernen. Eine Operation wäre äußerst riskant, da der Chip mit einer Art ‚Netzstruktur' verknüpft ist. Er bildet das Netz selbst, während er sich in das Körpergewebe oder das Gehirn einbettet. Da es Unterschiede im Aufbau des Gehirns gibt, lässt sich nur schwer vorhersagen, wie man ihn am besten aus seiner Verankerung löst.

In großer Höhe oder tief unter der Erde ist es zudem äußerst schwierig, den Chip aufzuspüren und darauf zuzugreifen.

Auch ohne das Einsetzen von Implantaten sind die Möglichkeiten der Bewusstseinsmanipulation sehr vielfältig, und ein Ende ist nicht abzusehen. In einer zukünftigen High-Tech-Zivilisation wäre es denkbar, Implantate als Erziehungsmittel einzusetzen. Gedankenkontrolle wie bei George Orwell, elektronische Überwachung, Gehirnwäsche, Elektroschocks, werden möglich. Es bleibt zu hoffen, dass die Menschheit Mittel und Wege findet, diesem Schicksal zu entgehen.[11]

Die transhumanistische Forschung greift immer stärker die Integrität des menschlichen Bewusstseins und des kollektiven Unterbewusstseins an. In naher Zukunft ist es nicht ausgeschlossen, dass bei jedem Menschen ein RFID-Chip implantiert wird; zumindest wird die Werbung für den Chip immer offensiver. Viele Schweden tragen bereit heute einen Mikrochip unter der Haut. Für gewisse global agierende Mächte geht mit dem RFID-Chip ein Traum in Erfüllung, da die Möglichkeit der totalen Überwachung damit ihrem Ziel entscheidend näher gekommen ist. Dagegen verblasst selbst George Orwells Vision eines Überwachungsstaates.

Mittlerweile können menschliche Gedanken auf Bildschirme projiziert und abgelesen werden. Von da aus ist der Sprung nicht mehr weit, mittels Funkwellen über unbegrenzte Distanzen hinweg unbemerkt die Gedanken einer Person aufzufangen und auszulesen. Gedankenfreiheit gehört damit der Vergangenheit an. Ein Chip ist Sender und Empfänger zugleich. Mit seiner Hilfe wird es mittels Informationsübertragung per Funk möglich, Einfluss auf das Verhalten, den Gemütszustand und die Gesundheit zu nehmen. Jeder Mensch ist rund um die Uhr zu orten. Sogar per Handschlag können Personen Mikrochips verabreicht werden, die für mehrere Tage Informationen senden, wie der Zukunftsforscher Oskar Villani zu bedenken gibt. Der Chip strahlt Kurzwellen in den Körper ab und ist damit der Ge-

---

[11] Vgl. hierzu: Birgit Waßmann: Dämon oder Engel, S.296f.

sundheit abträglich. Er kann sogar Elektroschocks auslösen, die bis zur Handlungsunfähigkeit führen. Sogar die Tötung per Knopfdruck wäre möglich!

„Die Produktion von Implantier-Mikrochips ist längst kein Geheimnis mehr", berichtete Armin Risi bereits im Jahr 1999 (S.296f.). Die so genannten RFID-Chips sind winzig kleine Nanoroboter; kleiner als eine einzige Zelle im Bindegewebe. Das Startup *Neuralink* von Elon Musk hat zu Beginn des Jahres 2023 die Genehmigung der Behörden für Versuche am Menschen erhalten. Bei diesen Versuchen werden Mikrochips in ein menschliches Gehirn implantiert mit dem Ziel, technische Geräte mittels Gedankenkraft zu steuern.

Ein implantierbarer ‚Transponder' könne mit einer Spritze in einen menschlichen Körper injiziert werden, erklärt Armin Risi. Hierbei handelt es sich um winzige Mikrochips, nicht größer als ein Reiskorn, die einfach unter die Haut eingepflanzt werden. Sie sind so konstruiert, dass man sie entweder separat oder zusammen mit einer Impfung injizieren kann. Dabei handelt es sich um eine Identifikations-Methode auf der Grundlage von Radiowellen.

Ein implantierbarer Biochip verbindet ein Individuum mit einer Datenzentrale und ermöglicht es, eine Person über Satellit zu orten. Ist der Chip erst einmal implantiert, ist es fast unmöglich, ihn wieder zu entfernen, denn faseriges Körpergewebe verwächst mit dem Material, das den Chip umgibt. Der Chip kann auf heimtückische Weise das Leben eines Menschen verkürzen, indem ein Virus mit dem Chip eingepflanzt wird. Er kann so programmiert werden, dass er sich auflöst und seinen Träger durch das Virus tötet (vgl.: A. Risi, S.299). Auf diese Weise können alte und chronisch kranke Menschen, die das Gesundheitssystem belasten, still und heimlich beseitigt werden. [12]

---

[12] Impfgegner behaupten, dass genau dies mit der Covid-Impfung geschehen sei. Sie verweisen dabei auf die auffällig erhöhte Übersterblichkeit, die seit der Covid-Impfung weltweit zu beobachten ist.

Nach Auffassung von Armin Risi ist die Menschheit auf dem Weg in einen globalen Überwachungsstaat. Es fehle nur noch der äußere Zusammenbruch. Risi rechnet mit überraschenden Vorkommnissen oder sogar Ereignissen, welche die Entscheidungsträger überrumpeln. Das kann bspw. ein künstlich herbeigeführter weltweiter Währungscrash sein, um eine bargeldlose Diktatur einzuführen, der sich die Verfolgung aller Systemkritiker anschließt, befürchtet der Autor. Die Einführung einer rein elektronischen Währung wird in einem solchen Fall als einzige Alternative angepriesen. Damit einhergehen möglicherweise kriegerische Auseinandersetzungen größeren Ausmaßes und eine weltweite Epidemie, die einen großen Teil der Bevölkerung dahinrafft. Eine kleinere Menschenmenge ist leichter zu dirigieren. Die Mehrheit der Weltbevölkerung wird jedes rigide Vorgehen akzeptieren, denn kaum jemand vermutet versteckte Zusammenhänge hinter dem Geschehen, das auf eine weltweite Diktatur abzielt.

Bei Implantaten geht es somit nicht lediglich um die Kontrolle des Einzelnen, sondern um weltweite Kontrolle, da es in den Bereich des Möglichen rückt, ganze Bevölkerungsgruppen zu überwachen. Derartige Zukunftsaussichten sind düster, aber sie werden nicht weniger prekär, wenn ein Grossteil der Menschheit vor dieser Gefährdung die Augen verschließt.

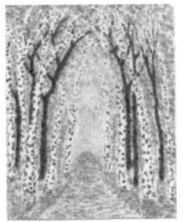

Inbesitznahmen

Der Pakt mit der Geisterwelt

*Man sagt, ein einmal geschlossener Pakt gelte bis
in die Ewigkeit.*

Vielen Leuten fehlen Fähigkeiten wie Geduld, Ausdauer und Intelligenz, um ihre Wünsche in Erfüllung gehen zu lassen und ihre Bedürfnisse zu befriedigen. Sie beginnen daher, sich für okkulte Praktiken zu interessieren in der Hoffnung, damit schneller an ein angestrebtes Ziel zu gelangen. Der Wunsch nach Vorteilen im Leben, wie Macht und Reichtum, bringt sie in Versuchung, einen magischen Pakt zu schließen. Sie trachten danach, ihre Pläne mithilfe unsichtbarer Diener zu erfüllen und ihre Feinde mittels dämonischen Einflusses zu bekämpfen.

Für Magie empfängliche Individuen können durch die Verbindung mit Dämonen besondere Fähigkeiten erlangen. Ihr Begehren und ihre Leidenschaften dienen dunklen Wesen als Köder. Unlauterkeit im Denken und Handeln zieht unerwünschte Geistwesen herbei, die man nur schwer wieder los wird. Etliche Magier nehmen eine Unmenge dunkler Wesenheiten in sich auf, die ihnen alles Mögliche versprechen: Uneingeschränkte Machtausübung, eine Vorrangstellung in der Gesellschaft, Geldvermehrung ohne Limit und Erfolge in sexueller Hinsicht.

Wenn ein Handel mit der Geisterwelt richtig durchgeführt wird, so gibt es sicherlich einen Mechanismus, ihn zu beenden, so glauben viele. Doch im Körper leben Mensch und Dämon in stetigem Kampf miteinander; es kommt immer wieder zu Zerreißproben. In der Folgezeit verliert der Magieanwender leicht seine Fassung. Ungesteuerte Wut setzt in seinem Innern eine dunkle Strömung in Gang, der sich das Bewusstsein auf Dauer kaum widersetzen kann. *Anstelle eines göttlichen Bundes wurde ein Pakt mit dem Bösen geschlossen.*

„Die Geister der Finsternis sind von raffinierter Schlauheit", warnt der spirituelle Lehrer O.M. Aivanhov. „Sie kreuzen nicht mit Hörnern und Gabelschwanz auf... Mit dem Versprechen, all eure Wünsche zu erfüllen, treten sie unermüdlich an euch heran, bis ihr ihnen wie eine überreife Frucht in die Falle geht" (1990,1, S.121). Mit der Aussicht auf Macht, Sex und Reichtum gelingt es ihnen, dafür anfällige Menschen für sich einzunehmen. Wer sich derartige Voreile verschaffen will, wird leicht zum Kandidaten für die schwarze Loge, warnt Aivanhov.

Die führenden Mitglieder schwarzmagischer Logen schließen einen Pakt mit dämonischen Mächten, die ihnen spezielle Kenntnisse vermitteln und besondere Vorteile versprechen. Mit magischen Methoden können sie hinfort jeden ungeschulten Menschen nach ihrem Willen beeinflussen und lenken, ohne dass dieser die Möglichkeit hat, die Ursache zu entdecken.

Schwarze Magier verpflichten sich dem dunklen Engel, dem Herrn der Geister, von dem alte Legenden berichten, da er schon in vorgeschichtlicher Zeit existierte. Es ist ein dunkler, geheimnisvoller Geist, verborgen vor den Augen der Welt. Er ist sehr mächtig und teilt seine Macht mit seinen Anhängern, indem er eine Art Kanal bildet zwischen der Energie des Universums und denen, die ihm dienen.

Auch die weiße Loge entsendet Boten, die es als ihre Aufgabe betrachten, aufgeschlossenen Menschen den Weg des Lichts nahe zu bringen. Die hellen Mächte verwenden ähnliche Methoden wie ihr Gegenpol; der Unterschied liegt in der Richtung und im Ziel. Sie versprechen weder Ruhm noch Geld, sondern Erleuchtung und Frieden.

Bei einem Pakt verbindet sich der Geist des Magiers mit dem Wesen, das seinen Wünschen und Bedingungen entspricht. Der so genannte ,Diener' bindet sein Leben an das des ,Meisters'. Nur der Tod kann einen solchen Bund zerbrechen. Ein Mal auf der Stirn, ein unsichtbarer Drudenfuß, besiegelt den Vertrag. Er ist das Zeichen für den Bund zwischen der Geisterwelt und einem Magier oder einer Hexe. Um etwas aus dem Jenseits zu erhalten, müssen sie ihrerseits etwas anbieten, damit das Gleichgewicht gewahrt bleibt. In alten Kulturen brachte man Opfergaben dar im Tausch gegen eine besondere Vergünstigung aus dem unsichtbaren Reich.

Vor okkulten Praktiken zur Befriedigung der eigenen Bedürfnisse und Wünsche warnt O.M. Aivanhov, denn Okkultismus habe mit dem wahren spirituellen Wissen nichts zu tun. Viele Okkultisten seien in den dunklen Bereichen involviert. „Wozu sollte man Reichtum, Macht, Vergnügen erstreben, wenn man sich nachher so gefesselt, verfolgt, sogar besessen fühlt, dass man gezwungen ist, sich an Exorzisten zu wenden?" fragt er (1990,1, S.22). Denn aufgrund der engen Verbindung zur dunklen Macht kann man Schwarzmagier durchweg als besessen ansehen.

Etliche Magieanwender gehen einen Pakt mit den Wesen der Elemente ein. Trotz des Schutzes, den eine solche Vereinbarung ihnen bietet, kann Unachtsamkeit während einer Beschwörung schwerwiegende Folgen haben. Durch einen Pakt ist das Elementarwesen dem Magier bis zum Eintritt des Todes zum Gehorsam verpflichtet. Dem Magier steht tagtäglich ein Dämonengeist zur Seite, der ihm dabei hilft, seine Pläne in die Tat umzusetzen. Doch mit der Zeit wird er immer abhängiger von dem Wesen, das danach trachtet, Macht über das Seelenbewusstsein zu gewinnen.

Maureen Johnson schreibt: *„Im gesamten Universum gibt es nichts Begehrenswerteres als eine Seele.* Die Menschen glauben, dass Bomben Macht bedeuten. Oder dass Geld einen Wert besäße. Pah! Bomben sprengen kleine Löcher in die Erdoberfläche. Geld ist bloß Papier. Aber Seelen... Seelen kann man nicht erschaffen oder zerstören. Seelen sind pure Lebensenergie. Eine Seele zu besitzen, - wirklich zu besitzen, - ist das Einzige, was einem auf dieser Welt Macht verleiht."

Dämonen sammeln Seelen, denen sie Wünsche erfüllt haben; nichts trennt sie mehr von dem betreffenden Menschen. Er hat seine Seele gegen die Magie in seinem Blut ausgetauscht. Wo immer er sich aufhält, wird der Dämon bei ihm sein. Nach seinem Ableben geht seine magische Kraft auf den dunklen Herrscher über, dem er gedient hat, wodurch dessen Macht zunimmt. Die gefangene Seele verwandelt sich nach und nach und wird selbst zum Dämon.

Jeder, der eine Verbindung mit dunklen Mächten eingeht, zahlt einen hohen Preis. Einerseits hat er Teil an dem Wissen und dem Können der Wesenheiten. Dafür suchen sie Tag und Nacht den Kontakt mit ihm. Es kann geschehen, dass er gegen Stimmen in seinem Innern ankämpfen muss. Seine Gedanken werden aufgewühlt; in jedem Augenblick seines Daseins peinigt ihn die Kraft des Geistwesens, die durch seine Adern fließt.

Wer mit den Wesen der Unterwelt einen Pakt schließt, hört deren Stimme in seinem Innern. Die Stimmen werden anfangs oft nur leise und verhalten vernommen; doch sobald sie die Aufmerksamkeit auf sich ziehen, kommen sie immer häufiger und mischen sich in die Gedanken ein. Wenn sie erst einmal eine gewisse Präsenz erlangt haben, vermag der Hörer sie nicht mehr zum Schweigen zu bringen. Mit der Zeit werden die Stimmen immer lauter und aufdringlicher. Sie reden pausenlos auf das Opfer ein; klagen, fordern und sind wü-

tend, wenn ihnen kein Gehör geschenkt wird. Von dem Stimmenge-
wirr in ihrem Kopf werden viele aus der Bahn geworfen.

Eine wichtige Regel lautet: Man darf den Stimmen keine Aufmerk-
samkeit schenken und sich nicht vor ihnen ängstigen. Sonst begleiten
sie einen irgendwann bei Tag und bei Nacht in jeder Sekunde des
Lebens und sogar bis in die Träume hinein. Sie bedrängen ihr Opfer
pausenlos und ergehen sich in wüsten Beschimpfungen. In solchen
Situationen ist es fast aussichtslos, dagegen anzukommen. Die
Stimmen werden erst dann leiser, wenn es dem Hörer gelingt, ihnen
Achtung einzuflößen.[13]

Um die Unterstützung der geistigen Mächte zu erlangen, gehen die
Magier Verbindlichkeiten ein, die nicht selten über ihren Tod hinaus
fortdauern. Den geistigen Gesetzen zufolge existiert keine Möglichkeit zur Auflösung eines einmal geschlossenen Paktes. Doch die
durch die Verbindung gewonnene Macht wirkt nicht für ewige Zeiten. In der gleichen Weise, wie der Magier heute der Herr ist, wird er
später ein Sklave dämonischer Mächte sein.

Dämonische Inbesitznahme

*Es muss eine empfängliche Seele sein, sonst gelingt die
Inbesitznahme nicht.*

Die Schranke zwischen dem bewusstem Geist und dem Unbewussten
ist normalerweise fest geschlossen und kaum zu durchdringen. Wenn
die Barriere durch ein spirituelles Erlebnis durchbrochen wird,
kommt der Gläubige mit höheren geistigen Mächten in Berührung,
doch er kann auch von dämonischen Kräften heimgesucht werden.

Die magische Entwicklung ist ein zweischneidiges Schwert. Verbindet sich der angehende Magier mit höheren Geistmächten, nimmt
seine Ausstrahlung zu. Geht er hingegen eine Verbindung mit dunk-

---

[13] Vgl.: Birgit Waßmann: Übergriffe aus dem Jenseits, 2016, S. 158f.

len Mächten ein, wird er unter Umständen zum Spielball ihrer Einflusssphäre. Zu allen Zeiten wurden Menschen vor magischen Ritualen, Trancezuständen und Drogenkonsum gewarnt wegen der Gefahren, die der Umgang mit unsichtbaren Mächten mit sich bringt. Meist gewinnen sie die Oberhand und bringen Nicht-Eingeweihte in ihre Gewalt.

Als Besessenheit wird gemeinhin die Herrschaft eines Dämons oder eines Verstorbenen über eine menschliche Seele verstanden. Die Bibel sieht die Ursache in gefallenen Engeln, die sich Wohnungen in menschlichen Körpern suchen (Lukas 8,V.28-31). Dem mystisch-kabbalistischen Volksglauben zufolge fährt der Geist eines Toten, *Dibbuk* genannt, in den Körper eines Lebenden und nimmt ihn in Besitz. Dämonische Besessenheit liegt vor, wenn negative Wesenheiten den Geist und Intellekt einer Person steuern, indem sie mit deren Bewusstsein verschmelzen. Dadurch gelingt es ihnen, Reaktionen und Handlungen zu beherrschen. Die Glieder von Besessenen bewegen sich ohne Zutun des eigenen Willens; sie neigen zu übermäßigen Erregungszuständen, leiden unter Tobsuchtsanfällen, etc.

Wenn ein fremder Geist in den Körper eines anderen Menschen eindringt, gerät dieser zunächst aus dem Gleichgewicht. Es kommt vor, dass er anfangs häufig stolpert oder umfällt, denn es braucht Zeit, bis sich der fremde Geist in seiner neuen Hülle zurechtfindet. Der Besessene, der zuvor ruhig und friedlich war, ändert plötzlich sein Verhalten. Er wird aus nichtigem Anlass wütend und traktiert seine Umgebung.

Der Vorgang der Inbesitznahme kann mit einer Belagerung verglichen werden. Die Schwäche und Verletzbarkeit einer Person verschafft negativen Entitäten Vorteile für einen Angriff.

Wenn ein Geist ins Diesseits gelangt, ist er anfangs schwach. Er umschwebt seinen späteren Wirt eine lange Zeit, bevor er sich annähert und Besitz von ihm ergreift. In der jüdischen Kabbalistik wird ein solcher Geist *Dibbuk* genannt. Es handelt sich dabei um einen ehemaligen Menschen, dem die Tore des Paradieses verschlossen sind. Der *Dibbuk* versucht, sein Opfer zu isolieren und zu schwächen. Er nährt sich von der Angst, die er schürt. Die Belagerer nutzen jede Lücke im Verteidigungssystem und konzentrieren sich darauf, die Bresche zu erweitern, um die Festung einnehmen zu können. Der Besessene darf nicht zulassen, dass der fremde Geist die Oberhand gewinnt, sonst ist er verloren.

Dämonische Wesen können nicht selbst inkarnieren, sondern sind auf einen menschlichen Wirtskörper angewiesen, den sie zu beherrschen trachten. Da Geister in der Regel nicht direkt auf die Welt einwirken können, sind sie auf die Mitarbeit eines in der Materie inkarnierten Menschen angewiesen, an den sie sich binden und über den sie sich bemerkbar machen. Das gelingt ihnen entweder durch günstige Umstände oder sie verlassen sich auf die Mitwirkung eines Magiers. Ein Dämon benötigt Augen, Ohren und Hände, die für ihn Dinge sehen und tun, die er selbst nicht erledigen kann. Die große Gefahr besteht darin, dass ein Geistwesen eine Person zunächst unauffällig kontrolliert und beeinflusst. Im Lauf der Zeit weitet es seinen Einfluss immer mehr aus. Im Fall einer lebenslangen Inbesitznahme verschmilzt die Energie des Geistwesens mit dem Bewusstsein des Besessenen.

Die Macht der Wesenheiten beruht zum großen Teil darauf, dass der betreffende Mensch sich ihnen zuwendet. Auch exzessiver Alkoholkonsum sowie Momente panischen Schreckens ermöglichen fremden Wesenheiten, in den Geist eines Menschen einzudringen. Wie lange der fremde Geist verweilen kann, hängt von dem Schwingungsniveau des Betroffenen ab. Ist der Unterschied zu groß, können dunkle Wesen sich nicht allzu lange festsetzen.

Der fremde Geist beherrscht Individuen mit Charaktereigenschaften, die eine gewisse Ähnlichkeit mit seinen eigenen aufweisen. Daher beginnen diese mit der Zeit, sich mit dem beherrschenden Geistwesen zu identifizieren. Gelingt es einer besetzenden Entität, sich in einem Körper zu verankern, überdeckt sie die besessene Persönlichkeit mit ihren eigenen feinstofflichen Hüllen. Infolgedessen verlieren die feinstofflichen Hüllen der ursprünglichen Persönlichkeit ihre Funktion und sie unterliegt fortan einer Fremdsteuerung. Mit fortschreitender Besessenheit zerstört die fremde Wesenheit Intellekt und Geist – d.h. den Mentalkörper – seines Opfers und schwingt sich zum Alleinherrscher auf.[14]

Eine dämonische Kraft ergreift Besitz von einer Person und spricht oder handelt durch sie, indem sie sich der Organe dieses Menschen bedient. Solchen und ähnlichen Erfahrungen war der französische Schriftsteller Guy de Maupassant ausgesetzt, wie aus den Berichten über seine geistige Erkrankung hervorgeht. In seiner meisterhaften Erzählung *Der Horla* hat der Schriftsteller die Anfänge einer zunehmenden Inbesitznahme durch einen Parasiten aufgezeichnet. Maupassant spürte auch im wirklichen Leben mehr und mehr, wie er die Kontrolle über seinen Geist verlor. Die parasitäre Wesenheit in seinem Körper wurde zunehmend aufdringlicher und verdrängte sein Bewusstsein zeitweilig ganz. Dies trieb den Mann letztendlich zur Verzweiflung und er endete im Selbstmord.

Einige Autoren gehen davon aus, dass die Lymphdrüsen das Zentrum von Besessenheit sind; die Region, wo sich die Wesen niederlassen. Manche der Besessenen können sich die Kenntnisse des Wesens, das in ihnen haust, zunutze machen. Sie sind in der Lage, verborgene Dinge zu offenbaren und in unbekannten Sprachen zu reden. Oftmals verfügen sie über außergewöhnliche physische Stärke. Für derartige Phänomene lässt sich keine natürliche Ursache finden. Zeitweilig ist das Bewusstsein von Besessenen, vor allem, wenn sie wagemutige Handlungen vollbringen, abwesend und bekommt von alledem nichts mit.

Die verschiedenen Phasen der Inbesitznahme sind folgende:

1. Phase: Infizierung mit einem besitzergreifenden Wesen.

---

[14] Die Spiritual Science Research Foundation, die eine Internet Webseite unterhält, beantwortet Fragen zum Thema Besessenheit.

2. Phase: Erste Symptome zeigen sich: sozialer Rückzug, veränderte Persönlichkeit, unmotivierte Wutausbrüche.

3. Phase: Komplette Inbesitznahme, falls keine Hilfe von außen kommt.

Für Störungen, die einen dämonischen Ursprung haben, nennt G. Amorth vier Ursachen (S.33f.):

▶ Ein Irdischer wird mit Erlaubnis der göttlichen Welt geplagt. Damit wird ihm die Gelegenheit geboten, sich zu läutern und daran zu wachsen. Die Liste der Heiligen, die Perioden diabolischer Besessenheit durchlitten haben, ist lang. Bei den dämonischen Störungen kann es sich u.a. um physische Angriffe, um Stöße oder Stürze handeln.

▶ Als zweite Ursache nennt G. Amorth Verhexung, die zum Ziel hat, mithilfe eines Dämons anderen Lebewesen Schaden zuzufügen. Hexen oder Magier, die mit dämonischen Kräften in Verbindung stehen, missbrauchen ihre ihnen zur Verfügung stehenden Gaben, indem sie gegen andere Menschen Schadenzauber wirken. Das kann auf verschiedene Weisen geschehen: durch Verwünschung, Verfluchung, Bann oder den bösen Blick.

▶ Die nächste Ursache hängt mit dem Umgang einer Person zusammen. Wer sich an Magier, Wahrsager oder Kartenleger wendet und an spiritistischen Sitzungen oder an satanischen Ritualen teilnimmt, setzt sich dem Risiko aus, unter dämonischen Einfluss zu geraten und besessen zu werden.

▶ Jemand, der drogenabhängig ist, Schuld in irgendeiner Form auf sich geladen hat oder sexuellen Perversionen Vorschub leistet, gerät ebenfalls leicht in die Fänge dämonischer Mächte und wird von ihnen versklavt.

Dass ein Geistwesen in ihnen wohnt, vermittelt Besessenen einen unmittelbaren Einblick. Sie besitzen oft mehr Wissen über Geister als jeder andere. Das menschliche Bewusstsein und der fremde Geist verfügen über eine gemeinsame Wahrnehmung. Die Gedanken des Geistwesens dringen immer tiefer in das menschliche Bewusstsein

ein. Es bewohnt Teile der persönlichen Psyche. Sobald der Besessene einen Schritt macht, ist ihm, als würde er an unsichtbaren Fäden hängen, die ein fremder Wille zieht. Er fühlt sich missbraucht und sich selbst entfremdet, da ein fremder Geist über seinen Willen gebietet. Ein Anderer regiert seinen Körper und atmet durch ihn. Es wird zu einer täglichen Willensanstrengung, ihm nicht einfach nachzugeben und jegliche Kontrolle fahren zu lassen.

Das fremde Wesen beherrscht die besessene Persönlichkeit zunächst zeitweilig. Jedes Mal, wenn es dem Geist gelingt, die Kontrolle über Bewusstsein und Körper zu erlangen, fällt es ihm leichter; der Wechsel geht immer müheloser vonstatten. Er bringt die Kontrolle an sich, auch gegen den Willen der ursprünglichen Persönlichkeit. Der Besetzergeist strebt danach, den menschlichen Organismus völlig zu beherrschen und das ursprüngliche Bewusstsein zu verdrängen.

Von den Perioden, in denen das ursprüngliche Bewusstsein abwesend ist, bleiben diesem nur Erinnerungsbruchsstücke. Doch es ist immer noch da, klein und verkapselt in seinem Innern, unfähig, sich bemerkbar zu machen. Es scheint ihm, als bräuchte es nur eine Kleinigkeit, um es vollständig auszulöschen oder zu einer Statue erstarren zu lassen.

„Wenn die Menschen den Kontakt zu den Erdenergien verlieren, nehmen die Dämonen von ihnen Besitz", berichtet Paolo Coelho (1995, S.99). Ein Adept muss sich entscheiden, ob er Sklave oder Herr über die Dämonen sein will. Auch Geistwesen haben sich an bestimmte Regeln zu halten: Sie dürfen einen Menschen nur berühren, wenn er es ihnen erlaubt. Falls er das tut, können sie ihn auf ihre Seite ziehen. Der Dämon kann einerseits psychische Störungen und Krankheiten verursachen; er kann aber auch Kenntnisse und Wohltaten vermitteln. Den Magiern und Hexen verleiht er die Befähigung der Weissagung und erhöht ihre Möglichkeiten, Einfluss zu nehmen. Er kann auch materielle Vorteile verschaffen, doch in der Regel sind die Gaben mit viel Leid verbunden. Oft machen diejenigen, die persönliche Vorteile erbitten oder einen Pakt mit Dämonen schließen, ein schlechtes Geschäft, denn viele erleben die Hölle auf Erden. Manche Opfer wenden sich schließlich gegen sich selbst und gehen der Vernichtung entgegen.

Besetzung als Prüfung

Der Besetzergeist sitzt zwar gewöhnlich nicht am Steuer,
aber er fährt mit.

Jeder Mensch ist fortwährend in Kontakt mit geistigen Wesen, doch läuft dieser Vorgang in der Regel unterhalb der Wahrnehmungsschwelle ab. Sobald ein Mensch sich in einer magischen Schulung befindet, werden diese Vorgänge immer bewusster von ihm wahrgenommen.

Die geistige Welt ist aus einer Vielzahl von Schichten aufgebaut, wobei jede Schicht einer spezifischen Schwingungsstufe entspricht. Die Schwingungshöhe des jeweiligen Individuums entscheidet, mit welcher der Schichten es jeweils in Berührung kommt.

Die Inhalte der eigenen Psyche treten während der magischen Schulung klarer und bewusster in den Vordergrund. Ein wichtiger Lernprozess besteht darin, den Umgang mit den eigenen Energien zu lernen, d.h. die Inhalte .des Unterbewusstseins zu kontrollieren. Dafür wird Disziplin und eine geistige Ausrichtung benötigt. Jeder magische Lehrling ist Anfeindungen aus unterbewussten Quellen ausgesetzt, die gleichzeitig eine Prüfung und eine Chance darstellen.

Ein bedeutsamer Lernprozess während der magischen Entwicklung besteht darin, die Inhalte des Unterbewusstseins zu ignorieren, da sie sonst eine Bedeutung erlangen, die ihnen nicht zukommt. Gelingt es dem Magierlehrling nicht, die Energien zu kontrollieren, wird er zum Spielball dieser Mächte. Das Bewusstsein entwickelt sich in nicht vorhersagbarer Weise, jegliche Art von Fehlentwicklung wird möglich. Hierbei gewinnen Mächte die Oberhand, welchen daran gelegen ist, Kontrollfunktionen zu übernehmen, um den künftigen Magier zu beherrschen. Hat sich ein Bewusstseinsfeld in dieser Weise entwickelt, ist der Zugang zu den geistigen Mächten erschwert. Geistige Zerfallsprozesse können die Folge einer derartigen Entwicklung sein.

Besessenheit ist ein Phänomen des Unterbewusstseins: Ein Individuum ist außerstande, sich fremder Geisteinflüsse zu erwehren. Sein Bewusstseinsfeld wird infiltriert von einer fremden Kraft, der es mit der Zeit gelingt, große Teile des Bewusstseins ihrem Einfluss zu unterstellen. Das fremde Bewusstseinsfeld beginnt, das ursprüngliche Bewusstsein zu überlagern. War das fremde Bewusstsein bis zu einem gewissen Grade erfolgreich, wird es schwierig, wieder Distanz zu gewinnen.

Die Beeinflussung des ursprünglichen Bewusstseins nimmt zu, was eine Trennung der beiden immer schwieriger werden lässt. Ist es dem fremden Geist gelungen, seinen Machtbereich auszuweiten, besteht die Gefahr einer totalen Kontrolle durch fremde Einflüsse. Wird das ursprüngliche Bewusstsein ausgeschaltet, kann es seine Energien nicht mehr für eigene Ziele einsetzen. Der Energiefluss wird der Kontrolle der Persönlichkeit entzogen und umgeleitet in eine dem fremden Bewusstsein genehme Richtung.

In einer magischen Entwicklung sind immer unterschiedliche Kräfte bzw. Mächte ‚am Start', die – abhängig von der Schwingungshöhe des Individuums – einen Einfluss ausüben. Falls die negativen Strömungen über einen längeren Zeitraum andauern, führt dieser Einfluss zu unerwünschten Konsequenzen. Dabei gilt: Je intensiver die negative Schwingung, desto unheilvoller wird der Einfluss seitens der Geisterwelt.

Der Kontakt zu den geistigen Ebenen ist immer vorhanden, nur wissen die wenigsten Menschen davon. Sobald ein Jünger die Bereitschaft zeigt, sich für geistige Wahrheiten zu öffnen, werden die entsprechenden Verbindungskanäle geschaffen, die eine Aufnahme ermöglichen. Die Schwingungen von Geisthelfern und Schülern weisen ähnliche Muster auf. Der Rahmen wird vor Beginn der Schulung festgelegt und darf nicht überschritten werden. Der Proband gibt dazu sein Einverständnis und weiß auf einer unterbewussten Ebene in etwa, auf was er sich einlässt. Die geistigen Helfer werden häufig auch als *Wächter* bezeichnet. Gelingt es ihnen, einen Probanden zu einem Fortschritt zu verhelfen, haben sie damit selbst einen Schritt in ihrer eigenen Entwicklung getan.

Die Besetzung eines Magieanwärters durch einen Helfergeist soll Lernschritte ermöglichen, die ansonsten unterblieben wären. Dem Lehrling werden Einsichten in Zusammenhänge eröffnet, die andernfalls nicht möglich gewesen wären. Gewisse Chancen sind beim Lernen dieser Art gegeben. Öffnet sich der Jünger für die Entwicklung, kann er geistige Höhen erreichen, die ihm sonst verwehrt geblieben wären.

Die Entwicklung findet allerdings unter einem enormen Druck statt. Der ‚Besetzte' duldet die Anwesenheit des fremden Wesens in der Regel nicht freiwillig. Ein ‚Besetzer-Geist' handelt mit Übereinstimmung und im Auftrag von geistigen Führern. Das zu erreichende Ziel ist dabei hochgesteckt; Entwicklungsschritte sollen ermöglicht werden, die unter anderen Umständen unterblieben wären. Eine Schulung der Persönlichkeit auf allen Ebenen findet statt. Die besetzende Wesenheit soll den Weg ebnen für geistige Gefilde. Doch der Schüler wird nicht dazu gezwungen, Teil einer anderen Wesenheit zu werden. Die Möglichkeit besteht zwar, ist aber nicht geläufig.

Auch Dämonen können manchmal als ‚Prüfungsengel' auftreten, berichtet Jan van Helsing. Es gibt geistige Helfer, die gemeinhin als ‚Dämonen' bezeichnet werden und die demzufolge sehr unbeliebt sind. Sie üben eine wichtige Funktion aus, denn sie konfrontieren den Magierlehrling mit seinen Ängsten und Schwächen, die ihn an der Fortentwicklung hindern. In der Regel handelt es sich dabei um ebenfalls noch in der Entwicklung befindliche Geistwesen, die in wechselseitigem Kontakt dazulernen. Sie dürfen über einen Schüler nicht beliebig verfügen.

„Ist der Prüfling nicht stark genug, kann es sein, dass die Anhaftung, die Besetzung, ihn bis in den Tod treibt. Dann hat er die Prüfung nicht bestanden", erklärt van Helsing. Immerhin hat der Proband die Wahl, auf die Hinweise des Geistführers zu hören, der ebenfalls in seiner Nähe anwesend ist und ihm hilfreich zur Seite steht. Jeder nimmt die innere Stimme wahr, die sich häufig als das sprichwörtliche ‚schlechte Gewissen' bemerkbar macht und viele dazu veranlasst, sich in eine andere Richtung zu wenden. Falls ein Jünger aber der Stimme des Dämons folgt, resultiert daraus destruktives Denken und Verhalten.

Das besetzende Wesen sieht van Helsing als „einen strengen Lehrer, der den Schüler prüft, ob er in seiner Situation verharren oder zurunde gehen will oder eine Veränderung seiner Verhaltens- und Denkweise herbeiführt" (S.157f.). Das dämonische Wesen prüft auch das Umfeld der Person, seine Familie und den Arbeitsplatz. Es kommt darauf an, „ob der Prüfling der Versuchung – also der Stimme des ‚Prüfungsengels, des Dämons – erliegt oder nicht." Von dem Jünger wird erwartet, dass er sein Leben einer kritischen Betrachtung unterzieht und notwendige Veränderungen vornimmt, indem er z.B. irrationale Ängste überwindet oder sich von Suchtstoffen lossagt. Die Besatzer verschwinden erst dann, wenn ihre Aufgabe – die Prüfung des Menschen – vollzogen ist und eine grundlegende Veränderung erreicht wurde.

Fremdeinflüsse können im günstigen Fall eine Stärkung des ursprünglichen Bewusstseins herbeizuführen. Die Auseinandersetzung mit ihnen ist oft heftig und führt zu einer Verdichtung von Energien, welche den Zusammenhalt fördern. Das Ursprungsbewusstsein hat die Chance, aus den Konflikten zu lernen und darüber hinauszuwachsen. Am Ziel des Lernprozesses sollte eine Festigung und Harmonisierung seiner Persönlichkeit stehen, was ihn bereit macht für die nächsten Stufe der Entwicklung.

Manche Besessene bemerken nach Jahren des Kampfes, in dem sie versucht haben, die Kreatur in ihrem Innern zu bewältigen, dass das fremde Wesen keineswegs negativ war. Es ist ein Teil von ihm geworden; ein Geist innerhalb seines Geistes, der ihm übernatürliche Kräfte verlieh und sein Wissen vermehrte.

Walk In

Einzig die Sünde ermöglicht den Zugang zu den Seelen.
Der Genügsame besitzt nichts, und nichts ergreift von ihm Besitz.

Ein menschlicher Wirt

Ein *Walk In* kann bewirken, dass ein Mensch sich so fühlt, als besitze er zwei Persönlichkeiten, als wäre er schizophren. Ein magischer Lehrling teilt oft über einen langen Zeitraum seinen Körper mit einem Geistführer. Der Übergang erfolgt meist in liegender Position: Das Geistwesen legt sich neben den Menschen und kriecht in seinen Körper hinein. Es hat nun Zugang zu den Erinnerungen des Probanden. Anfangs ist es ungewöhnlich, sich in seinem eigenen Kopf mit jemand anderem zu unterhalten. Nur wenige Menschen finden überhaupt nichts dabei.

Allerdings respektiert die fremde Entität in der Regel, dass der Mensch weiterhin die dominante Rolle spielt und überlässt ihm die Entscheidungen.

Ohne einen menschlichen Gegenpart können Geistwesen auf der materiellen Ebene wenig ausrichten, daher suchen auch dunkle Kräfte zur Mitarbeit nicht selten eine Person, die mit ihnen übereinstimmt. Das Wesen stellt dem menschlichen Wirt sein Wissen und seine Kräfte zur Verfügung und wird zeitweilig zum Diener seines Trägers. Der unsichtbare Geist und der Menschengeist verschmelzen miteinander. Die Anwendung von magischen Kräften hat allerdings einen Pferdefuß: Jedes Mal, wenn der menschliche Träger die Macht des Geistwesens nutzt, gewährt er diesem vermehrten Einfluss. Sofern der menschliche Wirt nicht von Anfang an um seine mentale Souveränität kämpft, wird er mit der Zeit immer stärker von dem fremden Geist eingenommen. Seine Kraft fließt aus ihm heraus in die fremde Entität hinein.

In fortgeschrittenem Stadium dieses Prozesses wird eine Gegenwehr immer schwieriger. Das Geistwesen gewöhnt sich schnell an die neue Form und lernt, wie man den Wirt kontrolliert, während dieser zunehmend die Kontrolle verliert. Das fremde Wesen bestimmt fortan die Richtung, während dem ursprünglichen Geist nichts weiter übrig bleibt, als hilflos zuzuschauen. Die einzige Gegenwehr besteht darin, Lichtenergie in den Körper zu ziehen. Je mehr Licht im Organismus anwesend ist, desto mehr schwindet der fremde Einfluss und die Kraft beginnt, zu seinem Ursprung zurückzufließen. Dauert dieser Prozess lange genug an, hat er befreiende Wirkung.

Feindliche Übernahme

Normalerweise geht der Geist eines neuen Erdenbürgers in den für ihn bestimmten Körper ein zwischen der Empfängnis und der Geburt. Jedoch kommen vereinzelt auch Fälle vor, wo ein fremder Geist den Körper eines anderen für sich beansprucht und ihn ‚raubt'. Ein solcher Diebstahl kann sogar noch im Alter zwischen 15 - 25 Jahren geschehen. Dies ist nach Auskunft von L. Kin möglich, wenn der rechtmäßige Besitzer ‚außer Haus' ist, was nach einem schweren Unfall oder einer längeren Krankheitsperiode eintreten kann. Der fremde Geist schleicht sich heran und kann in solch kritischen Momenten eindringen.

Bei schweren Unfällen kann es geschehen, dass der traumatisierte Geist des Opfers davonfliegt und nicht zurückkehrt. Vor allem bei einem heftigen Sturz besteht diese Gefahr. In einem solchen Fall kann ein fremder, umherirrender Geist den Körper in Besitz nehmen, sofern dieser nicht irreparabel geschädigt ist. Ein erstaunlicher Zuwachs an neuen Fähigkeiten kann als Zeichen gedeutet werden, dass ein fremdes Geistwesen von außen in den Körper eingedrungen ist, als dieser dem traumatischen Ereignis ausgesetzt war.

Manche Geistwesen leiden an der so genannten ‚Astralkrankheit’, d.h. ihr sensibler feinstofflicher Körper beginnt, sich unwohl zu fühlen. Um Abhilfe zu schaffen, schlüpfen sie für eine gewisse Zeit in den Körper eines Lebenden und ruhen sich dort aus. Geistwesen ohne Körper, welche die Freuden des Fleisches vermissen, sind daran interessiert, in einen menschlichen Körper zu fahren und an seinen Erfahrungen zu partizipieren. Sie können eine Person zu Handlungen veranlassen, zu denen diese sich allein niemals bereit gefunden hätte.

Magiekundige mit ausreichender Erfahrung sind imstande, sich vorübergehend den Körper eines Tieres ‚auszuleihen’ (z.B. eines Eichhörnchens oder Falken). Sie erfahren eine ganz neue Art des Daseins, frei und ungestüm, wie es ihnen als Mensch niemals möglich wäre. Auf ähnliche Weise können sie auch von einem menschlichen Körper Besitz ergreifen und dessen Eigenwillen ausschalten. Sie reden durch den Mund des Besessenen, als wäre es ihr eigener. Das Opfer kann sich nicht dagegen wehren, dass Sätze gesprochen werden, die seinen Intentionen zuwiderlaufen. Es fühlt sich machtlos und hört passiv einer Stimme zu, die wie die eigene klingt. Für eine ‚feindliche Übernahme’ sind besonders die Körper von Individuen geeignet, deren Eltern nicht mehr leben, da mit diesem Umstand ein gewisse Schutzfunktion verloren geht.

Ein starker Geist kann sogar den Funken der Ursprungspersönlichkeit zum Erlöschen bringen, indem er ihn mit seinem Willen erstickt. Die traumatische Empfindung, aus dem eigenen Körper gestoßen zu werden und ins Chaos zu stürzen, geht mit einer feindlichen Übernahme einher. Der ehemalige Besitzer des Körpers hat das Empfinden, als berühre eine eisige Hand sein Herz. Die Persönlichkeit wird auf einen Schatten reduziert, gefangen in der Dunkelheit, und ist so gut wie tot.

Freiwilliger Transfer

Ein Eingeweihter ist nicht gezwungen, wie die übrigen Erdbewohner den normalen Entwicklungsgang von Zeugung und Geburt durchmachen. Sofern er eine Mission zu erfüllen hat, trachtet er danach, sobald wie möglich eine menschliche Gestalt anzunehmen. Er vermeidet die übliche Wartezeit von ca. zwanzig Jahren bis zum Erwachsenenalter, sondern ‚übernimmt' einen bereits entwickelten Körper. Sein Bewusstsein aus der vorherigen Inkarnation bleibt erhalten. Oft inkarniert er im Körper eines Heranwachsenden. In derartigen Fällen kommt eine Übereinkunft zustande zwischen einem Menschen, der seinen Körper freiwillig verlässt, und dem fremden Geist. Dieser wundersame Tauch geht insgeheim vonstatten, wobei nach außen hin kaum jemandem etwas auffällt. Lediglich Hellsichtige bemerken die Verwandlung.

Die Wahl des bereits inkarnierten Körpers ist allerdings an gewisse Bedingungen geknüpft. Der neue Inhaber muss dem ursprünglichen Besitzer eine Gegenleistung anbieten; bspw. ein neues vorteilhaftes Dasein in einer nachfolgenden Inkarnation. Das Karma, das mit dem geliehenen Körper verbunden ist, betrachtet der neue Inhaber als das eigene und wird es – unabhängig von den jeweiligen Umständen – ausgleichen.

Magiekundige kennen zudem eine Methode, einen einvernehmlichen bewussten Körpertausch mit einem anderen Magier zu vollziehen: Sie stellen sich Rücken an Rücken und strecken die Arme seitlich aus, um ein Kreuz zu bilden. Die Finger berühren sich, während eine magische Formel intoniert wird. Die Körper pressen sich aneinander; Energiefäden vereinigen sich, um sich anschließend wieder voneinander zu lösen. Beim Gestaltwechsel schnellt das Bewusstsein hoch wie eine Sprungfeder. Jeder steckt nun im Körper des anderen und sieht die Welt aus einem neuartigen Blickwinkel.

Der Rücktausch erfolgt auf die gleiche Weise: Die beiden Magier stellen sich Rücken an Rücken, die magische Formal wird gesprochen und das jeweilige Bewusstsein nimmt wieder die eigene Gestalt an. Wenn der Energiepegel nicht sehr hoch ist, kann ein Körpertausch unbequem und schmerzhaft sein und mit Krämpfen einhergehen. Hochrangige Magier brauchen noch nicht einmal Körperkontakt, sondern können einen Tausch auch auf Distanz durchführen. Bei einem potentiellen Gegner kann ein Bewusstseinswechsel unter Magiern Irritationen auslösen, sofern er die Kraft des verwandelten Widersachers falsch einschätzt.

Bei jedem intensiven Liebesakt verschmelzen die Auren der beiden Partner ebenfalls. Dies geschieht jedoch nicht auf einer so tief greifenden Ebene, dass auch der grobstoffliche Körper davon betroffen wäre.

Walk In bei Sterbenden

Geschichten von der ‚Übertragung' eines Geistes in einen anderen Körper wurden früher in Tibet sehr häufig erzählt. Alexandra David-Néel hat derartige Überlieferungen gesammelt (in: Vom Leiden zur Erlösung). Der Körper wird entweder im Angesicht des Todes von dem in ihm wohnenden Geist verlassen und von einem fremden Geist übernommen. Es soll auch vorkommen, dass der ursprüngliche Besitzer von einem Magiekundigen mit Gewalt aus seinem Körper vertrieben wird.

Das Wissen über die Ausführung solcher Übertragungen wird in Tibet „nur wenigen Jüngern gelehrt und dann nur nach langer Probezeit und unter dem Siegel des tiefsten Geheimnisses", berichtet die Autorin. Die Kunst der ‚Überleitung' oder ‚Wiederauferstehung' besteht darin, den geistigen Teil einer Persönlichkeit abzutrennen – sei es den eigenen oder den von anderen Menschen – und diesen zeitweilig oder auch endgültig in einen Menschen- oder Tierkörper hineinzuversetzen.[15]

---

[15] Die Thematik wird sehr anschaulich in Maurice Renards Roman: Der Dr. Lerne dargestellt.

Magiekundige und auch Elementarwesen sind in der Lage, in den Körper eines Sterbenden einzudringen und den übernommenen Körper zu benutzen. In Filmen wie *Morgen ist die Ewigkeit* (mit Orson Wells in der Hauptrolle), werden derartige Vorkommnisse anschaulich dargestellt. In neuerer Zeit hat sich der amerikanische Film *Rendeszvouz mit Joe Black* (Hauptdarsteller: Brad Pitt) des Themas angenommen. Geschichten dieser Art lassen erahnen, zu welchen magischen Operationen manche Wesen fähig sind, sobald ihnen gewisse Kenntnisse zur Verfügung stehen.

Walk Ins in der Literatur

Julien Grèen: Wenn ich du wäre: Das Thema des Körpertausches wird auch von dem französischen Autor Julien Green eindrucksvoll behandelt in seinem Roman *Wenn ich du wäre* (*Si J'etais Vous*): Von Langeweile und Verzweiflung geplagt, lernt Fabien eines Nachts einen geheimnisvollen Greis kennen, der ihn um Mitternacht in ein geheimnisvolles, luxuriöses Haus bringt. Ohne ihn mit der dort versammelten Gesellschaft näher bekannt zu machen, erörtert er mit ihm die Hauptgründe der Langweile, die in der menschlichen Identität und der daraus resultierenden Schicksalsenge begründet sei. Unerträglich sei es, immer ein und derselbe zu sein.

Der über besondere Kräfte verfügende Alte macht Fabien ein verlockendes Angebot: „In dieser Nacht, durch ganz besondere Gunst, werden Sie die Gabe erhalten, Ihre Persönlichkeit gegen diejenige, die zu erwählen Ihnen gefallen wird, auszutauschen: Sie werden zu demjenigen werden, der Sie sein wollen. Die ganze um Sie her verstreute menschliche Erfahrung steht Ihnen zu Gebote. Von einem Menschenwesen zum andern werden sie reisen – je nach der Laune Ihrer Neugierde, wie der Reisende, der sich in einer Stadt gerade so lange aufhält. als nötig ist, um deren Vergnügungen auszukosten oder um seinen Wissensdurst zu befriedigen... Die Menschheit wird zum Munde werden, durch den Sie all Ihren Hunger stillen. Ihre Finger, Ihr Leib, Ihr Herz werden dazu dienen, Ihr Begehrungsvermögen in ungeheurer Weise zu steigern. Fabien, ich schenke Ihnen die Welt" (S.113f).

Der junge Mann ist verblüfft und außerstande, sich diesem Angebot zu entziehen. Die notwendige Prozedur, nach einem geheimen Gesetz ausgeführt, gestaltet sich denkbar einfach: Der eigene Name und einige magische Silben, einer anderen Person ins Ohr geflüstert, soll den Persönlichkeitstausch ermöglichen. Die fremde Persönlichkeit ist gezwungen, ungewollt in den Körper Fabiens einzuziehen, während ihr Körper erzwungenermaßen die Seele Fabiens beherbergt. Die bedauernswerte Person, die sich so unerwartet in einem fremden Körper wiederfindet, verliert vorübergehend das Bewusstsein und – wenn er Pech hat – später den Verstand.

Bei unschuldigen Kindern verliert die Formel, die dem Körpertausch ermöglicht, ihre Wirksamkeit. *„Einzig die Sünde ermöglicht den Zutritt zu den Seelen"*, heißt es (S.248). Das Abkommen zwischen Fabien und dem schwarz gekleideten alten Mann hat die Bedeutung eines Paktes. Der Greis umschlich geduldig die Seele Fabiens, die zu einem Preis erkauft wird, von dem das spätere Opfer keinen Begriff hat...

Der Inhalt der Erzählung *Wenn ich du wäre* erinnert an gewisse pathologische Vorkommnisse, die mit dem Fachbegriff *Dissoziation* umschrieben werden. Menschen verlieren ihre Erinnerung an ihr früheres Ich, um plötzlich eine völlig neue Persönlichkeit zu entwickeln, die mit der alten in keiner Weise übereinstimmt. Vielleicht kehrt nach Wochen oder Monaten die alte Persönlichkeit zurück, um nach einiger Zeit erneut zu verschwinden.

H.G. Wells: Die Geschichte des + Mr. Elvesham: Erwähnenswert ist in diesem Zusammenhang auch die geniale Erzählung von H.G. Wells mit dem Titel: *,Die Geschichte des + Mr. Elvesham*: Ein junger Medizinstudent wird in London von einem reichen – bereits sehr betagten – Philosophen als Universalerbe eingesetzt. Zuvor hatte der betuchte Mr. Elvesham den Gesundheitszustand des jungen Mannes aufs Genaueste überprüfen lassen.

Während eines feucht-fröhlichen Abends verabreicht der Alte dem Studenten einen Kümmelschnaps, in dem ein rosafarbenes Pulver aufgelöst ist. Er nimmt selbst, während er den jungen Mann unverwandt fixiert, das Gleiche zu sich.

Zuhause angekommen, schluckt der verwirrte Student, wie ihm geheißen worden war, ein weiteres Pulver. Nur noch vage kann er sich an die Vorkommnisse des Abends erinnern. Er legt sich schlafen, und erwacht in Haus des alten Mr. Elvesham – und in dessen Körper! Der Student ist nun mit den Erinnerungen eines jungen Mannes und all seinen Plänen Gefangener in einem vergreisten, hinfälligen Körper, während der gerissene Mr. Elvesham sich des jugendlichen Körpers bemächtigt hat!

Kampf um die Vorherrschaft

Zwischen Untergang und Rettung liegt manchmal nur ein schmaler Grat.

Ein Umsessener spürt, wenn eine fremde Präsenz seine geistigen Barrieren durchbricht, in seinen Körper gleitet und in sein Bewusstsein eindringt. Ein unangenehmer Druck hinter seiner Stirn macht sich bemerkbar und er verliert teilweise die Kontrolle über seine Glieder. Sein Sichtfeld wird enger, so als würde er rückwärts in einen Tunnel gezogen. Hilflos dem übermächtigen mentalen Griff ausgeliefert, spürt der Betreffende, wie eine fremde Kraft ihn umhüllt. Er ist verwirrt und orientierungslos und fühlt sich wie ein Schlafwandler.

Es kommt ihm so vor, als könnte eine fremde Macht, die in ihn eingedrungen ist und seinen Körper nutzt, mit seinen Sinnen wahrnehmen. Das fremde Wesen erkundet sein Opfer, beeinflusst seine

Emotionen und fordert einen Platz in seinen Körper. Der ‚Andere‘ breitet sich im Innern aus, durchwühlt die Gedanken und lässt Bilder aus Kindheit und Jugend vor dem geistigen Auge entstehen. Der Geist kann auf die Erinnerungen und die Lebensgeschichte der Person, die er besetzt, zugreifen und gewinnt im Innern des Besessenen zunehmend an Stärke. Je länger er mit dem Wirt die Verbindung aufrechterhält, desto klarer werden die Erinnerungen.

Um einen Körper in Besitz zu nehmen, konzentriert sich der fremde Geist in der Regel auf ein leicht einzunehmendes Opfer, das ihm wenig Widerstand entgegensetzt. Auch Tiere können von Geistwesen in Besitz genommen werden, denn sie sind imstande, in Tierkörper hineinzuschlüpfen und die Erfahrungen des tierischen Wirtes zu teilen.

Besessene müssen miterleben, wie ein fremder Wille in ihnen die Kontrolle übernimmt. Sie fühlen sich wie Gefangene im eigenen Körper. Das Wesen in ihnen benutzt eigenmächtig ihre Stimmbänder, um seinen Willen kundzutun. Sie sprechen Sätze, die nicht ihren eigenen Absichten entspringen.

Wenn es zu einer Verschmelzung zwischen einem menschlichen Geist und einem fremden, entkörperten Wesen kommt, entbrennt oft ein Kampf um die Vorherrschaft im Körper. Der Besessene kämpft darum, die Herrschaft über seine eigenen Willens- und Körperkräfte zurückzuerobern und dem fremden Wesen in seinem Innern Paroli zu bieten. Der fremde Geist hingegen verteidigt das Revier, das er sich angeeignet hat, mit allen Mitteln. Falls er die Kontrolle über den neuen Körper verliert, würde sein Geist verwehen wie eine Rauchfahne im Wind. Er trachtet danach, die volle Kontrolle zu übernehmen und übt entsprechende Gewalt aus, ungeachtet der Persönlichkeit des Menschen und unabhängig von der jeweiligen Situation.

Sofern ein Opfer nicht über enorme innere Widerstandskräfte verfügt und in der Lage ist, die dunklen Kreaturen zu bändigen, die es bedrängen, ist es fremden Wesen möglich, die Person zu selbstschädigendem Verhalten zu bewegen. Ein angeblicher ‚Selbstmord‘ oder ein tödlicher Sprung in die Tiefe gehen nicht selten auf das Konto dunkler Gewalten, die eine Seele in ihren Klauen haben. Der Besessene hat keine ausreichende Kontrolle mehr über seine Worte und Handlungen. Es ist, als säße jemand in seinem Kopf und entscheide darüber, was er sagen und tun darf.

Der Fremde im Innern erheischt permanent die Aufmerksamkeit und wächst dabei. Er wispert, fragt und droht. „Gehorche mir", raunt die Stimme. „Ergib dich. Du bist mein!" Die Stimme ist tonlos und subtil, dennoch kommt ihre Botschaft unmissverständlich an. Der fremde Geist vermischt in seinen Mitteilungen Wahrheit mit Lüge. Die Attacken sind zum Teil psychologischer Natur und zielen geschickt auf die Schwächen des Opfers. Die Stimme im Kopf ist hartnäckig: „Hör auf, dich zu wehren; du kannst mich nicht besiegen", hört der Besessene in seinem Kopf. Die fremden Gedanken sind zeitweilig auch als Stimme deutlich zu hören. „Ergib dich", fordert die Stimme und stürzt den Bedrängten in tiefe Verzweiflung.

Sich zu ergeben, würde Untergang bedeuten. Besser, man stellt sich der Furcht, anstatt wegzulaufen. Es geht darum, nicht dem Drängen nachzugeben, sondern die Oberhoheit über seine Entscheidungen zu behalten und die eigene Stellung zu behaupten. Wer dem Fremden in sich alle Macht einräumt, wird dies früher oder später bitter bereuen. Er wird zur Marionette innerer Kräfte, denen er sich mit der Zeit immer weniger widersetzen kann. Nicht selten endet die Tragödie mit Selbstmord.

Doch auch für Geistwesen ist es nicht ungefährlich, eine menschliche Seele mit magischen Mitteln aus ihrem Körper herauszulösen, denn es besteht die nicht unbeträchtliche Gefahr, dass der fremde Geist dabei Teile seines Ichs verliert oder sich selbst auslöscht. Das einzige Mittel für den fremden Geist besteht darin, selbst an Stärke zuzunehmen. Der ursprüngliche Besitzer des Körpers bäumt sich immer wieder gegen die Ketten auf, die ihm der Parasit anzulegen versucht, denn in seinem eigenen, angestammten Territorium verfügt die Mensch über einen beträchtlichen Vorteil. Der Parasit setzt währenddessen alles daran, ihm die Kontrolle über seinen Körper streitig zu machen,

Die ursprüngliche Seele ist noch in dem Körper gefangen. Wird der Körper verletzt, trifft dies auch die unschuldige Seele. Tötet jemand den Körper, um den Besetzergeist zu vernichten, kommt dies einem Mord gleich.

Fachärzte und Therapeuten ziehen die spirituelle Dimension zumeist nicht in Betracht, wenn es um Ursachen und Behandlung von psychischen Leiden geht. Sie betrachten Manifestationen dämonischer Besessenheit allein als psychologisches Phänomen und sind daher unfähig, eine echte Heilung zu erzielen. Die Symptome können durch medikamentöse Behandlung zwar eine zeitlang unterdrückt werden, doch die eigentliche Problematik bleibt weiterhin bestehen.

Den meisten Therapeuten, geistigen Heilern und sogar Exorzisten fehlt es oft an ausreichendem Wissen über das heikle Thema. Es mangelt ihnen in der Regel an einem tieferen Verständnis der verschiedenen Aspekte von Inbesitznahmen. Daher gehen sie leicht in die Irre, indem z.B. der Besetzergeist ein Verlassen des Körpers lediglich vortäuscht. Manche Geistwesen entfernen sich nur vorübergehend, um sogleich zurückzukehren, sobald der Exorzist außer Sicht ist.

Es gibt mediale Heiler, die dämonische Entitäten, die im Diesseits ihr Unwesen treiben, über die Grenzen, welche die Welten trennen, zurückschicken können. Doch viele der Behandler, die exorzistische Maßnahmen durchführen, verfügen über keine ausreichenden spirituellen Kräfte, um die Geister zum Verlassen eines besetzten Körpers zu bewegen. Zudem sind etliche der Behandler Scharlatane, die eine Lösung des Problems nur vortäuschen, während sie vor allem am finanziellen Gewinn orientiert sind.

Exorzistische Maßnahmen

Weg ins Licht

*Was für unsere begrenzte Vernunft Magie ist, ist die
Logik des Unendlichen.*
Sri Aurobindo

Dämonische Wesen vermeiden es in den meisten Fällen, sich zu zeigen, denn während der Manifestation würden sie eine Menge Energie verbrauchen. Doch Sensitive mit seherischen Fähigkeiten sind in der Lage, zu erkennen, ob eine bestimmte Person einen fremden Geist beherbergt. Die angegriffene Person kann sich dazu entschließen, sich einer spirituellen Heilsitzung oder einem Exorzismus zu unterziehen.

Es gibt mediale Menschen, die Häuser oder Orte von dunklen Energien reinigen und auch Flüche entfernen können. Manche von ihnen sind sogar in der Lage, Geister auszutreiben. Eine exorzistische Maßnahme bei Besessenen wird von Jan van Helsing allerdings kritisch gesehen, da sie mit Zwang einhergehe. „Und wo Zwang im Spiel ist, da weicht nur wenig. Da beim Exorzismus die Besetzung durch eine fremde Person – also nicht durch eine Veränderung der betroffenen Person selbst – beseitigt wird, ist die Wahrscheinlichkeit groß, dass der Dämon zurückkehrt und seinen Dienst weiter verrichtet. Nur, wenn eine Entscheidung zu einer Lebensveränderung durch die Person selbst erfolgt, kann die sie prüfende Kraft von ihr lassen" (S.164). Inbesitznahme wird in diesem Sinne als Prüfung betrachtet, womit dem Opfer eine gewisse Verantwortung zugeschoben wird.

Der Besatzer kehrt nach der Austreibung zurück, sofern der Besessene noch von starken Ängsten heimgesucht wird, denn *Angst zieht das Dunkle* an. Angst empfinden die meisten Menschen; der Unterschied liegt in der Frage: Wovor? Wenn der Ängstliche die Furcht überwindet und den gegnerischen Angriffen widersteht, gewinnt er an Kraft und Durchsetzungsvermögen. Auf eine verdrehte Weise verrichtet somit die dunkle Kraft einen Dienst an dem Leidgeprüften, denn dieser wächst an seinen Aufgaben.

Es kommt vor, dass sich Teile einer dämonischen Kraft mit Anteilen der Seele auf eine nur schwer lösbare Weise verbinden und verstricken, so dass eine besondere Gegenkraft erforderlich ist, um die Bindung zu lösen. Die Seelenteile werden gemeinhin als ‚erdgebunden' bezeichnet. Nach dem Ableben ist erdgebundenen Wesen der Weg ins Licht versperrt. Nur eine Macht, die Macht der Liebe, könnte das Los der Seele noch ändern.

Erdgebundene Seelenteile lassen sich von einem medialen Heiler auflösen, indem er sie mit Licht anreichert. „Mit Licht füllen heißt nicht, sie *ins Licht* zu schicken", erläutert van Helsing. „Den Weg *ins Licht* – kennst du ihn? Kein Mensch kennt den Weg ins Licht, doch alles wird ins Licht geschickt…" (S.158). Hier ist eine eindeutige Kritik an den so genannten ‚Lichtarbeitern' deutlich, denen wohl selbst nicht immer klar ist, *wohin* sie die verlorenen Seelen schicken: ‚*Ins Licht'*, werden sie antworten, doch was genau bedeutet dies?

Therapeuten, welche diese Arbeit verrichten, sollten über entsprechendes Wissen verfügen und mit höheren geistigen Ebenen in Verbindung stehen. Bei einer solchen Tätigkeit ist es zudem enorm wichtig, ausreichend geerdet zu sein. Wenn ein Heiler sicher in der Realität verankert ist und eine Verbindung zu Lichtkräften unterhält, kann ihm kaum etwas Übles widerfahren. J. van Helsing kritisiert: „Oft werden solche Vertreibungen oder Loslösungen gebundener Seelen von ungeschulten Menschen durchgeführt, die dann irdisch gesagt ‚verhext' sind. Da die Seelenaspekte nicht richtig gelöst werden, klammern sie sich nun an den Menschen" (S.171).

Solange eine Seele sehr stark an der Materie hängt, wird die Ablösung schwierig. Manchmal unterliegen die Seelenteile einer derartigen Schwere, dass die Kraft des Heilers nicht ausreicht, um dagegen anzukommen. Es bedarf einer höheren und bewussteren Spiritualität, ansonsten kann es geschehen, dass sich ‚Seelenfäden' die noch nicht abgelöst sind, um den Hals des mediales Helfers schlingen und ihm die Luft abschnüren. In solchen Fällen könnte er versuchen, den unreifen Seelenteilen ihre Situation zu erklären und ihnen den Weg in die geistige Heimat zu weisen.

Austreibung der Geister

Jene Ketten, die das Innere umklammern, sind weitaus schlimmer, als eingesperrt zu sein, auch wenn jemand scheinbar frei herumläuft.

Der Kampf gegen dämonische Mächte wurde zu allen Zeiten und bei allen Völkern geführt. Ein Dämon greift die Menschen in ihrem geistigen Fundament an. Jede Schwäche, jede Untugend wird zum Einfallstor für die Unterwanderung.

Die Frage, ob es sich bei den Beschwerden um eine Störung natürlicher oder übernatürlicher Art handelt, ist nicht in jedem Fall einfach zu beantworten, denn die Grenzen sind nicht leicht zu ziehen. Der Psychiater muss oftmals feststellen, „dass das Bewusstsein, weit davon entfernt eine Konstruktion mit nur einer einigen Ebene zu sein, sich in Wirklichkeit als ein Produkt, als ein sich Übereinanderlagern von mehreren Ebenen entlarvt, von denen ein guter Teil unterschwellig und nicht direkt erfassbar, jedoch aktiv und deshalb nur indirekt abschätzbar ist", schreibt der katholische Pater G. Amorth (S.59).

Die menschliche Identität ist keine fest gefügte Einheit, die sich immer gleich bleibt, sondern ständigen Veränderungen unterworfen. Jede schwierige Lebenssituation ist für sie eine Herausforderung und bedeutet ein schwer zu kalkulierendes Risiko. Therapeuten, die belasteten Personen zur Seite stehen wollen, müssen selbst eine stabile Persönlichkeit aufweisen, um sich vor den Krisen ihrer Patienten zu schützen und sich nicht etwa von ihnen ‚anstecken' zu lassen. Sie sind diejenigen, die den verunsicherten Hilfesuchenden einen schützenden Bezugspunkt bieten müssen, an dem diese sich orientieren können.

Magieanwender kennen eine besondere Methode, um Geistwesen zu entfernen. Sie setzen ihre Augen als eine Art ‚Saugkanal' ein, mit dem sie unerwünschte Fremdenergien bei Belasteten abziehen. Die Technik des ‚Absaugens' per Blickkontakt hat gegenüber anderen Praktiken den Vorteil, weitaus weniger aufwendig zu sein, berichtet Frater V.D. Mit tiefem, ruckartigem Einatmen versucht der Magus, die unerwünschte Energie oder Wesenheit aus dem Besessenen herauszuziehen. Je nach Stärke der Inbesitznahme kann dies mehrfache Versuche erfordern, die sich sogar über Wochen und Monate hinziehen können.

Die subjektive Vorgehensweise bei dieser Art von Exorzismus kann nicht präzise beschrieben, sondern nur angedeutet werden. Jeder Magieanwender entwickelt letztendlich seine eignen Methoden, um zum Erfolg zu gelangen. Bei den exorzistischen Maßnahmen wird meist mit einem starren Blick gearbeitet, der direkt in die Augen oder in das *Dritte Auge* des zu Exorzierenden gerichtet wird, um den inneren Widerstand, der mit einer Besessenheit einhergeht, zu brechen. Ein Exorzist ist darin ausgebildet, sich im Angesicht dämonischer Gegner nicht zu beugen, sondern ihren Angriffen standzuhalten. In jedem Einzelfall muss eine Abwägung erfolgen, inwieweit ein Eingreifen auf verschiedenen Ebenen eine notwendige Option ist oder im Gegenteil zu vermehrter Verirrung und Zersplitterung der Psyche führen kann.

Dämonische Mächte existieren, doch nicht als abstraktes Phänomen, sondern in einer konkreten Wirklichkeit und dem realen Eingreifen in den Lebensbereich von Menschen. Es ist nicht einfach, ihnen auf die Schliche zu kommen, da der Dämon ein Meister der Tarnung ist. Eine plötzliche, unerklärliche Kälte deutet auf die Anwesenheit eines Geistes hin. Tiere sind im Allgemeinen empfindsamer als Menschen und bemerken es, wenn unsichtbare Wesen zugegen sind.

Exorzisten sehen sich sonderbaren Phänomenen gegenüber. Es gibt Besessene, die in fremden Sprachen reden, übermenschliche Kräfte entfalten oder levitieren. Aus dem Mund können Nägel, Glasscherben oder andere Dinge hervorkommen, die während der exorzistischen Behandlung ausgespuckt werden. Dennoch erleiden die Betroffenen in wundersamer Weise keinen physischen Schaden dabei.

Besessene Personen ändern oft völlig ihre Stimme. Sie knurren oder fauchen in unnatürlichen Lauten; einige toben herum und entfesseln dabei erstaunliche Kräfte. „Wenn die Dämonen beim Exorzismus aus den Augen des Besessenen schauen, versuchen sie Macht über denjenigen Menschen zu bekommen, der sie austreiben will", berichtet Ulla von Bernus. „Dabei muss man sehr widerstandsfähig sein. Genau wie bei der Experimentalmagie ziehen auch hier beim Exorzismus die Dämonen erhebliche Kräfte des Exorzisten ab, so dass man hinterher vollkommen geschlaucht ist" (vgl.: Flensburger Hefte Nr. 33, S.159f.).

Oftmals wird es als notwendig erachtet, die besessene Person zu fixieren. Dies geschieht zum Selbstschutz des Kandidaten und zum Schutz des Exorzisten. Andernfalls verletzt sich der Besessene womöglich selbst, indem er sich die Haare ausreißt oder mit dem Kopf auf den Tisch schlägt. „Denn der Dämon geht in erster Linie auf die Zerstörung der Person selber aus, erst in zweiter Linie auf die Person des Exorzisten", berichtet die Autorin.

Meist sind es Wesen der Astralebene, die Besessenen zur Last fallen. Elementarwesen haben ein starkes Bestreben, in den Äther- oder Astralkörper eines Lebewesens einzudringen. Auf diese Weise gelangen sie zu einem physischen Körper, was ihnen normalerweise versagt ist. Besonders diejenigen Individuen, die sich mit okkulten Praktiken abgeben, geraten in Gefahr, denn oftmals bedienen sich Elementarwesen solcher Medien. Sie werden zu einem Gefäß für niedere Astralwesen.

„Allein die Tatsache, dass niedere geistigen Wesenheiten – meist luziferische oder ahrimanische Elementarwesen – von einem Menschen Besitz ergreifen können, ist kein Märchen", erklärt W. Weihrauch. „Exorzismus – die Austreibung von Dämonen – ist deshalb keineswegs eine Praktik, die sich an etwas Illusionäres wendet" (in: Flensburger Hefte Nr. 13, S.76). Ulla von Bernus erzählt, sie selbst habe einige Exorzismen durchgeführt, doch dies sei eine anstrengende Arbeit gewesen: „Dabei muss man die Astraldämonen aus dem betreffenden Menschen heraus treiben. Wenn er nur umsessen ist, dann geht es schnell; wenn er bereits besessen ist, dann ist es sehr schwer. Jeder geschulte Exorzist weiß, dass er in so einem Falle von den Astraldämonen angegriffen wird."

Ein Exorzismus gestaltet sich ähnlich wie eine Art Ringkampf mit unsichtbaren Wesenheiten. Die Austreibung kann über Stunden, Tage oder Wochen andauern. In der Mehrzahl der Fälle braucht es eine ganze Serie, die oftmals sogar über Jahre geht, bekennt Pater Amorth. Viel hängt von der Mitarbeit der betroffenen Person ab. Die Langsamkeit des Heilungsvorganges zeigt, welch schwieriges Unterfangen eine Austreibung selbst für einen erfahrenen Exorzisten ist. Es kann geschehen, dass sich der Blick des Bösen nicht nur gegen die Widersacher richtet, sondern auch gegen jene, die ihnen etwas bedeuten. Das Eingreifen höherer geistige Mächte ist unabdingbar, damit ein Exorzismus zum Erfolg führt. Dies hängt auch von der Bereitschaft des Belasteten ab, an seiner Erlösung mitzuarbeiten.

Eine Befreiung ist nur bei ausreichender Mitarbeit des Belasteten möglich. Den Kampf gegen die dämonischen Mächte führt dieser weitgehend selbst. Ein großes Hindernis ist die Passivität der Leidenden, die zwar befreit werden, doch möglichst keine persönlichen Anstrengungen auf sich nehmen wollen. Auch die Hilfe höherer Geistmächte ist notwendig, wenn eine Abwehr und Austreibung zum Erfolg führen soll. Die Hilfe ‚von oben' wird allerdings nur dann erteilt, wenn alle Hindernisse, die gegen eine Befreiung sprechen, beseitigt sind. Sobald ein Betroffener noch einen starken Groll in sich trägt oder ihm schwere Vergehen gegenüber seiner Mitwelt zur Last gelegt werden, erweist sich dies als eine unüberwindbare Hürde.

Ein Exorzismus gelingt bei weitem nicht immer. Das habe karmische Gründe, erklärt von Bernus: „Es kann auch sein, dass die Dämonen sich schon so weit festgefressen haben, dass sie zwar ausgetrieben werden können, aber der Mensch dann ebenfalls stirbt. So ein Mensch ist innerlich geistig aufgefressen, die Dämonen haben den Ätherleib aufgezehrt" (in: Flensburger Hefte Nr. 13, S.56). Da der Ätherkörper Träger der Lebenskraft eines Menschen ist, bringt ein hoher Verlust an Energie den Betroffenen um.

Es kommt zeitweilig auch vor, dass Exorzisten von dem ausfahrenden Dämon in die Mangel genommen, übel zugerichtet und sogar getötet werden. Dies ist allerdings nur dann möglich, wenn es diesen an Reinheit mangelt, berichtet von Bernus. Weißen Magiern könnten Dämonen nichts anhaben.

Einen stärkeren Gegner besiegt man nur mit List. Sobald es dem Exorzisten gelingt, einen winzigen Spalt zur Astralwelt zu öffnen, entzieht dies den Geistwesen ihre Macht und schickt sie dorthin zurück, wohin sie gehören. Die Astralwelt übt einen mächtigen Sog aus. Sobald ein Geist nichts mehr hat, woran er sich in der menschlichen Welt anklammern kann, ist es ihm nicht länger möglich, sich der Anziehung des Jenseits zu widersetzen.

Psychiater oder Priester?

Zweifel blockieren die Sicht auf die Wahrheit.

Die Aufgaben von Priestern (bzw. Exorzisten) und Psychiatern sind grundverschieden. Während der Psychiater mit der schwierigen Aufgabe betraut ist, die zerrüttete Persönlichkeit eines schwer gestörten Patienten wieder zusammenzusetzen, befasst sich der Exorzist damit, dämonische Mächte aufzuspüren und zu vertreiben. Pater Amorth unterscheidet zwischen psychiatrischen und dämonischen Phänomenen. Aufgrund der Wirksamkeit der Behandlungsmittel wäre zu erkennen, welcher Art die Störungen sind, erklärt er: „Wenn eine Person unter dem Einfluss von dämonischen Mächten handelt, haben die Exorzismen eine Wirkung auf sie, wogegen die Behandlungen natürlicher Art keine Wirkung zeigen" (S.48). Dagegen zeigen medizinische Therapien eine Wirkung auf psychiatrische Leiden, nicht jedoch auf dämonische Bedrängnisse.

Ein Psychiater sollte sich mehr als alle anderen der Grenzen seines Wissens bewusst sein. Ein Arzt, der von sich glaubt, über ausreichendes und umfassendes Wissen zu verfügen, wird kaum etwas dazulernen, kritisiert G. Amorth. Der Wissenschaft stehe es nicht zu, den Glauben zu bewerten, meint der Pater. Die meisten Patienten litten unter psychologischen als auch unter metapsychologischen Störungen. Die Koexistenz von dämonischen Beeinflussungen und psychotischen Störungen seien nicht die Ausnahme, sondern die Regel. In vielen Fällen hätten die Patienten eine ganze Reihe von Ärzten aufgesucht. Wenn sie dort keine Lösung ihrer Problematik erhielten, begänne eine Odyssee zu Heilern, Kartenlegern und Hellsehern. Der Exorzist sei häufig der letzte Ankerplatz, von dem sie sich Hilfe erhofften.

Von großer Wichtigkeit bei der Behandlung von Leidenden sei es, dass Psychiater und Exorzisten sich auf die Gebiete der eigenen Kompetenz beschränken, fährt der Pater fort. Die Aufgabe des Psychiaters sei der psycho-pharmakologische Eingriff und die psycho-therapeutische Unterstützung, während dem Exorzisten der Kampf gegen überweltliche Mächte zustehe. Das gelte auch für die häufigen Situationen, in denen beim gleichen Patienten sowohl eine dämoni-sche Anwesenheit als auch psychische Störungen vorlägen. Dies sei deshalb häufig der Fall, weil dämonische Mächte bei psychisch stabilen Leuten kaum eine Möglichkeit hätten, in ihr Bewusstseins-feld einzudringen und einen schädlichen Einfluss auszuüben.

Den Psychiatern wird häufig vorgeworfen, nicht zwischen Halluzi-nationen, paranormalen Erscheinungen und ekstatischen Zuständen unterscheiden zu können. Sie täten gut daran, sich selbst immer wie-der in Frage zu stellen, denn niemand kann ein Monopol des Wissens für sich in Anspruch nehmen. Halluzinationen können Nebeneffekte veränderter Bewusstseinszustände sei. Der Seher hat ein Fenster in seiner Seele geöffnet – z.B. durch Rückführungen in frühere Inkarna-tionen – das sich nicht mehr richtig schließen lässt. Erfahrene Medi-en mit stabiler Persönlichkeit sind gemeinhin in der Lage, Halluzina-tionen zurückzudrängen und die Kontrolle wieder zu erlangen.

In vieler Hinsicht ist bei Psychiatrie-Ärzten ein oberflächlicher Dilettantismus anzutreffen. Viele Psychiater können die unterschied-lichen Trance- und Bewusstseinszustände nicht unterscheiden und betrachten sie vorschnell als geistige Störung, um unter keinen Um-ständen die eigenen Überzeugungen anzweifeln zu müssen. Eine arrogante Wissenschaft, die sich anmaßt, im Besitz der absoluten Wahrheit zu sein, ist nach Auffassung von Pater Amorth sehr kritisch zu beurteilen. *„Es existieren Phänomene bezüglich derer die Wis-senschaft, wenn sie wirklich eine solche ist, erkennen muss, dass sie nicht in der Lage ist, eine ‚objektive' Erklärung zu liefern, da sie zur Sphäre des nicht objektiv Nachweisbaren gehören"* (S.56f.).

Ein gegenseitiger Austausch könnte ganz neue Perspektiven zum Wohle der Patienten eröffnen, da es etliche Berührungspunkte gibt. Exorzisten und Ärzte sind auf unterschiedlichen Ebenen tätig, daher sollte es im Grunde keine Widersprüche zwischen ihnen geben. Solange Ärzte und Priester sich gegenseitig respektieren und jeder auf seinem eigenen Feld tätig ist, kommt dies letzten Endes den Patienten zugute.

Welche Voraussetzungen sollte ein Arzt mitbringen, der mit einem Exorzisten zusammenarbeitet? Er sollte einen Beitrag zur Unterscheidung der Symptome leisten können. Zudem sollte jeder seine Grenzen anerkennen; der Exorzist bei der psychiatrischen Diagnose, der Arzt bei Besessenheitszuständen. Einem Psychiater, der den Betroffenen in ihrem Kampf beisteht, helfen innerer Gleichmut und eine positive Haltung, um mit dämonischen Attacken, die sich gegen ihn richten, fertig zu werden.

Besetzungen können sehr vielschichtig sein und sind daher nicht immer einfach zu verstehen. Eine Betrachtungsweise, die an der Oberfläche bleibt und in einfachen Kategorien von ‚gut' und ‚böse' denkt, trifft nicht den Kern der Sache. Die Besetzung eines bestimmten Individuums geschieht in der Regel nicht zufällig, sondern eine geistige Instanz prüft, wie viel Stärke in ihm steckt und wie hoch der Anteil an Licht in seiner Seele ist.

Die geistigen Regeln und Gesetzte sind eher streng, was die Inbesitznahme menschlicher Körper ohne ausdrückliche Erlaubnis des Betroffenen angeht. *Dunkle Kräfte sind die Seismographen der geistigen Welt.* Sie registrieren jede Unstimmigkeit in Haltung und Verhalten eines Menschen. Eine Schwächung des Bewusstseinsfeldes erfolgt nur dann, wenn Lernprozesse nicht erfolgreich abgeschlossen wurden. Ein Proband, der die Hürde nicht überwindet, gerät in die Gefahr eines tiefen Falls. Die Mächte verbünden sich gegen ihn und können seinen Sturz verursachen; ein Absturz, der umso schwerer wiegt, weil seine Abwehr nicht mehr intakt ist.

Sollte es dem Menschen gelingen, über die betreffende Stufe hinauszuwachsen, werden negative Wesenheiten fortan kein Hindernis mehr für ihn sein. Sein Bewusstseinsfeld ist in sich abgeschlossen und in der Lage, gänzlich eigenständig zu existieren; es ist in seiner

Existenz von niemandem mehr abhängig. Hierdurch ist es in die Lage versetzt, autonom über sein weiteres Werden zu bestimmen.

Die Bewusstseinsinhalte erfahren zunehmend eine Verfeinerung und streben eine Rückkehr in die geistige Daseinsform an. Hat ein Bewusstsein die rein geistige Ebene erreicht, kann es über die Art seiner Existenz frei entscheiden.

Literaturverzeichnis

Agrippa von Nettesheim
- *De occulta philosophia*, Köln 1510

Aivanhov, O. M.:
- *Die Antwort auf das Böse*; Reihe ‚Izvor' Nr. 210, Fréjus 1995
- *Das Buch der göttlichen Magie*; 2. Aufl., Fréjus 1990 (1)
  (Reihe ‚Izvor' Nr. 226)
- *Die Sexualkraft oder der geflügelte Drache*; Reihe ‚Izvor'
  Nr. 205, 4.Aufl., Fréjus 1990 (3)

Amorth, G.:
- *Dämonische Mächte unserer Zeit. Exorzisten im Gespräch mit
  Psychiatern*; Fremdingen 2002 (Reine: Seelsorge, H. 2)

Balducci, C.:
- *Priester, Magier, Psychopathen. Grenze zwischen Wahn und
  Teufel*; Aschaffenburg 1976

Bardon, F.:
- *Frabato*. Autobiographischer Roman; Wuppertal 1997
- *Der Weg zum wahren Adepten*; 13.Aufl., Freiburg im Breisgau
  1994
Bessermann, P.:
- *Der versteckte Garten. Die Kabbala als Quelle spiritueller Unter-
weisung*; Frankfurt am Main 1996

Blavatsky, H. P.:
- *Die Geheimlehre*. Hrsg. v. H. Troemel, 2.Aufl., Hamburg 2003
- *Praktischer Okkultismus*; 3.erweit.Aufl., Grafing 1992
- *Unheimliche Geschichten*; 3.Aufl., Hannover 1993

Bo Yin Ra:
- *Das Geheimnis;* München 1923
- *Okkulte Rätsel*; Leipzig 1923

Brennan, J. H.:
- *Experimentelle Magie: Einführung und Praxis;* 2.Aufl., Basel 1987

Brjussow, W.:
- *Der feurige Engel*, Köln 1990 (DuMont's Bibliothek des Phantastischen, Bd 3001)

Browne, S.:
- *Von Geistern, Spuk, Gespenstern und dem Wiedersehen im Jenseits;* 3.Aufl., München 2004

Bulwer-Lytton, E.:
- *Zanoni*; Darmstadt 2004

Butler, W.E.:
- *Die hohe Schule der Magie: Über die Kunst, willentlich Bewusstsein zu verändern*; 5.Aufl., Freiburg im Breisgau 1994

Castaneda, C.:
- *Eine andere Wirklichkeit: neue Gespräche mit Don Juan*; 242.-245. Tsd, Frankfurt am Main 1993 (1)
- *Die Kunst des Träumens*, 2.Aufl., 13.-16. Tsd, Frankfurt am Main 1994

Cazotte, J.:
- *Der verliebte Teufel* (Orig.: Le Diable amoureux); Frankfurt am Main 1982

Charters, D.:
- *Naturgeister & Menschen* (Orig.: A True Fairy Tale); Grafing 2001

Coelho, P.:
- *Das Schwert des Magiers. Zwölf Einweihungen auf dem Jakobs-weg*; München 1995

Collins, M.:

- *Flita. Die Blüte und die Frucht. Wahre Geschichte einer schwarzen Magierin*; Calw 1980

Cori, P.:
- *Keine Lügen, keine Geheimnisse mehr*; Saarbrücken 2004

Crowley, A.:
- *Moonchild*; Bergen/Dumme 1993

Cutomo, C.:
- *Medialität – Besessenheit – Wahnsinn*; Flensburg 1989

Daskalos:
- *Esoterische Lehren*; siehe: Atteshlis, S.

David-Néel, A.:
- *Im Banne der Mysterien*, München 1998 (3)
- *Die geheimen Lehren des tibetischen Buddhismus*; Satteldorf 1998 (2)
- *Heilige und Hexer*; Leipzig 1931
- *Im Banne der Mysterien*; München 1998 (1)
- *Liebeszauber und schwarze Magie. Abenteuer in Tibet*; 2.Aufl., Basel 1988

David-Néel, A. und Lama Yongden:
- *Der verborgene Türkis*; München 1997

Davis, E.W.:
- *Die Toten kommen zurück;* München 1986

Denning, M., O. Phillips:
- *Psychischer Selbstschutz: die Entwicklung positiver Kräfte*;
  3.Aufl., Freiburg im Breisgau 1997

Det Morson:
- *Praxis der weißen und schwarzen Magie*; Bürstadt (Nachdruck
  2001)

DiNola, A. M.:
- *Der Teufel: Wesen, Wirkung, Geschichte*; München 1990

Douval, H. E.:
- *Eros und Magie*; Büdingen-Gettenbach 1959

Drury, N.:
- *Der Schamane und der Magier. Reisen zwischen den Welten*;
  München 1997

Dvorak, J.:
- *Satanismus. Schwarze Rituale, Teufelswahn und Exorzismus.
  Geschichte und Gegenwart*; München 1991

Eschner, M.D.
- *Die geheimen sexualmagischen Unterweisungen des Tieres 666;*
  Berlin 1985

Ferrari, W.:
- *Hüter der Berge, Flüsse und Seen. Entdeckungsreisen in die Zauberwelt der Druiden*; 2. Aufl., Bern u.a. 1998

Flensburger Hefte:
- *Destruktive Kulte, schwarze Magie, Sexualmagie*; Heft 33, Flensburg 1991
- *Hexen, New Age, Okkultismus*; Heft 13, 2.erweit.Aufl., Flensburg 1988
- *Die Impulse des Bösen am Jahrtausendende*; Heft 60, Flensburg 1998
- *Schwarze und weiße Magie,* Sonderheft 12, 2.Aufl., Flensburg 1995

Fortune, D.:
- *Durch die Tore des Todes ins Licht*; 2.Aufl., Neuwied 1992
- *Liebe aus dem Jenseits;* München 1927
- *Mondmagie: das Geheimnis der Seepriesterin*; 3.Aufl., 2003
- *Die Seepriesterin*; 4.Aufl., Neuwied 1993
- *Selbstverteidigung mit PSI*; Interlaken 1987

Frater V.D.:
- *Schule der hohen Magie*; München 2001

Frater Widar:
- *Magie und Praxis des Hexentums. Moderner Schamanismus in der westlichen Welt*; Roßdorf 1998
- *Französische Meistererzählungen*: Düsseldorf 1963

Freimark, H.:
- *Okkultismus und Sexualität*. Beiträge zur Kulturgeschichte der Vergangenheit und Gegenwart; Leipzig 1909

Gautier, Th.:
- *Die verliebte Tote* (in: Französ. Meistererzählungen);
  Düsseldorf 1963

Gehring, H.:
- *Versklavte Gehirne. Bewusstseinskontrolle und Verhaltensbeein-
  flussung*; Rottenburg 2010

Gilgen, P.:
- *Das Pendel des Alchimisten*. Band 1: *Aufbruch*; Wildhaus-Moos
  2002
- *Das Pendel des Alchimisten*. Band 2: *Dämmerung*; Essen 2007

Green, J.:
- *Wenn ich du wäre*; Wien 1948

Gregorius, G.A.:
- *Exorial. Der Roman eines dämonischen Wesens*; Berlin 1960
- *Spaltungs-Magie;* (o. Ort) 1961, (Magischer Brief Nr.2)

Grof, St.:
- *Impossible – Wenn Unglaubliches passiert. Das Abenteuer außer-
  gewöhnlicher Bewusstseinserfahrungen*; München 2008

Haich, E.:
- *Einweihung;* 3.Aufl., Ergolding 1991

Hall, J.:
- *Sangoma. Eine Reise zu den Geistern Afrikas*; München 1996

Harner, M.:
- *Der Weg des Schamanen. Ein praktischer Wegweiser zu innerer
  Heilkraft;* Interlaken 1982

Hartmann, F.:
- *Schwarze & Weiße Magie*; Leipzig 2007

Helsing, J.v.:
- *Wer hat Angst vor'm schwarzen Mann...?* 2.Aufl., Fichtenau 2005

Das Hexenbuch:
- *Authentische Texte moderner Hexen zu Geschichte, Magie und Mythos des alten Weges*; München 1987

Hodapp, B.O.
- *Der magische Spiegel als Tor zu anderen Welten*; 2. überarb. Aufl., Darmstadt 2005

Hoffmann, ETA:
- *Dichtungen und Schriften sowie Briefe und Tagebücher.* Ges. Ausg. in 15 Bänden. VI. Band: *Die Spukdichtungen*; Weimar 1924

J. B. und R. Teutsch:
- *Unsichtbare Mächte: Magier, Geister und Dämonen*; Neuauflage, Rastatt 1997,

Kahili King, S.:
- *Der Stadt-Schamane. Ein Handbuch zur Transformation durch HUNA, das Urwissen der hawaiianischen Schamanen*; Berlin 1991

Kardec, A.:
- *Das Buch der Geister*; 4.Aufl., Freiburg im Breisgau 1991
- *Das Buch der Medien*; Freiburg im Breisgau 1987

Knab, T. J.:
- *Der Krieg der Hexen. Eine Reise in die Geisterwelt Mexikos*; München 2001

L.Kin:
- *Gott & Co: Nach wessen Pfeife tanzen wir?* Wiesbaden 1994

Lammer, H. und M.:
- *Verdeckte Operationen*; München 1997

Lévi, É.:
- *Geschichte der Magie*; München 2001 (Nachdruck der dt. Ausgabe von 1926)
- *Transzendente Magie - Dogma und Ritual*, München 2000 (Nachruck der dt. Ausgabe von 1924)

Li Hongzhi:
- *Falun Gong: der Weg zur Vollendung*; München 1998

Long, M.F.:
- *Kahuna-Magie. Das Wissen um die weise Lebensführung*; 3.Aufl., Freiburg im Breisgau 1994

Lucadou, W.v. und M. Poser:
- *Geister sind auch nur Menschen. Was steckt hinter okkulten Ereignissen? Ein Aufklärungsbuch*; Freiburg im Breisgau 1997

Malizia, E.:
- *Das Hexenrezeptbuch*; München 2000

Markides, K.C.:
- *Feuer des Herzens: Heiler, Weise und Mystiker*; München 1991
- *Heimat im Licht. Die Weisheit des 'Magus von Strovolos'*; 1988
Matthews, C. und J.:
- *Der westliche Weg*, Bd 1: *Ein praktischer Führer in die alten Geheimlehren*; Reinbek bei Hamburg 1988

Maupassant, G. de:
- *Der Horla* (in: *Französ. Meistererzählungen*); Düsseldorf 1963

McLean, P.:
- *Kontakte zu deinem Schutzgeist*; 10.Aufl., München 1992
- *Zeugnisse von Schutzgeistern*; 3.Aufl., München 1989

Meckelburg, E.:
- *PSI-Agenten. Die Manipulation unseres Bewusstseins*;
  München 1994

Meurois-Givaudan, A. und D.:
- *Berichte von Astralreisen*; München 1989

Miers, H.E.:
- *Lexikon des Geheimwissens*; München 1993

Moolenburgh, H.C.
- *Warum es keinen Zufall gibt*; 2. Auflage, Grafing 2011

Pakraduny, T.:
- *Die Welt der geheimen Mächte*; Wiesbaden o.J.

Paracelsus:
- *Sämtliche Werke*, 4. Bd (mit 124 Abb.); Jena 1932

Peuckert, W.-E.:
- *Von schwarzer und weißer Magie. Berichte aus einem vergessenen
  Jahrhundert*; Berlin 1928
Pielow, D.:
- *Lilith und ihre Schwestern: Zur Dämonie des Weiblichen*;
  Düsseldorf 1998

Randolph, P.B.:
- *Magia Sexualis. Die sexualmagischen Lehren der Bruderschaft von Eulis*; Wien 1992

Regardie, I.:
- *Die Elemente der Magie. Eine Einführung in die Magie, Kabbala und Meditation*; Reinbek bei Hamburg 1991

Renard, M.:
- *Der Doktor Lerne. Ein Schauerroman*; Frankfurt am Main 1977

Richardson, A.:
- *Priesterin - Leben und Magie der Dion Fortune*. Neuwied 1991

Risi, A.:
- *Machtwechsel auf der Erde. Die Pläne der Mächtigen, globale Entscheidungen und die Wendezeit;* 2. Aufl., Neuhausen 1999 (Der multidimensionale Kosmos Bd 3.)

Rudolph, H.:
- *Die Gefahren des Okkultismus*; 3.-5.Aufl., Leipzig 1921 (Theos. Kulturbücher für wahre Lebenskunst und Lebensweisheit Nr. 8)
- *Wie schütze ich mich gegen psychische Beeinflussung?* 3-5.Aufl., Leipzig 1925 (Theos. Kulturbücher für wahre Lebenskunst und Lebensweisheit, Nr. 9)

Rüggeberg, D.:
- *Geheimpolitik. Der Fahrplan zur Weltherrschaft*, Bd 1 und 2; Wuppertal 1993

Sculthorp, F.C.:
- *Meine Wanderungen in der Geisterwelt*; Freiburg i.Br. 1962

Seligmann, K.:
- *Das Weltreich der Magie. 5000 Jahre Geheime Kunst*; Wiesbaden 1948

Spiesberger, K.:
- *Magneten des Glückes. Magie der Amulette, Talismane und Edelsteine*; Berlin

Spirago, F.:
- *Der Teufel in seinem Wirken*; Lingen 1933

Staudenmaier, L.:
- *Die Magie als experimentelle Naturwissenschaft*; Leipzig 1912

Steiner, R.:
- *Individuelle Geistwesen und ihr Wirken in der Seele des Menschen*; Dornach 1974
- *Das Initiaten-Bewusstsein. Wahrheit und Irrtum in der geistigen Forschung*; Dornach 1927
- *Wie erlangt man Erkenntnisse der höheren Welten?* (Ausgewählte Werke Bd 4) 11-13. Tsd., Frankfurt am Main 1987

Stoker, B.:
- *Dracula*; Köln 1994

Strindberg, A.:
- *Okkultes Tagebuch*; Hamburg 1964

Szepes, M.
- *Der Berg der Adepten. Das erste Buch Raguel*; München 1993
- *Der Rote Löwe*; München 1994

Thorne, T.:
- *Kinder der Nacht*; Berlin 2002

Trimondi, V. und V.:
- *Hitler, Buddha, Krishna: eine unheilige Allianz vom Dritten Reich bis heute*, Wien 2002
- *Der Schatten des Dalai Lama. Sexualität, Magie und Politik im tibetischen Buddhismus*; Düsseldorf 1999

Wandel, J.:
- *Die Religion der Zukunft* (br.); Berlin o.J.

Waßmann, B.:
- *Channel-Medien zwischen Licht und Schatten.* (Reihe: Tore in die unsichtbare Welt, Bd 3) Frankfurt am Main 2016
- *Dämon oder Engel? Begegnungen in der anderen Realität.* (Reihe: Tore in die unsichtbare Welt, Bd 2) Frankfurt am Main 2016
- *Übergriffe aus dem Jenseits: Gibt es Geister und Dämonen?* (Reihe: Tore in die unsichtbare Welt, Bd 1) Frankfurt am Main

Watson, L.:
- *Das geheime Leben der Dinge. Warum Computer und Autos ein Eigenleben führen*; Amerang 2015
- *Die Grenzbereiche des Lebens*; Frankfurt am Main 1980

Der Weiße Lotos. Zeitschrift für geistige Entfaltung,
- Nr. 25, München 1988

Wilber, K. u.a. (Hrsg.):
- *Meister, Gurus, Menschenfänger. Über die Integrität spiritueller Wege*; Frankfurt am Main 1995

Zumstein, C.:
- *Reise hinter die Finsternis. Mit Schamanenkraft aus der
  Depression*; München 2011

Zunneck, K.-H.:
- *Die geheimen Zeichen und Rituale der Freimaurer*; Rottenburg
  2002

Zurfluh, W.: *Sexualmagie und Dimensionswechsel* (PDF - Protokoll)
1978

Die Autorin

Birgit Waßmann studierte Pädagogik und arbeitete einige Jahre in einer psychiatrischen Klinik, bis sie die geheimnisvolle Welt der Spiritualität und Parapsychologie für sich entdeckte. Sie war eine zeitlang als mediale Beraterin tätig und entschloss sich, ihre unkonventionellen Erfahrungen und Überzeugungen in schriftlicher Form zu veröffentlichen.

Mail-Adresse: b.wassmann@posteo.de

Bereits erschienen:

Birgit Waßmann
Dämonen oder Engel.
Begegnungen in der anderen Realität
330 S., 2016 Paperback
ISBN 978-3-03830-281-0

Das gesteigerte Interesse an spirituellen Themen ist ein fruchtbarer Nährboden für falsche Propheten. Mögliche Gefahren werden leicht unterschätzt und nicht immer ist klar zu erkennen, ob die Wesen, die sich melden, Engel oder Dämonen sind.

Birgit Waßmann
Channel-Medien
Zwischen Licht und Schatten
344 S., 2016 Paperback
ISBN 978-3-03830-282-7

Die unsichtbaren Sphären sind nicht leicht zu durchschauen. Nicht selten schleichen sich unbemerkt Wesen der Astralebenen in die Kontakte von Medien ein.

Das Wissen um die Voraussetzungen und Bedingungen des channelings kann nützlich sein, um gefährliche Irrwege zu vermeiden.

Birgit Waßmann
Übergriffe aus dem Jenseits.
Gibt es Geister und Dämonen?
347 S., 2016 Paperback
ISBN 978-3-03830-280-3

Spiritistische Praktiken wie Wahrsagen, Pendeln, automatisches Schreiben oder Kontakte mit Verstorbnen sind für viele aufregend und faszinierend.

Mit welchen Übergriffen ist zu rechnen und welche Mittel der Gegenwehr gibt es?

Birgit Waßmann
Psychotische Grenzerfahrungen
Die übersinnliche Seite seelischer Erkrankungen
346 S., 2019 Paperback
ISBN 978-3-7407-1269-3

Dieses Buch ist ein Versuch, das bisher vernachlässigte Gebiet, bei dem es um spirituelle Aspekte der Entstehung von Psychosen geht, hervorzuheben und ausreichendes Hintergrundwissen bereit zu stellen.

Weitere Titel der Autorin sind bei den Verlagen TwentySix und Tredition sowie bei Amazon aufgelistet.